쇼펜하우어

국립중앙도서관 출판예정도서목록(CIP)

쇼펜하우어 = Schopenhauer / 지은이: 반경환. -- 대전 : 지
혜 : 애지, 2018
    p. ;   cm

ISBN 979-11-5728-307-1 03100 : ₩15000

Schopenhauer, Arthur
독일 철학[獨逸哲學]

165.47-KDC6
193-DDC23   CIP2018037393

Arthur
Schopenhauer

쇼 펜 하 우 어

지혜

그것은 이 세기의 참된 영광이요, 영예이며, 독일 국민의 자랑이고, 그 이름이 모든 시대 사람들의 입에 오르게 된 대ㅅ 괴테가 나에게 우정을 표시하여 친히 교제를 갖게 되었던 것이다. 그때까지 나는 그를 면발치로 바라보기만 하고, 그도 나에게 말을 걸어오는 일이 없었으나 내 논문을 읽고 나서 그는 나더러 자기의 색채론 연구를 해줄 의사가 없느냐고 물었던 것이다.

— 본문 중에서

철학자가 공적인 입장이나 혹은 사적인 처지에서 완전히 도구로 사용되어 온 지가 꽤 오래되었지만, 나는 그러한 장해를 입지 않고 30년 이상이나 나의 사상의 길을 걸어왔다. 그것은 다만 본능적인 충동에서 그렇게밖에는 달리 할 수 없었기 때문이다. 한 인간이 확신을 갖고 진실을 생각하고, 숨어 있는 빛을 드러낸 것은, 반드시 언젠가는 어떤 지각 있는 사람이 알게 되어 그를 움직이는 희열을 느끼게 하며 마침내 마음의 평안을 줄 것을 믿기 때문이다. 나의 저작은 정직과 공명을 이마에 써붙이고 쓴 것이라 칸트 이후 유명해진 세 사람의 궤변가의 저작과는 크게 다르다. 나의 입장은 언제나 사려, 즉, 이성에 따르고 정직한 말로 일관되어 있으며, 지적 직관이니 절대 사유니 하는 바른대로 말해서 허

풍이나 사기와 같은 잘못된 영감을 주는 입장에는 서 있지 않다. 나는
언제나 그러한 정신으로 탐구했으며, 한편으로는 거짓과 사악이 널리
퍼지고 허풍(피히테와 셸링)이나 사기(헤겔)가 크게 존경을 받는 것을
보고 현대인의 갈채를 단념하였다. 현대는 이 20년 동안 그 정신적 괴
물 헤겔을 최대의 철학자로 떠들어대어 그 소리는 전 유럽에 울려퍼지
고 있다. 아마도 현대에는 사람에게 줄 월계관이 남아 있지 않을 것이
다. 찬미를 매음한 시대의 비난은 조금도 두려울 것이 없다.

    — 본문 중에서

  대학의 철학은 대체로 언제나 화장도구에 불과하며, 그 실제의 목적
은 사고력의 최하위에 있는 학생들의 정신을 장악하고 있는 문교당국
의 견해에 알맞도록 인도하는데 있었다. 정치가의 견지에서 보면 이것
은 물론 정당하겠지만, 이로 말미암아 강단철학은 다른 신경으로 움직
이는 나뭇조각이 되어버리고 진정한 철학이 아니라 국가의 어용철학御
用哲學으로 존재하게 마련이다. 그러나 다행스러운 것은 이러한 감독 또
는 지도는 단지 강단철학에만 미치고 진정한 철학에는 미치지 못하는
것이다.

    — 본문 중에서

생식기는 의지의 초점이며, 따라서 세계의 다른 측면인 표상으로서의 세계, 즉 인식의 대표인 두뇌와는 완전히 대립된 관계에 있다. 생식기에 통용되는 원칙은 생명을 유지하고 무한한 삶을 위해 시간을 확보하는 것이다. 이러한 특징으로 말미암아 생식기는 희랍인은 팔루스로서, 인도인은 링감으로 숭배하였으며, 양자는 모두가 의지의 긍정의 심벌이었다. 이와 반대로 인식은 의욕의 소멸, 자유에 의한 해탈, 이 세상의 극복 및 부정의 가능성을 부여하고 있다.

— 본문 중에서

어떤 불행에 처하더라도, 어떤 고통 속에 있더라도 가장 큰 위로는 자기 자신보다 더 비참한 상태에 있는 다른 사람을 바라보는 것이다.

— 본문 중에서

이와는 반대로 동물은 미리 즐긴다든지 할인된 즐거움과는 아무 관계없이 현재 있는 것을 그대로 남김없이 향유한다. 마찬가지로 재난도 동물에게는 실제의 무게로 압박하여 올 뿐이다. 그런데 우리 인간의 경우에는 공포와 예견, 재난에 대한 불안이 이 무게를 이따금 10배도 더하게 한다.

동물에게 특유한 이 현재에의 전문적인 몰입이야말로 우리 인간이 가축에게서 얻고 있는 기쁨에 크게 기여하고 있다. 가축은 현재의 화신이며, 인간으로 하여금 번거로움에서 해방된 밝은 시간의 고마움을 느끼게 해준다. 그러나 우리는 대개 여러 가지로 생각에 사로잡혀 이런 시간은 거들떠 보지도 않는다.

— 본문 중에서

Arthur Schopenhauer

인생은 보통 배반된 희망, 실패된 기획, 그렇다고 알아차렸을 때는 이미 때가 늦은 과실의 연속에 지나지 않는다는 것을 알게 된다.
— 본문 중에서

"세계는 나의 표상이다"라고 한 나의 허두의 명제에서 나오는 귀결은 처음에 내가 있고, 다음으로 세계가 있다는 것이다.
— 본문 중에서

죽음은 우리에게는 너무나 필요한 최후의 피난처이다. 그런데 성직자들의 명령만으로 우리에게서 이것을 빼앗아 갈 수는 없는 것이다.
— 본문 중에서

본래 자기의 근본 사상에만 진리와 생명이 깃든다. 왜냐하면 우리들은 오직 그것만을 진정한 의미로 충분히 이해할 수 있기 때문이다. 독서에서 얻은 남의 사상은 남이 먹다 남긴 음식 찌꺼기나 남이 벗어버린 헌옷에 불과하다. 우리들의 정신 속에 불타고 있는 사상과 책에서 읽은 남의 사상을 비교한다는 것은 마치 봄에 만발한 꽃과 화석이 되어버린 태고의 꽃을 비교하는 것과 같은 것이다.
— 본문 중에서

제일급의 정신에 어울리는 특징은 그 판단을 모두 자신이 직접 내렸다는 것이다. 그들이 제시하는 의견은 모두 그들이 사색하여 얻은 결과이며, 그 말하는 솜씨만을 보아도 언제나 제일급의 사람임을 분명히 알 수 있다. 따라서 그들은 독일 제국의 제후처럼 정신의 제국에 직속되어 있다. 이에 반해서 범용한 우리들은 모두 배신倍臣이다. 이것은 독자적인 특징을 나타내지 않는 그 문체로 알 수 있다. 진정한 사색가는 이런 점에서 군주와 같다. 그는 누구의 힘도 빌지 않고 독자적인 지위를 유지하며, 자기 위에 아무도 인정하지 않는다. 그 판단은 군주가 결정할 때와 마찬가지로 자신의 절대적 권력으로서 행하며, 자기 자신에서 그 근거를 찾는다. 즉 군주가 타인의 명령을 승인하지 않는 것처럼 사색가는 권위를 인정하지 않으며, 그 자신이 시인한 것 이외에는 아무 것도 승인하지 않는다. 이에 반해서 유행하는 각종 의견, 권위, 편견에 사로잡힌 속된 두뇌의 소유자는 법이나 명령에 묵묵히 복종하는 민중과 비슷하다.

　— 본문 중에서

시인은 생활상과 인간의 성격, 상황을 상상력으로 그려 보이며 그 모든 것을 살아 움직이게 한다. 그리고는 이들 각자의 상像들에 있어서, 그들의 정신력이 미치는 한 상상력을 넓히도록 맡겨버린다. 이 때문에 시인은 아주 다른 능력을 가진 사람들, 즉 현자나 우자愚者에게 동시에 만족을 줄 수 있다. 이와 반대로 철학자는 시인과 같은 방법으로 인생 그 자체를 보여주지 않고, 그로부터 이끌어 낸 완성된 사상을 보여준다. 그의 독자는 아주 적다. 시인은 꽃을 가져오는 사람에 비할 수 있고, 철학자는 정수精髓를 가져오는 사람에 비할 수 있다.

　— 본문 중에서

우리는 천재적인 사람들이 대체적으로 비사교적이고 또 때로는 반항적이라고 해도 별로 놀랄 일이 아니다. 왜냐하면 이는 사교성의 결핍 때문이 아니라는 것을 알아야 하기 때문이다. 이 세계에 있어서 천재의 생활은 마치 아름다운 이른 아침에 산책을 나선 사람과 같다. 이때 그는 무아지경에 빠져서 온통 자연의 신선함과 찬란함에 넋을 잃고 자연을 바라보고 있는 것이다. 즉 자연에 얽매일 수밖에 없는 것이다. 이때에 사교가 있을 수 있겠는가? 눈에 뜨이는 사람이라고는 기껏해야 대지에 엎드려 밭을 가꾸는 농부뿐이리라. 그러므로 위대한 사상가들이 세계에서 보통 통용되는 대화보다 독백을 택하는 경우가 종종 있는 것이다.

　─ 본문 중에서

　우리의 개화된 문명 세계도 단지 하나의 커다란 가장무도회에 지나지 않는다. 우리는 이 세계에서 기사, 승려, 군인, 의사, 변호사, 목사, 철학자 등을 만날 수 있다. 그러나 실은 그들의 참모습이 아니다.

　그들은 가면에 불과하며, 그 가면 뒤에는 돈벌이에 미친 사람이 숨어 있는 것이 보통이다. 변호사란 이름 속에 자신을 숨기고 있는 사람, 즉 정의의 가면을 택하는 사람은 단순히 타자와의 대결에서 유리하게 상대를 공격할 수 있도록 하기 위한 것이다. 공공복리와 애국심의 가면을 택하는 사람도 목적은 한 가지이다. 종교의 가면, 즉 신앙의 순결성이란 가면을 택하는 사람들도 목적은 똑같다. 여러 가지 목적을 위하여 많은 사람들이 철학이나 박애주의라는 가면을 쓰고 다녔다. 여자들의 가면 선택은 비교적 단조롭다. 여자들은 대개 예의바름, 수줍음, 가정적, 검소함의 가면을 쓰고 다닌다. 그 다음에 특징을 가지지 않은 일반적인 가면이 있는데, 이것은 우리가 어디서나 흔히 볼 수 있는 가면으로서 여기에 해당되는 것은 정직함, 공손함, 동정, 우정 등이다.

　─ 본문 중에서

인간은 본디 무서운 야수다. 이러한 야수가 이른바 문명에 길들여졌고, 또 그 문명의 제재를 받고 있는 것이다. 그러므로 그의 본성이 순간적으로 나타나게 될 때 우리는 놀라지 않을 수가 없다. 그리고 법률적인 질서의 쇠사슬과 빗장이 풀려 무정부 상태가 되면 그때는 인간은 본색을 드러내게 된다.

— 본문 중에서

원래 모든 군주는 상승장군이었다. 그리고 이 특성을 살려 오랫동안 지배해 왔다. 상비군을 가지게 되면 자기 국민을 자기와 그 병사들을 부양하는 수단으로 보았다. 즉 부양하고 있는 것은 털, 밀크, 고기를 제공하도록 하기 위한 일종의 가축의 무리라고 보았다.

— 본문 중에서

어디서나 왕은 하나로 정해져 있고, 일반적으로 왕위는 세습적으로 계승된다. 말하자면 왕은 전 국민의 인격화 또는 머리글자이고, 국민은 왕에게서 개성을 얻게 되는 것이다. 이런 의미에서 "왕은 국가, 그것은 나다"라고 말한 것은 당연하다. 그러므로 셰익스피어의 역사극에 있어서 영국 왕과 프랑스 왕이 서로 '프랑스', 또는 '영국'이라고 부르고 오스트리아 공에게 '오스트리아'라는 한 마디로 말하는 것을 볼 수 있는데, 말하자면 서로 자기를 그 국민의 화신으로 보고 있는 것이다.

— 본문 중에서

가르치고 배우는 갖가지 시선이 많이 있고, 거기다가 또 학생과 교사들이 몰려들고 있는 것을 보면 인간에게 있어서 견식이나 진리가 제일 중대한 문제로구나 하고 생각하는 사람이 있을는지도 모른다. 그러나 여기서도 외관은 우리를 속인다. 교사들은 돈을 벌기 위해 가르치고 있으며, 그들이 얻고자 하는 것은 지혜가 아니라 지혜의 외관과 평판에 지나지 않는다.

또 학생은 지식이나 견식을 얻고자 배우고 있는 것이 아니라, 지껄일 수 있고 다른 사람에게 잘 보이기 위해 배운다. 이렇게 하여 30년마다 새로운 세대가 나타나는데 그들은 아무 것도 모르면서 몇 천 년을 통해 집대성된 지식의 성과를 대략만 빨리 삼켜버리고 자기야말로 이때까지의 어떤 사람보다도 똑똑하다고 자부한다. 이런 목적으로 그들은 대학에 다니면서 책에 손을 대지만 그것도 동시대와 동연배의 최신간 서적에 한정되어 있다. 그들 자신이 신참자이기에 모든 것은 간단 명료하고 새로워야 한다. 더욱이 그들은 엉터리없는 판단을 내린다. 나는 여기서는 빵을 위한 학문 같은 것은 고려에 넣지 않았다.

— 본문 중에서

요컨대 학자의 세계도 다른 세계와 마찬가지로 묵묵히 자기의 길을 걸어가며 다른 사람들보다 더 현명해지려고 원하지 않는 평범한 인간이 더 사랑을 받는다. 그러나 위험을 초래할 특출한 두뇌의 소유자에 대해서는 많은 사람들이 일치 단결하여 공격한다. 아, 이 얼마나 많은 지독한 사람들인가!

학자의 세계에서도 대체로 멕시코 공화국같은 일이 일어난다. 멕시코에서는 각자가 자신의 이해관계만을 생각하고, 자신을 위해 명예와 권력만을 찾고 전체에 대해서는 조금도 돌보지 않는다. 이 때문에 전체는 파멸한다. 학자의 세계도 각자가 명예를 얻기 위해 자기만을 내세우려고 한다. 학자 선생들이 빠짐없이 찬성하는 유일한 점은 만약, 정말로 훌륭한 인물이 나타나면 그 사람이 성공하지 못하도록 공작하는 것이다. 그런 인물은 모두들 동시에 위험 상태에 빠뜨리기 때문이다. 이렇게 되면 학문 전체가 어떻게 될 것인지는 쉽게 상상할 수 있을 것이다.

— 본문 중에서

대학교수와 혼자서 걸어가는 학자 사이에는 옛날부터 일종의 적대 관계가 있다. 이 불화는 어쩌면 늑대와 개의 관계라고 설명할 수 있다.

대학교수들은 교수라는 지위 덕분으로 동시대 사람들에게 이름이 알려지는 큰 이점이 있다. 후세에 이름을 남기려면 이외에도 또 많은 여러 가지 어려운 조건이 있긴 하지만, 어느 정도의 여가와 독립이 필요하다.

인류가 어떤 인간이 하는 말에 주의할 것인가를 알아차리기까지는 긴 시간이 걸린다. 그러므로 양자는 나란히 서서 활약할 수 있다.

대체로 대학 교수라는 반추 동물에게는 가축 우리에 넣어 사료를 주는 것이 가장 잘 어울린다. 이와는 반대로 자연의 손에서 자기의 수확물을 얻는 사람은 들판에 내놓아 기르는 것이 훨씬 낫다.

— 본문 중에서

그러니 칸트 철학도 한동안 광채를 번득이더니 급기야는 독일 비평계의 구덩이에 빠져 있는 동안, 그 구덩이 위에 피히테, 셸링, 그리고 마침내는 헤겔이라는 가짜 학문의 도깨비불이 의기양양하게 타오르게 되었다. 그래서 괴테의 색채론을 정당하게 인정하는 사람은 한 사람도 없게 되었다. 그 결과 나는 오늘도 무시당하고 있다.

— 본문 중에서

Arthur Schopenhauer

여기서 한 마디 덧붙이고 싶은 것은 학문의 세계에서 애국심을 떠들어 대는 자는 추잡한 자다. 그런 사람은 사정없이 내쫓아 버려야 한다. 왜냐하면 이 세계는 보편적인 순수한 인간성의 무대이며 진리와 명석, 그리고 아름다움만이 지배하는 장소여야 하는데, 자기가 속하는 국가를 두둔하고 애국심을 저울대에 올려 놓으려고 하고 이번에는 그런 배려에서 진리에 폭력을 가한다든지 자기 나라의 보잘 것 없는 사람을 쳐들기 위해 다른 나라의 위대한 사상가를 부당하게 취급한다든지 하는 것은 수치의 극치라고 하겠다.
― 본문 중에서

그러나 우리들의 머리는 독서를 하고 있는 한 사실은 타인의 사상 운동장에 불과하다. 그러므로 때로는 멍하니 시간을 보내는 일이 있다 할지라도 다독多讀으로 거의 하루종일을 보내는 사람보다는 낫다. 왜냐하면 스스로 생각하는 능력을 기르기 때문이다.
― 본문 중에서

무지無知는 부富와 결합되었을 때 비로소 인간의 품위를 떨어뜨린다. 빈곤과 곤궁은 가난한 사람을 속박하고 노동이 지식을 대신하여 그의 마음을 차지한다. 이에 반해서 무지한 부자는 다만 쾌락만을 쫓아서 살고, 가축에 가까운 생활을 한다.
― 본문 중에서

고전을 열심히 읽으라.
참으로 고전다운 고전을 읽으라.
현대인의 고전론은 대단한 것이 못된다.
― 본문 중에서

서 문

쇼펜하우어는 1788년 독일 단치히에서 태어났고, 1860년 프랑크푸르트 암마인에서 사망했다. 괴팅겐 의과대학교에 입학했지만, 베를린 대학교 철학과를 졸업하고, 예나대학교에서 철학박사 학위를 받았다. 쇼펜하우어는 그의 스승들인 피히테, 셸링, 헤겔 등을 정면으로 비판하고, 헤겔의 철학과는 정반대 방향에서 염세주의 사상을 정립했다. 욕망이 충족되지 않으면 고통이 따르고, 욕망이 충족되면 그 기쁨도 잠시, 곧바로 권태의 습격을 받게 된다. 우리 인간들의 삶은 곤궁, 결핍, 곤경, 불안, 비명, 포효의 연속이고, '연기된 사망'이라는 假死 상태의 삶을 살고 있다는 것, 이것이 쇼펜하우어의 철학의 핵심이자 그가 우리 인간들에게 내린 파산선고일는지도 모른다.

하지만, 그러나 "쇼펜하우어의 철학을 하루바삐 제거해야 할 암종처럼 이해하거나 가장 경멸적인 의미에서, 떼거지적인 사고법에 사로잡혀 있는 철새들처럼 때늦은 유행의 사조처럼 이해해서는 안 된다. 그는 기독교와 불교를 염세적으로, 유태교와 이교를 낙천적으로 이해한 종교적 기반 위에서 형이상학에 대한 철학적 의미와 인간학적 수용 문제를 폭넓게 천착해 나간 제일급의 철학자—임마누엘 칸트의 제자로서—이자 인류의 역사에 있어서 가장 위대한 철학자인 니체의 단 하나뿐인 스승이라고 할 수가 있다. 형이상학이란 우리 인간들의 존재, 죽음, 영혼불멸, 신, 종교, 도덕 등을 탐구하는 학문이고, 쇼펜하우어는 이러한 형이상학적인 화두話頭들을 토대로 하여, '가능하면 아무도 해치지 말고 도와주라'는 윤리학의 근본명제를 정립했으며, 따라서 자살자의 철학이 아닌 성자의 철학을 완성했다고 하지 않을 수가 없다. 그는 이기주의와 도덕적 가치를 극단적으로 대립시켰으며, "어떤 행위가 그 동기로서 이기적인 목적을 갖고 있다면 그 행위는 결코 도덕적인 가치를 갖고 있다고 할 수 없다"라는 단정적인 극언도 결코 주저하지 않았다. 동정과 연민은 그의 윤리학의 두 축이며, 그는 삶에의 의지와 성욕조차도 거절함으로써 행복한 염세주의자의 길을 걸어갔던 것처럼도 보인다. 그의 철학은 부처와 예수와도 같은 성자의 철학이며, 타인들과 이웃에 대한 관심으로 하염없이 퍼져나가고 있는 이타적인 사랑의 철학이기도 하다"(『행복의 깊이 제2권』).

쇼펜하우어의 저서로는 『의지와 표상으로서의 세계』, 『윤리학의 두 가지 근본문제』, 『소품小品 및 보유집補遺集』 등이 있고, 나는 쇼펜하우어의 『의지와 표상으로서의 세계』(김중기 역, 집문당), 『쇼펜하우어』(최혁순 역, 을지출판사)를 참고로 하여 이 글을 쓰게 되었다.

쇼펜하우어를 공부한다는 것은 염세주의 사상의 진수를 배운다는 것을 말하고, 염세주의 사상의 진수를 배운다는 것은 문학, 역사, 철학, 정치, 예술, 종교, 도덕, 독서, 학문에 대하여 더욱더 넓고 깊이 있게 공부한다는 것을 말한다.

이 책은 쇼펜하우어의 명언과 명문장을 뽑고, 그 명언과 명문장 속에 살며 쇼펜하우어와 '비판적 대화'를 나눈 성찰의 산물이라고 할 수가 있다. 나는 염세주의를 부정하는 낙천주의자이고, 따라서 쇼펜하우어의 염세주의마저도 '낙천주의 사상'이라고 해석해낸 바가 있다. 삶의 의지를 부정하는 것도 낙천적이고, 자살을 옹호하는 것도 낙천적이다. 왜냐하면 염세주의마저도 이 세상에서 어렵고 힘들게 살아가는 사람들을 삶의 공포로부터 구원하고 있는 사상이기 때문이다. 모든 사상은 행복에의 약속이며, 낙천주의를 양식화시킨 것이다.

쇼펜하우어의 학문에 대한 열정과 아름다운 명문장들은 인류 전체의 영광이자 영원불멸의 금자탑이라고 할 수가 있다. 쇼펜하우어의 글은 그토록 아름답고 깊이가 있지만, 어느 누구도 아주 쉽고 재미있게 읽을 수가 있다. 쇼펜하우어와 니체, 즉, 제일급의 사상가들의 글은 아주 쉽고 재미가 있으며, 전인류의 경전經典이자 애송시愛誦詩와도 같다.

우리 한국인들은 하루바삐 학문의 즐거움을 알고, 이 학문의 즐거움으로 전인류의 사상의 신전을 지었으면 하는 마음 뿐이다.

2018년 '애지의 숲'을 거닐면서……

Arthur Schopenhauer

1부

날마다 밤마다 지식을 흡수하기 위해

나는 생활을 즐겁게 하기 위한 여러 가지 설비를 마련하는 데 필요한 돈에 대해서는 전혀 무관심하였다. 그러나 조금이라도 시간을 내기 위해 무척 욕심을 부렸다. 마치 자기 육체에 날마다 영양을 제공하기 위해 애쓰는 것처럼 날마다 밤마다 지식을 흡수하기 위해 읽기와 쓰기에 힘을 기울였다. 그리고 나도 모친과 함께 지내지 않고 파소우와 같은 집에서 살고 있었으므로 언제나 선생과 마주 대할 수 있었다. 내가 제일 힘써 공부한 것은 고전어였지만, 그밖의 책을 통하여 전부터 익혀온 수학과 역사 공부에 힘을 기울였다.

— 쇼펜하우어, 「나의 반생半生」(『의지와 표상으로서의 세계』)에서

쇼펜하우어는 1788년 독일의 단치히에서 태어났고, 1860년 염세주의 사상가로서 그는 외롭고 고독했지만, 매우 행복했던 생애를 마치게 되었다. '세계는 의지의 표상이다'라고 그가 역설했을 때, 그것은 '나의 의지가 있고 세계가 있다'라는 말이 된다. 하지만 쇼펜하우어는 인간의 의지 자체가 '만악의 근원'이 되고 있기 때문에, 이 의지를 부정하는 염세주의자가 될 수밖에 없었던 것이다. 그의 염세주의는 무욕망, 무집착, 또는 불교적인 해탈의 세계를 지시하고 있

다고 해도 과언이 아니다.

쇼펜하우어의 아버지는 부유한 상인이었고, 어떻게 해서든지 쇼펜하우어를 그의 대를 이어서 훌륭한 상인으로 만들려고 했다고 한다. 그 바람에, 천성적으로 철학자로서의 재능을 타고난 쇼펜하우어는 소위 정상적으로 공부를 하지 못했고—상인으로서의 견습생활을 하느라고—, 매우 뒤늦게 독학을 하다시피 하여 공부를 할 수밖에 없었다. 이 글은 쇼펜하우어가 1818년 그의 최고의 역작인『의지와 표상으로서의 세계』를 완성하고, 베를린대학교에서 강의를 하고 싶다고 쓴 '자기소개서'의 일부라고 할 수가 있다.

마치 자기 육체에 날마다 영양을 제공하기 위해 애쓰는 것처럼 날마다 밤마다 지식을 흡수하기 위해 읽기와 쓰기에 힘을 기울였다.

만일, 붉디붉은 피가 생물학적인 피라면, 지식이라는 피는 우리 인간들의 영혼의 피라고 할 수가 있다.

소위 최종심급은 지식의 피이며, 영혼의 피라고 할 수가 있다. 왜냐하면 우리 인간들은 생각하는 동물이기 때문이다.

고전어에 대한 지식

나는 대학에 입학한 후에 제공된 여러 기회를 통하여 고전어에 대한 지식에 있어서는 다른 학생들과 어깨를 견주게 되었을 뿐더러 거의 모든 학생, 아니 언어학자까지도 나를 따르지 못한다는 것을 알게 되었다. 그 이유는 적어도 부분적으로는 독학자인 내가 일정한 과정으로 한 걸음 한 걸음 공부해 나가는 김나지움 출신 학생 이상으로 많은 고전 작가들의 작품을 읽었기 때문이다. 나는 대학에 다닐 때 언제나 희랍, 로마의 작가들의 작품을 읽었으며, 그 때문에 하루에 두 시간을 보냈다.

— 쇼펜하우어, 「나의 반생半生」(『의지와 표상으로서의 세계』)에서

앎의 은총을 받지 못한 자는, 그가 학문을 출세의 도구로 삶지 않는 한, 단 하루도 책상 앞에서 공부를 할 수가 없다. 앎을 얻고 앎을 쌓는다는 것은 매우 어렵고 고통스러운 일이지만, 그러나 하나 하나 그 단계를 극복해나갈 때마다 엄청난 기쁨을 얻게 된다. 이 기쁨은 시간이 정지되고 공간이 무한대로 넓어지는 황홀함 속의 기쁨이 되고, 이 시간과 공간 속에서 그 주인공은 영원불멸의 사상가가 될 수 밖에 없다.

어떤 사건, 어떤 사물을 대할 때마다 타인의 말과 타인의 사유에

귀 기울이지 않고 자기 스스로 말하고 명명할 줄 안다는 것, 마치 종족창시자와도 같이 언어의 기원을 소유한다는 것, 이 능력은 전지전능한 신의 능력과도 같은 것이다.

쇼펜하우어는 지극히 다행스럽게도 천박한 장사꾼에 불과한 그의 아버지라는 '장애물'을 제거하고, 이처럼 스스로, 자발적으로 철학자의 길로 들어섰던 것이며, 그 방법은 매우 정통하고 고전적인 방법이었던 것이다.

학자의 길에는 우연도 없고, 예외도 없다.

고전을 읽고, 또 고전을 읽는 수밖에 없다.

피히테의 철학 강의

나중에는 피히테의 철학 강의도 올바로 평가하기 위해 열심히 듣기로 하였다. 언젠가 나는 피히테가 청강생 일동을 위해 개최한 토론회에 출석하여 장시간 그와 논쟁을 한 적이 있다.

— 쇼펜하우어, 「나의 반생半生」(『의지와 표상으로서의 세계』)에서

피히테의 『독일국민에게 고함』은 우리나라에서도 매우 유명한 책이며, 그의 조국과 민족에 대한 사랑이 가장 웅변적으로 드러난 책이라고 할 수가 있다. 외국어는 죽은 언어이며, 모국어는 살아 있는 언어이다. 이 모국어를 통해서 민족의 주체성을 확립하고 외세의 압력을 극복해내자는 그의 피맺힌 절규는 나폴레옹 치하에서의 독일국민 전체의 마음을 사로잡았던 말이기도 했던 것이다.

쇼펜하우어는 피히테, 셸링, 헤겔이라는 세계적인 사상가들을 그의 스승으로 두었지만, 그러나 그는 임마뉴엘 칸트의 제자였을 뿐, 그 스승들을 대사기꾼, 허풍장이, 정신적 괴물이라고 헐뜯으며, 그만큼 강단철학의 길에서 멀어져 갔던 것이다.

대大 괴테

그것은 이 세기의 참된 영광이요, 영예이며, 독일 국민의 자랑이고, 그 이름이 모든 시대 사람들의 입에 오르게 된 대大 괴테가 나에게 우정을 표시하여 친히 교제를 갖게 되었던 것이다. 그때까지 나는 그를 먼발치로 바라보기만 하고, 그도 나에게 말을 걸어오는 일이 없었으나 내 논문을 읽고 나서 그는 나더러 자기의 색채론 연구를 해줄 의사가 없느냐고 물었던 것이다.

— 쇼펜하우어, 「나의 반생半生」(『의지와 표상으로서의 세계』)에서

철학, 역사, 문학, 법학 등, 그 모든 학문에 정통한 파우스트 박사가 그 지적인 공허감을 극복하지 못하고 메피스토펠레스라는 악마에게 자기 자신의 영혼을 팔아버린다는 것—, 이 파우스트라는 인물은 기독교 역사와 그 전통의 파괴자이며, 소위 신성모독자라고 하지 않을 수가 없다. 신은 악마 없이 자기 스스로 설 수 없는 불구자이고, 악마는 신 없이 자기 스스로 설 수 없는 불구자이다.

신은 천당에 살고 있고, 악마는 지옥에 살고 있다. 하지만, 그러나 지옥이 없다면 천당도 존재할 수가 없고, 신의 존재 근거도 송두리째 부정을 당하게 된다.

기독교에서의 천당은 만인들을 유혹하는 당근이 되고, 지옥은 만인들을 단죄하는 채찍이 된다.

악마에게 영혼을 팔아버린다는 것—, 이 사건은 신과 악마가 동일한 인물의 양면이라는 '파우스트 박사'의 전언이었던 것이다.

괴테는 "이 세기의 참된 영광이요, 영예이며, 독일 국민의 자랑"이었다. 쇼펜하우어의 어머니는 괴테와도 매우 가까운 여류 작가이었고, 괴테가 쇼펜하우어의 『의지와 표상으로서의 세계』를 매우 극찬을 하자, 더 이상 모자지간의 연을 끊어버렸을 정도로 계모와도 같은 어머니였다고 한다.

괴테와 쇼펜하우어와의 우정은 이후 '색채론'에 대한 공동연구로 이어지지만, 그러나 그 연구결과는 헤겔학파의 싸늘한 경멸만을 얻었을 뿐, 이렇다 할 성과를 얻지 못했다.

일찍이 생존했던 모든 철학자

일찍이 생존했던 모든 철학자, 즉 타인의 견해를 해석하고 그것을 재
탕하여 제공해준 사람들이 아니라 자기 자신의 생각을 짜낸 사람들의
서적을 읽는 것이었다.
— 쇼펜하우어, 「나의 반생半生」(『의지와 표상으로서의 세계』)에서

임마뉴엘 칸트 이후, 피히테, 셸링, 헤겔, 쇼펜하우어, 니체 등
은 동시대적인 인물들이며, 독일철학의 전성시대를 열었던 세계적
인 사상가들이었다고 하지 않을 수가 없다. 괴테와 휠더린과 바그
너는 시인과 작가와 작곡가라고 해서 제쳐놓는다고 하더라도, 모든
인류로부터 '사상가와 예술가의 민족'으로 칭송을 받았던 독일의 역
사 철학적인 전통이 마냥 부럽기만 하다. '고귀하고 위대한 것은 고
귀하고 위대한 민족에게, 더럽고 추한 것은 더럽고 추한 민족에게'
라는 정언명령을 과연 어느 민족이 거역할 수가 있단 말인가? 이민
족은 오랑캐와 개나 돼지와도 같은 민족에 지나지 않는다. 북적北狄,
남만南蠻, 동이東夷, 서융西戎이라는 말들은 이민족과는 한솥밥을 먹
을 수가 없다는 말이며, 중국인들은 왜 이민족들을 그렇게 불렀던
것일까? 모든 종교는 자기 민족의 삶을 긍정하고 찬양하기 위한 것

이며, 그 종교들을 아무런 생각없이 받아들이게 되면, 그 민족은 자기 자신의 정체성—역사와 전통—을 상실하게 되고 끊임없이 몰락과 쇠퇴의 길을 걸어가게 된다. 야훼, 예수, 아브라함, 이삭, 야곱, 사도 바울, 성모 마리아, 베드로 등 앞에서, 스스로, 자발적으로 수많은 헌금과 제물을 바치고도 끊임없이 노예적인 복종태도로 살아가는 우리 기독교인들이 바로 그것을 말해준다. 이민족을 섬긴다는 것은 전형적인 노예민족의 그것이며, 우리 기독교인들은 스스로, 자발적으로 그 오랑캐들에게 사타구니를 벌린 화냥년들이라고 하지 않을 수가 없다.

"일찍이 생존했던 모든 철학자, 즉 타인의 견해를 해석하고 그것을 재탕하여 제공해준 사람들이 아니라 자기 자신의 생각을 짜낸 사람들의 서적을 읽는 것이었다."

아아, 우리 대한민국에서는 이 쇼펜하우어와도 같은 철학자가 왜 나밖에는 없단 말인가?

현대인의 갈채를 단념

철학자가 공적인 입장이나 혹은 사적인 처지에서 완전히 도구로 사용되어 온 지가 꽤 오래되었지만, 나는 그러한 장해를 입지 않고 30년 이상이나 나의 사상의 길을 걸어왔다. 그것은 다만 본능적인 충동에서 그렇게밖에는 달리 할 수 없었기 때문이다. 한 인간이 확신을 갖고 진실을 생각하고, 숨어 있는 빛을 드러낸 것은, 반드시 언젠가는 어떤 지각 있는 사람이 알게 되어 그를 움직이는 희열을 느끼게 하며 마침내 마음의 평안을 줄 것을 믿기 때문이다. 나의 저작은 정직과 공명을 이마에 써붙이고 쓴 것이라 칸트 이후 유명해진 세 사람의 궤변가의 저작과는 크게 다르다. 나의 입장은 언제나 사려, 즉, 이성에 따르고 정직한 말로 일관되어 있으며, 지적 직관이니 절대 사유니 하는 바른대로 말해서 허풍이나 사기와 같은 잘못된 영감을 주는 입장에는 서 있지 않다. 나는 언제나 그러한 정신으로 탐구했으며, 한편으로는 거짓과 사악이 널리 퍼지고 허풍(피히테와 셸링)이나 사기(헤겔)가 크게 존경을 받는 것을 보고 현대인의 갈채를 단념하였다. 현대는 이 20년 동안 그 정신적 괴물 헤겔을 최대의 철학자로 떠들어대어 그 소리는 전 유럽에 울려퍼지고 있다. 아마도 현대에는 사람에게 줄 월계관이 남아 있지 않을 것이다. 찬미를 매음한 시대의 비난은 조금도 두려울 것이 없다.

― 쇼펜하우어, 『의지와 표상으로서의 세계』(번역자 해설의 인용문)
　에서

　피히테, 셸링, 헤겔은 쇼펜하우어를 가르친 스승들이며, 헤겔과 쇼펜하우어와의 관계는 '아버지 살해'의 전형적인 관계와도 같다. 니체는 헤겔과 쇼펜하우어의 관계를 상호 경쟁적인 무서운 짝패(원수형제)로 단정을 지으면서도 그 둘의 공적을 다같이 인정한 바가 있지만, 쇼펜하우어가 헤겔을 그처럼 공격했던 것은 다음과도 같은 두 가지의 이유가 있었을 것이다. 첫 번째는 세계를 자기 속성으로 인지하여 전유하는 것만이 정신의 소외를 극복하고 자유를 실현하는 방식이라는 헤겔의 절대 정신이며, 그 두 번째는 절대정신으로 우리 인간들의 삶을 옹호하고 찬양했던 것이라고 할 수가 있다.

　인간은 근본적으로 사악하며 이 사악한 인간의 의지를 제거하지 않는 한, 이 세상의 평화는 이루어지지 않는다고 본 염세주의자가 과연, 어떻게 헤겔 철학의 기상나팔 소리를 간과할 수가 있었겠는가? 또한 "헤겔 이후에 더 이상의 철학은 존재할 수 없다"라는 헤겔학파의 기상나팔 소리는 이 세상의 삶 자체를 '가사상태假死狀態의 삶', 즉 '연기된 사망'이라고 본 쇼펜하우어의 방어본능과 공격본능―그의 스승인 헤겔의 월계관을 빼앗아 쓰고 싶다는 권력욕망―을 더욱더 자극시켰을는지도 모른다.

　"거짓과 사악이 널리 퍼지고 허풍(피히테와 셸링)이나 사기(헤겔)가 크게 존경을 받는 것을 보고 현대인의 갈채를 단념하였다. 현대는 이 20년 동안 그 정신적 괴물 헤겔을 최대의 철학자로 떠들어대어 그 소리는 전 유럽에 울려퍼지고 있다. 아마도 현대에는 사람에게 줄 월계관이 남아 있지 않을 것이다. 찬미를 매음한 시대의 비난은 조금도 두려울 것이 없다"라는 쇼펜하우어의 명문장은 아마도 인류의 역사상, 최초이자 최후인 스승에 대한 제자의 독설毒舌로 그 찬란한 빛을 발휘하게 될 것이다.

주관이야말로 세계의 지주支柱

모든 것을 인식하고, 어느 것에 의해서도 인식되지 않는 것이 주관이다. 그러므로 주관이야말로 세계의 지주支柱이며, 현상現象하는 모든 것, 객관의 모든 것에 언제나 전제가 되는 조건이다. 왜냐하면 언제나 존재하는 것은 단지 주관에 있어서만 가능하기 때문이다. 누구나 주관으로서 존재하지만 그것은 그 사람이 인식할 경우에 그런 것이며, 그 사람이 인식의 대상이 되었을 경우에는 그렇지 않다. 그런데 그 사람의 육체 자체는 이미 객관이다.

— 쇼펜하우어, 『의지와 표상으로서의 세계』에서

내가 있고 세계가 있지, 세계가 있고 내가 있는 것은 아니다.

세계가 있고 내가 있지, 내가 있고 세계가 있는 것은 아니다.

전자는 '나'의 주관적인 판단이고, 후자는 '세계'에 강조점을 둔 '나'의 객관적인 판단이다. 내가 나로서 존재하지 않는다면 이 세계는 존재하지 않는 것과 마찬가지이다. 하지만, 그러나 나는 이 세계 속의 먼지와 티끌과도 같은 존재에 지나지 않으며, 내가 존재하지 않는다고 해도 이 세계는 사시사철 모든 꽃들을 피우며, 그 존재를 지속시켜나갈 것이다.

　내가 주관적인 존재일 때 나는 이 세계의 주인공이며, 만물의 창조자가 될 수도 있다. 하지만, 그러나 내가 다만 객관적인 존재일 때, 나는 다만 하나의 피조물이며, 관찰의 대상에 지나지 않는다.

　모든 학문(예술)은 창조적 개인(주관)의 산물이며, 그것이 만인들의 동의와 지지를 얻게 될 때, 비로소 그것은 객관성을 얻게 되고, 비록 잠정적이고 일시적이긴 하지만, 하나의 진리로서 그 교육적 가치를 지닐 수도 있다.

주관과 객관

　세계는 본질적으로, 그리고 필연적으로 불가분의 두 부분으로 이루어지고 있다. 그 하나는 객관이고 그 형식은 시간과 공간이며, 이것을 통하여 다양성이 생기게 된다. 또 하나는 주관이며, 이것은 시간이나 공간 속에 존재하지 않는다. 왜냐하면 주관은 전혀 부활되지 않고 표상하는 모든 존재 속에 있기 때문이다. 그러므로 주관 속에 오직 하나라도 존재하는 몇 백만의 주관과 마찬가지로 완전히 객관과 함께 표상으로서의 세계를 형성하기는 하지만, 그 유일한 주관이 소멸되면 표상으로서의 세계는 이미 존재하지 않기 때문이다.

　이 양자, 주관과 객관은 불가분의 관계에 있으며, 사유 속에서도 불가분이다.

　— 쇼펜하우어, 『의지와 표상으로서의 세계』에서

세계는 본질적으로, 그리고 필연적으로 불가분의 두 부분으로 이루어지고 있다. 그 하나는 객관이고 그 형식은 시간과 공간이며, 이것을 통하여 다양성이 생기게 된다. 또 하나는 주관이며, 이것은 시간이나 공간 속에 존재하지 않는다. 왜냐하면 주관은 전혀 부활되지 않고 표상하는 모든 존재 속에 있기 때문이다.

인간 존재를 탐구하는 두 가지의 방법이 있다. 하나는 내가 알 수 있는 것은 다만 나 자신뿐이라는 유아론唯我論이고, 다른 하나는 이 유아론에서 출발하여, 즉, 나의 마음과 행동양식을 통하여 타인의 행동양식을 보고 그 사람의 마음을 알 수가 있다는 유비론唯比論이다. 전자는 주관적이고 후자는 객관적이다. 모든 사상과 이론은 주관의 산물이지만, 그러나 모든 사상과 이론은 주관을 초월하여 객관을 지향하게 된다. 모든 사상과 이론은 우리에게 객관적(절대적)으로 주어지지만, 그러나 그 사상과 이론마저도 주관적인 오류였다는 것이 드러나게 된다.

천당이 지옥이 되고, 지옥이 천당이 된다. 신이 악마가 되고 악마가 신이 된다.

너는 나의 친구이고, 나는 너의 적이다.

나는 너의 친구이고, 너는 나의 적이다.

진리란 주관과 객관 사이에 가로놓인 낡디낡은 밧줄과도 같다.

주관이 소멸되면 표상으로서의 세계는 소멸되고, 객관이 소멸되면 표상의 세계가 아닌 이 세계가, 아니, 이 우주 자체가 소멸하게 될 것이다.

마야는 꿈과 같은 것

인도인의 옛 지혜는 '죽어야 하는 자의 눈을 가리는 것은 거짓 베일, 즉 마야이며 마야는 죽어야 하는 자에게 존재한다고 말할 수 없고, 존재하지 않는다고 말할 수 없는 세계를 보여준다. 왜냐하면 마야는 꿈과 같은 것이며, 여행자가 멀리서 보고 물이라고 생각하는 모래 위를 비추는 햇살 같은 것이다.

— 쇼펜하우어, 『의지와 표상으로서의 세계』에서

예수는 역사적 존재가 아니며, 다만 우리 인간들이 창조해낸 상상 속의 존재에 지나지 않는다. 요셉의 아내인 마리아의 뱃속에다가 마치 호색한처럼 성령聖靈으로 씨앗을 뿌린 하나님, 성령에 의하여 요셉의 아내인 마리아의 뱃속에서 무염수태된 예수, 그의 의붓 아버지에 불과한 요셉의 고향으로 내려가다가 베들레헴의 마구간에서 태어난 예수, 유태인의 왕으로 태어났지만 애굽으로 피난을 갔다가 헤롯왕이 이 세상을 떠난 뒤에 돌아오는 예수, 아버지를 도와 목수 일에 종사하고 요한으로부터 세례를 받은 예수, 사십 일 동안 밤낮으로 기도한 끝에 악마의 시험을 물리친 예수, '회개하라 천국이 가까이 왔느니라'고 역설하면서 베드로를 비롯한 그의 제자들을 불러

모으고 '가난한 자의 복'을 역설하신 예수, 오른쪽 눈이 죄를 지으면 오른쪽 눈을 빼버리고, 오른 손이 죄를 지으면 오른 손을 잘라 버리라던 예수, 네 이웃을 내 몸과 같이 사랑하고 네 원수마저도 사랑하라고 역설한 예수, 문둥병자, 중풍환자, 열병에 걸린 자, 혈루증에 걸린 소녀, 말 못하는 자, 앞 못보는 자, 죽은 자를 살려내고, 바람과 파도를 다스리며 물위를 걸어다닌 예수, 빵 다섯 조각과 물고기 두 마리로 오천 명이 먹고도 남을 만큼의 이적을 베풀어 주신 예수, 가롯 유다에 의하여 십자가에 못 박힐 것을 알고, 빵을 그의 살로, 포도주를 그의 붉디 붉은 피라고 하며 '최후의 만찬'을 나눈 예수, 유태교도들에 의하여 신성모독과 대중 선동의 혐의로 체포되어 로마 총독에게 넘겨진 예수, 십자가에 못 박혀서 '엘리 엘리 라마 사박다니'라는 말을 남기고 죽은 지 사흘 만에 부활하신 예수 그리스도—.

하지만, 그러나 예수(하나님)는 마야이며, 거짓 환영에 지나지 않는다. 전지전능한 하나님은 왜, 자기 자신의 아내의 뱃속에다가 씨를 뿌리지 않고 남의 아내의 뱃속에다가 씨를 뿌렸던 것이며, 왜, 하나님은 예수 이후 그 어떠한 자식도 낳지를 않았단 말인가? 왜, 예수는 아버지 하나님의 대를 이어 그토록 전지전능한 권력을 물려받았으면서도, 왜, 이처럼 온갖 탐욕과 악덕이 만발하고 있는 이 세상을 심판하지 않고 있는 것이며, 왜, 또한 예수는 2,000년이 넘도록 그의 자식을 낳지 않고 그 권력을 대물림해 주지 않고 있는 것일까? 예수와 하나님은 성기능이 마비된 불구자이며, 더 이상 그 존재의 정당성을 잃어버린 존재에 지나지 않는다.

제우스가 그의 아버지인 크로노스를 살해했을 때, 크로노스의 생식기의 피가 키프로스의 바다에 떨어졌고, 그 거품 속에서 사랑과 미의 여신인 아프로디테(비너스)가 태어났다고 한다. 아름다움은 마야이며, 거짓 환영에 지나지 않는다. 진리도 마야이며, 거짓 환영에 지나지 않는다.

신이 인간을 창조한 것이 아니라, 인간이 신을 창조한 것이다.

신은 존재하지 않는다. 모든 종교적 진리는 가짜이다.

모든 종교적 신자들은 신기루를 쫓아가는 나그네들이며, 끝끝내는 그 사막 속에서 죽어가야만 하는 나그네에 지나지 않는다.

Arthur Schopenhauer

사물의 본질은

사물의 본질은 외부로부터 파악할 수 없으며, 아무리 애써도 영상映像과 이름만을 알 수 있을 뿐이다.

— 쇼펜하우어, 『의지와 표상으로서의 세계』에서

칸트는 우리가 알 수 있는 것은 현상일 뿐, 물 자체(사물의 본질)는 알 수가 없다고 말한 바가 있고, 헤겔은 우리가 볼 수 있는 것은 현상일 뿐이지만, 그러나 그 다양한 현상들을 탐구함으로써 사물의 본질을 알 수 있다고 역설한 바가 있다. 칸트는 현상론자이고, 헤겔은 현상학자이다. 이 칸트와 헤겔의 싸움에서 헤겔이 승리를 했고, 헤겔은 그의 현상학을 통하여 세계의 사상계를 석권한 바가 있었다.

그 여자는 늘, 항상 친절하고 상냥하며, 그 무엇이든지 그녀의 이웃들에게 나누어 주고자 한다. 그 여자는 어렵고 힘든 노동을 하는 남편의 손과 발이 되어주었고, 언제, 어느 때나 불평과 불만뿐인 그녀의 자식들을 더없이 헌신적으로 보살펴 준다. 그 여자는 다만 여자가 아니라 이 세상의 현모양처의 표본이다.

어떤 돌은 노란빛을 띠고 있으며, 어떤 형상도 그 돌로 쉽게 만들

수가 있다. 이 노란 돌은 매우 유용하며, 다른 그 어떤 돌보다도 그 사용가치가 크고, 우리는 이 돌을 황금이라고 부른다.

현모양처와 황금―. 우리는 이처럼 다양한 현상들을 탐구함으로써 그 현상들의 본질에 접근해 갈 수가 있다.

하지만, 그러나 현상학적 진리는 '범죄의 유전자'와 '모범시민의 유전자'를 별도로 추출해낼 수가 없듯이, 잠정적이고 일시적인 진리에 지나지 않는다. 영원히 알 수 없고 말할 수 없는 진리, 마야이며 거짓 베일에 감싸여져 있는 진리, 끊임없이 수정되고 또 수정되어야 할 진리―.

현상학은 칸트와 흄의 현상론을 영원히 극복할 수가 없다. 현모양처란 어떠한 사람이며, 황금이란 무엇이며, 도대체 아름다움과 완전함의 참된 의미란 무엇이란 말인가?

의지는 육체의 선험적인 인식

의지는 육체의 선험적인 인식이며, 육체는 의지의 후천적(아 포스테리오)인 인식이다.
— 쇼펜하우어, 『의지와 표상으로서의 세계』에서

의지는 육체의 인식근거이며, 육체는 의지의 존재 근거이다. 육체가 먼저 있고 의지가 존재하는 것이 아니라, 의지가 먼저 있고 육체가 있는 것이다.

이 세계는, 이 우주는 우리 인간들의 의지의 산물에 지나지 않으며, 우리 인간들의 의지가 없다면 이 세계는 존재할 수가 없다.

세계는 창조적 천재의 기획작품(경제적 상품)에 지나지 않는다.

자연이 그 넓은 옷자락에 모든 만물을 다 품어 기른다.

아니다. 헤겔 이후, 인간의 절대 정신이 자연이 되었고, 모든 만물은 인간의 절대 정신 속에서만 살아갈 수가 있다.

이처럼, 이 인간의 오만방자함이 오늘날의 문명과 문화를 건설했지만, 그러나 이 문명과 문화는 사상누각의 도깨비와도 같다.

이 세계, 이 우주가 없다면 우리 인간들이 존재할 수가 없듯이, 자기 자신의 육체가 없다면 그의 의지(절대 정신)같은 것은 존재하지도 않는다.

의지가 그의 육체에 봉사해야 하는 것이지, 육체가 그의 의지에
봉사해야 하는 것이 아니다.

현상은 곧 표상일 뿐

현상은 곧 표상일 뿐 그 이외의 아무 것도 아니다. 어떤 종류의 것도 표상은 모두 객관, 즉 현상이다.

— 쇼펜하우어, 『의지와 표상으로서의 세계』에서

현상은 곧 표상일 뿐 그 이외의 아무 것도 아니다.

현상이 현상일 때는 인간과는 아무런 상관도 없게 되고, 현상이 표상일 때는 인간이 의지가 작용을 하여 그것에 대한 이름을 붙이게 되었다는 것을 뜻한다.

돌멩이는 돌멩이라는 현상에 지나지 않지만, 그 돌멩이가 황금(또는 다이아몬드)이라는 이름을 갖게 되었을 때는 표상이 된다.

쇼펜하우어의 '의지와 표상으로서의 세계'는 '나의 의지가 있고 세계가 있다'라는 말에 지나지 않는다.

현상, 곧 표상은 인간의 탐구 대상이며, 소유물이 된다.

나무가 자기 스스로 '나는 나무다'라고 말한 것도 아니고, 하나님이 그 '나무에다가 이름표'를 붙여놓은 것도 아니다.

어떤 나무에다가, '소나무', '참나무', '비자나무'라고 이름표를 붙여 놓은 것은 인간이며, 인간이 이 세계를 창조해낸 것이다.

하나님은 인간의 노예이며, 어릿광대에 지나지 않는다.

인식이란 무엇인가?

인식이란 무엇인가? 그것은 무엇보다도 우선 표상이다. 표상이란 무엇인가? 동물의 뇌수에 일어나는 매우 복잡한 생리적 작용으로 생기는 하나의 현상의 의식이다. 그리고 우리는 인식하는 주관일 뿐만 아니라, 한편 스스로가 인식되는 본성을 지니고 있는 물 자체인 것이다.

— 쇼펜하우어, 『의지와 표상으로서의 세계』에서

인간은 인식하는 주체일 뿐 아니라 인식되는 객체라고 할 수가 있다. 내가 그를 바라보면 그는 인식을 당하게 되고, 그가 나를 바라보면 나는 그에게 인식(관찰)을 당하게 된다.

인식이 곧 표상이라면, 나와 그는 사물 자체처럼 인식될 수도 있는 것이다.

인식하는 자는, 즉, 과학자(철학자)는 앎을 자기 자신의 보호 아래에다가 두고, 그 표상(지식)들에 대한 소유권을 주장하게 된다.

'나는 너를 사랑한다'라고 그가 그의 권력의 힘을 갖고 말할 때, 그는 그의 품안으로 달려 가 안기지 않으면 안 되고, '너는 에이즈 환자야'라고 그가 의사의 권위로서 말할 때, 그는 그의 품안으로 달려 가 돈을 지불하지 않으면 안 된다.

이 세상에서 가장 찬란하고 화려한 것은 '최고급의 인식의 제전'—'사상과 이론을 정립하는 것'—이라고 하지 않을 수가 없다.

순수이성의 윤리학

이 모순은 순수이성의 윤리학 속에도 분명히 나타나 있다. 왜냐하면 스토아 학파의 가르침을 숭상하는 사람들은 복된 생활—이것이 언제나 그들의 윤리학의 근본사상이다—에의 지침 속에서 자살을 권장하고 있으니 말이다. 눈부신 장식물과 가구에 에워싸인 동양의 전제군주들이 독이 든 값진 병을 옆에 놓아두는 것처럼. 그들이 자살을 권장할 때는 육체의 고통이 너무 심하여 어떠한 철학적인 가르침이나 결론을 배워도 어떻게 할 수 없을 정도에 이르고, 그들의 유일한 목적인 행복도 이미 바랄 수 없게 되고 죽음에 의해서만 고통에서 벗어날 수밖에 없게 되었을 경우다.

— 쇼펜하우어, 『의지와 표상으로서의 세계』에서

우리 인간들에게는 두 가지의 본능이 있다. 삶의 본능과 죽음의 본능이 그것이다. 탄생은 죽음의 첫걸음이라는 말도 있지만, 그러나 살아 있는 모든 생명들에게 죽음이란 두려운 것이고, 반드시 회피하고만 싶은 그 무엇에 지나지 않는다.

삶의 본능, 즉, 자기보존본능은 그 무엇보다도 우선하는 본능이라고 할 수가 있다.

자살이란 무엇인가? 자살이란 이 삶의 본능에 반하여 자기가 자기 자신의 목숨을 끊는 것을 말한다. 아이아스처럼 더 이상의 불명예를 짊어지고 살아갈 수 없을 때, 잔 다르크처럼 명예를 위해서 살고 그 명예를 지켜나가고 싶을 때—잔 다르크는 그녀의 아버지의 말을 거부하고 영국군에게 목숨을 구걸하지 않고 순교를 한 것이지만—, 우리는 자살을 감행하게 된다. 또한, 이 세상에서 더 이상의 의미를 찾지 못하고 그 어떠한 말도 자기 자신에 대한 위로의 말이 되지 않을 때, 살아 있어도 살아 있는 것이 아닌 식물인간의 삶을 살고 있을 때, 우리는 그 죽음의 공포를 극복하고 자살을 택할 수도 있을 것이다.

자살이란 삶의 숨구멍이며, 영원한 안식처이다.

최고의 권력자나 성직자는 자살을 결코 용납하지 않는다. 그의 신민과 성도들이 자살을 한다는 것을 그의 권력이 미치지 못한다는 것을 뜻하고, 따라서 그들은 모두가 다같이 그들의 권력의 무력함을 용납할 수가 없었기 때문이다.

"눈부신 장식물과 가구에 에워싸인 동양의 전제군주들"의 독약병, 아니, 모든 서양의 전제군주들의 독약병들—.

자살은 모든 고통으로부터의 해방이며, 예수의 부활처럼, 제2의 새로운 탄생이기도 한 것이다.

모든 고뇌를 지옥으로 추방한 뒤에는

이미 보아온 바와 같이 인식의 능력도 없는 자연물도 그 내면적인 본질은 한결같이 목표가 없는, 그리고 쉴 사이 없는 부단한 노력이다. 이것은 동물이나 인간을 관찰해 보면 더욱 잘 나타나 있다. 그 모든 본질은 충족시킬 수 없는 갈증과 같은 욕망과 노력이다. 그러나 결국 모든 욕망의 근원은 동물이나 인간이 본질적으로 본래 지닌 바 부족, 결핍 그리고 고통이다.

이와 반대로 너무 손쉽게 원하는 것을 손에 넣을 수 있기 때문에 욕망이 감퇴하여 욕망의 대상이 없어지면 이번에는 무서운 공허와 권태에 빠지게 마련이다. 즉, 자기의 본질과 생존 자체가 감당할 수 없는 부담이 된다. 이러한 삶은 마치 시계추처럼 삶의 본질적인 구성 부분인 고통과 권태 사이를 왔다 갔다 하고 있는 것이다. 이 사실은 이상한 말이기는 하지만 인간이 모든 고뇌를 지옥으로 추방한 뒤에는 천국에 권태밖에 남지 않는다는 것을 의미한다고 하겠다.

— 쇼펜하우어, 『의지와 표상으로서의 세계』에서

천국이란 어떠한 나라인가? 사시사철 오곡백과가 자라나고, 그 어떠한 것도 부족한 것이 없다. 행복이란 무엇인가? 그 어떠한 억압도 없으며, 그 모든 것이 가능하다.

오늘도 천국에는 행복의 나무가 자라나고, 이 하루살이와도 같은 우리 인간들은 그 행복 나무의 열매를 얻기 위하여, 손마디가 부르트고, 입에서는 쓴맛이 나고, 등허리가 끊어지도록 일을 하지 않으면 안 된다.

오늘이 지나고 내일이 다가와도, 아니, 젊은 시절이 다 지나가고 노년의 오후가 저물어가도 천국은 보이지도 않고, 행복이라는 열매는 그 흔적조차도 없다.

"우리 인간들의 삶은 곤궁, 결핍, 곤경, 불안, 비명, 포효의 연속이고, '연기된 사망'이라는 假死 상태의 삶을 살고 있다는 것, 이것이 쇼펜하우어의 철학의 핵심이자 그가 우리 인간들에게 내린 파산선고일는지도 모른다(반경환, 『행복의 깊이』 제1권, 제1장 「영원불멸의 삶에 대하여―낙천주의란 무엇인가」)."

인간의 삶은 시계추와도 같이 고통과 권태 사이를 왔다갔다 하게 된다. 모든 고뇌를 지옥으로 추방한다고 하더라도 천국에는 권태밖에 남아있지 않게 될 것이다.

염세주의자는 이 세상의 삶을 비방하고 헐뜯는 자이며, 시지프스의 삶과도 같은 신성모독자(순교자)의 행복을 이해하지 못하는 얼치기 인간에 지나지 않는다.

천국으로 반드시 가겠다는 목표와 행복이라는 열매를 수확하겠다는 목표는, 그러나 그 목표를 비록 달성할 수 없게 될지라도, 그 목표를 추구하는 과정 속에서 그 삶의 기쁨과 행복을 향유할 수가 있는 것이다.

목표는 과정 속에 있다. 이 순교자의 행복이 낙천주의자의 행복인 것이다.

권태를 제거하는 것에 불과하다

그런데 우리의 정신작용도 언제나 어떻게 해서든지 권태를 제거하는 것에 불과하다. 숨을 쉬는 것도 항상 침범해 들어오는 죽음을 방지하는 일이다. 우리는 일분일초, 한 숨, 한 숨을 쉴 때마다 죽음과 싸우고 있는 것이다. 더욱이 긴 시간을 두고 보더라도 우리는 음식을 먹거나 자거나 몸을 따뜻이 하거나 하면서 죽음과 싸우고 있다. 그런데 결국 승리는 죽음에게 돌아간다. 왜냐하면 우리는 이미 탄생과 동시에 죽음의 소유물이 되어 있기 때문이다. 다만 한동안 죽음은 먹이를 삼키기 전에 그것을 희롱하고 있을 따름이다.

— 쇼펜하우어, 『의지와 표상으로서의 세계』에서

쇼펜하우어는 왜, 이 세상의 삶을 그처럼 비방하고 헐뜯는 염세주의자가 되었던 것일까? 그것은 그의 생애가 프랑스 혁명과 나폴레옹의 침략전쟁에 맞닿아 있기 때문일 수도 있고, 그가 그토록 존경했던 아버지의 사망과 함께, 한 사람의 요부와도 같았던 그의 어머니와의 불화 때문일 수도 있다. 아니, 인간의 절대 정신을 통하여, 이 세상에다가 지상낙원을 건설하고자 했던 헤겔의 낙천적인 사상 때문일 수도 있다.

항산恒産이 없으면 항심恒心이 있을 수가 없다.

육체적인 노동, 즉, 생산적인 노동이 없는 쇼펜하우어에게는 하루 하루가 더없이 길고 무료하기만 했었을는지도 모른다. '제 눈에 안경'이라는 말이 있듯이, 그 모든 것을 삐뚤어지게만 바라보고, 하루하루를 살아가는 것이 더없이 역겹고 지겨웠던 것인지도 모른다.

권태는 그의 천벌과도 같았고, "일분일초, 한 숨, 한 숨을 쉴 때마다 죽음과 싸우"는 것에 지나지 않았을는지도 모른다.

권태는 죽음의 심부름꾼이고, 죽음은 권태로 하여금 쇼펜하우어를 산 채로 잡아오라고 시켰던 것이다.

고양이 앞의 쥐, 아니, 고양이가 사로잡은 쥐—. 쇼펜하우어는 이 쥐의 입장에서 그의 불행한 의식을 염세주의자의 사상으로 정식화 시켜 놓았던 것이다.

그 어떤 자유도, 그 어떤 행복도, 그의 불행한 의식으로는 찾아낼 수가 없었던 것이다.

인간은 욕구가 구체화된 존재

인간은 욕구가 구체화된 존재이며, 몇 천을 헤아리는 욕망덩어리이다. 이런 욕망을 걸머진 인간은 지상에 살면서 자기의 욕망과 고통을 제외하면 모든 것이 확실성이 없다. 그리하여 날마다 봉착하는 어려운 일들을 걸머지고 그럭저럭 자기를 꾸려 나가기 위해 걱정에 싸여 있는 것이 대체로 인간의 생활 내용이다.

— 쇼펜하우어, 『의지와 표상으로서의 세계』에서

행복이란 모든 것이 가능하고 어느 것 하나 부족한 것이 없는 것을 말한다. 행복이란 말은 꿀맛과도 같은 말이며, 아무리 먹어도, 먹어도 심리적으로나 생리적으로도 거부감이 없는 음식과도 같다.

행복이란 하나의 환영이며, 그 실체가 없는 신기루에 지나지 않는다. 인류의 역사상 모든 것이 가능하고 어느 것 하나 부족한 것이 없는 지상낙원은 존재하지도 않았다.

만일, 그렇다면 우리 인간들은 어떻게 하면 지상낙원을 건설하고 행복한 삶을 향유할 수가 있는 것일까? 재화의 결핍, 애정의 결핍 등, 이 세상은 부족한 것 뿐이지만, 그러나 그 행복한 삶을 향유한다는 것은 아주 간단하고 손 쉬운 일일 수도 있다. 모든 종교는 고통을 제거하고 우리 인간들을 구원하는 것을 그 목표로 삼고 있으며, 그것은 내세의 천국이나 극락의 세계로 나타나고 있다. 모든 고통의 원인은 탐욕이며, 이 탐욕을 제거하면 그는 행복한 생활을 향유할 수가 있다.

탐욕은 언제, 어느 때나 악질적인 사건의 연출자이며, 그는 피에 굶주린 야수에 지나지 않는다. 타인의 행복은 나의 불행이 되고, 타인에게 이로운 것은 나에게 해롭다. 탐욕에 사로잡힌 자는 이러한 성악설性惡說에 기초를 두고 날이면 날마다 살인, 강도, 강간, 사기, 폭력 등을 연출해내게 된다. 전 세계적으로 모든 인류가 다 먹고도 남을 만큼의 재화가 남아도는데도, 소위 소수의 부자들만이 배가 터져가고, 대부분의 사람들은 절대적인 빈곤과 궁핍에서 벗어나지 못하고 있는 것이다.

인간은 결코 동물들보다도 행복하게 살지 못한다. 대부분의 동물들은 저축을 모르며, 그 동물들은 배가 부르면 낮잠을 자거나 즐겁고 유쾌한 놀이로 모든 시간을 보내게 된다. 이러한 동물들의 행복을 생각해볼 때, 우리 인간들은 '향락의 도수'를 높여가기보다는 탐욕을 제거하는 데에서, 진정한 삶의 행복을 찾아내지 않으면 안 된다.

탐욕은 만악의 근원이다. 타인들을 짓밟고 올라서려는 권력 욕망, 천년, 만년, 아니 영원한 삶의 창자를 채우고 싶은 물질적 욕망, 타인들과 이 세상이 모두 멸망한다고 하더라도 자기 자신과 자기 자신의 사상만은 영원하기를 바라는 명예에 대한 욕망, 언제, 어느 때

Arthur Schopenhauer

나 주지육림酒池肉林의 텃밭에서 아름다운 여인과 사랑을 속삭이고 싶은 욕망 등이, 우리 인간들을 피에 굶주린 야수로 만들고 있는 것이다.

항해의 최종목표는 죽음

삶 자체가 인간으로서 최대의 주의와 배려를 기울여 피해 나갈 수밖에 없는 암초와 소용돌이가 도처에 널려 있는 존재의 바다이다.

죽음이야말로 고난에 가득찬 항해의 최종목표이며 인간으로서는 피해 온 모든 암초보다 더욱 악질적인 것이다.

— 쇼펜하우어, 『의지와 표상으로서의 세계』에서

삶 자체는 고뇌의 바다와도 같지만, 이 고뇌의 바다는 이아손의 용기 앞에서는 그렇게 대단한 것이 못된다. 황금양털을 찾겠다는 욕망이 그 고뇌의 바다를 잠 재운 것이다.

죽음은 고뇌의 바다도 아니고, 악질적인 어떤 것도 아니다.

살아 있다는 것보다는 죽음이 있기 때문에 고뇌의 바다도 그처럼 무섭고 두려운 것이 아니다.

죽음은 용기이며, 무한한 가능성이다.

죽음이 있기 때문에 고뇌와도 싸우고, 그 고뇌를 퇴치할 수가 있는 것이다.

영원한 고통과 그 고통에서 해방될 수 있다는 것만으로도 죽음은 유희가 되고, 즐겁고 기쁜 것이 된다.

죽음은 고통의 해방이며, 행복의 시작인 것이다.

Arthur Schopenhauer

권태는 상류계급에 가해지는 형벌

결핍이 민중에게 끊임없는 무서운 채찍인 것처럼, 권태는 상류계급에
가해지는 형벌이다.

— 쇼펜하우어, 『의지와 표상으로서의 세계』에서

산다는 것은 목표를 갖는다는 것이 되고, 목표를 갖는다는 것은
산다는 것이 된다. 인류의 역사상 그 어떤 침략전쟁도 명분이 없는
전쟁은 없었다.

목표를 갖는다는 것은 저절로 그 수단을 얻게 되었다는 것을 뜻
한다.

이 세상에서 가장 찬란하고 화려하며, 그 반면에, 가장 잔인하고
끔찍한 것은 기독교인들의 목표라고 할 수가 있다.

우리 인간들을 탐욕과 죄악으로부터 구원하겠다는 그들의 이타
적인 목표는, 하지만, 그러나 가장 잔인하고 끔찍한 방법으로 수행
될 수밖에 없었다. 기독교인들이 침투해 들어간 곳은 여지없이 토속
종교와 마찰이 일어나고, 그 원주민들은 민족주의자들(토속종교)
과 세계시민주의자들(기독교)로 더 이상 돌이킬 수 없는 내분을 겪
게 된다. 바로 그때마다 기독교인들은 그들의 우월한 힘을 이용하여

세계시민주의자들(기독교로 개종한 자들)을 그들의 꼭두각시로 옹립하게 되고, 그 독재자들로 하여금 자기가 소속된 민족들을 향하여 무차별적인 살육과 만행을 자행하도록 사주시켰던 것이다.

기독교가 침투해 들어간 제3세계는 남미와 중남미, 그리고 아프리카와 대한민국과 필리핀 등이며, 그 국가들은 아직도 전 근대적인 독재정치와 부정부패로 그 어떤 힘도 쓰지를 못하게 되어 있는 것이다.

기독교인들은 더 이상 서양이라는 좁은 땅에서의 권태 때문에, 그처럼 제3세계를 유린하고 천연자원을 약탈해갔는지는 모르지만, 제3세계인들은 그 모든 것을 다 빼앗겨버리고, 그토록 어렵고 힘든 삶을 살아가고 있는 것인지도 모른다.

제3세계인들의 결핍과 서양인들의 권태—.

어서 빨리, 하루바삐, 우리 한국인들을 비롯하여 제3세계인들도 그 목표를 세우고, 첫 번째도, 두 번째도, 마지막 세 번째도, 너무나도 뻔뻔스럽고 파렴치한 기독교인들을 퇴치하는 데에서부터 민족의 정체성을 되찾지 않으면 안 된다.

제3세계에서의 기독교는 암적인 종양이며, 그 종양의 효과는 민족주의의 종말을 뜻하게 된다.

Arthur Schopenhauer

오직 욕망과 충족 사이를

　모든 인간 생활은 오직 욕망과 충족 사이를 걸어가고 있을 뿐이다. 그 본성으로 보아 욕망은 고통이며, 욕망을 충족시키면 곧 싫증이 난다. 목표라는 것은 일시적인 것에 지나지 않는다. 원하는 것을 손에 넣게 되면 이미 자극이 없어져 버리고 새로운 형태의 욕망이나 욕구가 다시 고개를 치켜든다.

　─ 쇼펜하우어, 『의지와 표상으로서의 세계』에서

욕망은 충족되지 않고, 목표는 달성되지 않는다.

　징기스칸, 알렉산더, 나폴레옹도 그 욕망과 목표를 달성한 바가 없다.

　로마제국도, 중화민국도, 미합중국도 그 제국의 욕망과 목표를 달성한 바가 없다.

　권태란 욕망과 목표를 상실한 자의 질병이며, 이 권태에 사로잡힌 자들을 모조리 붙잡아다가 강제노역장으로 끌고 가 노동의 기쁨을 가르쳐 주지 않으면 안 된다.

　아아, 권태에 사로잡힌 자들이여!

　어서 빨리 그대들의 전 재산을 환원하고, 이 세상을 떠나가거라!!

가장 행복한 생애

 욕망과 그 만족감의 양이 적절하면 가장 행복한 생애가 이루어진다. 왜냐하면 보통 삶의 가장 아름다운 부분, 가장 순수한 기쁨을 가져오는 것은 우리의 현실을 초월케 하여 욕망 없이도 삶을 관찰하기 때문이다.

 이와 동일한 것에 욕구가 제거된 인식, 미의 향수, 예술작품의 참된 감상 등이 있다. 이러한 기쁨을 맛보기 위해서는 흔히 볼 수 없는 특별한 소질을 필요로 한다. 그러므로 극히 소수의 사람들만이 이 기쁨을 얻을 수 있으며, 이와 같은 혜택을 입은 사람들도 꿈결같이 매우 짧은 한동안만 즐길 수 있을 뿐이다.

　— 쇼펜하우어, 『의지와 표상으로서의 세계』에서

 "나는 사신死神의 맏형님, 나는 그 사신에게 나의 사상의 신전에는 머리카락 한 올도 드러내지 않도록 명령을 내려둔 바가 있었다 (『행복의 깊이』저자서문)."

 내가 『행복의 깊이』제1권을 쓰기 시작한 것은 1993년이었고, 제4권을 완성한 것은 2006년이었으며, 『행복의 깊이』제4권을 출간한 것은 2012년이었다.

 내가 나의 『행복의 깊이』1, 2, 3, 4권을 완성하기까지는 적어도

20년 가까운 세월이 흘러갔던 것이다.

사상과 예술은 오래 오래 묵을수록 제맛이 나고, 만인들의 미각을 사로잡게 된다.

나의『행복의 깊이』1, 2, 3, 4권은 낙천주의 사상을 세계 최초로 정립한 책들이며, 나는 이『행복의 깊이』를 통하여 영원불멸의 삶을 살아가게 되었던 것이다.

『행복의 깊이』는 나의 사상의 진수이며, 내가 나의 피와 땀과 눈물로 쓴 걸작품들이다.

나는 어렵고 힘들 때마다 나의『행복의 깊이』를 읽으면서 마음의 평온과 안식을 되찾는다. 나는 내가 더없이 자랑스럽고, 또 자랑스럽다. 이 무한한 자긍심과 기쁨 속에서, 나는 우리 한국인들에게 나의『행복의 깊이』를 선사하게 되었던 것이다.

욕망과 만족감이 일치하게 되면 그 주체자는 신적인 인물이 되고, 그는 영원불멸의 삶을 살아가게 된다.

에피쿠로스의 말대로, '최고의 선―신들의 경지'는 이 영원불멸의 삶을 지시하게 된다.

사상의 신전을 짓고 모든 사람들을 초대하라!

이 말은 나의 '사색인의 십계명' 중 제4계이며, 모든 지식인들의 좌우명이 되지 않으면 안 된다.

고뇌의 정량

　모든 개개의 인간이 지닌 바 본질적인 고뇌의 양은 그 사람의 성격에 따라 언제나 일정하며, 설사 고통의 형태는 천변만화일지라도 그 고뇌의 정량은 많아지거나 적어지는 일이 없다는 것이다.

　그 사람의 괴로움이나 즐거움은 이런 의미에서도 외부에서가 아니라 그 사람이 갖는 고뇌의 정량, 그 사람의 소질에 의해 규정된다. 각자가 갖는 이 소질은 시간의 차이나 육체의 건강 상태에 따라 다소의 변동은 있지만 전체적으로 보면 불변이다.

　　─ 쇼펜하우어, 『의지와 표상으로서의 세계』에서

고뇌의 정량이 일정하다면 기쁨의 정량도 일정할 것이다.

　어떤 사람은 그의 일생내내 괴롭기만 했었고, 어떤 사람은 그의 일생내내 고뇌보다는 기쁜 일이 더 많았다.

　이렇게 따지고 보면, "설사 고통의 형태는 천변만화일지라도 그 고뇌의 정량은 많아지거나 적어지는 일이 없다"라는 쇼펜하우어의 말은 그 타당성을 잃게 된다.

　고뇌와 기쁨은 둘이 아닌 하나이며, 고뇌의 양이 크면 기쁨의 양이 줄어들고, 기쁨의 양이 크면 고뇌의 양이 줄어든다.

Arthur Schopenhauer

이 고뇌와 기쁨은 그 형태는 천변만화할지라도 그 에너지의 총량은 변함이 없게 된다.

우리가 너무나 큰 고뇌를 짊어지고 있으면

우리가 너무나 큰 고뇌를 짊어지고 있으면 그 보다 작은 모든 고뇌에 대해서는 무감각하게 되며, 반대로 큰 고뇌가 없으면 사소한 고뇌도 우리를 몹시 괴롭혀 불쾌하게 한다는 것이다.

— 쇼펜하우어, 『의지와 표상으로서의 세계』에서

제우스의 독수리에게 간을 뜯어 먹히며 '영원한 벌'을 받았던 프로메테우스는 얼마나 고통스러웠던 것이며, 제우스와의 간통으로 인하여 쇠파리떼에게 뜯어 먹히며 살아가야만 했던 이오는 얼마나 고통스러웠던 것일까? 하늘기둥을 떠바치고 살아야만 했던 아틀라스는 얼마나 고통스러웠던 것이며, 그의 아내 데이아니라의 질투심 때문에 독이 묻은 옷을 입고 죽어가야만 했던 헤라클레스는 얼마나 고통스러웠던 것일까?

큰 고뇌를 짊어지고 있으면 작은 고뇌에는 무감각하게 되고, 큰 고뇌가 없어지면 작은 고뇌에도 민감하게 된다.

어떤 사람은 술값 시비 때문에 사람을 칼로 찔러 죽이고, 어떤 사람은 층간 소음 때문에 야구방망이로 사람을 때려 죽인다. 어떤 사람은 아내 몰래 숨겨둔 비자금 때문에 부부 싸움을 하게 되고, 어떤 사람은 시어머니와의 작은 말다툼 때문에 이혼소송을 당하게 된다.

불씨는 작지만, 그 불씨는 금수강산을 다 태워버릴 수도 있는 재앙의 씨앗이 될 수도 있다.

삶이란 거기에 소모한 비용이

삶이란 거기에 소모한 비용이 수입을 훨씬 초과하는 사업임을 통감하지 않을 수가 없다.

— 쇼펜하우어,『의지와 표상으로서의 세계』에서

염세주의자의 삶이란 수입보다 지출이 더 큰 적자투성이에 불과할는지도 모르지만, 낙천주의자의 삶이란 수입과 지출의 규모가 똑같은 것이며, 어느 누구도 이익을 보거나 손해를 보는 것이 아니다. 우리가 이 세상을 떠나갈 때는 돈과 명예와 권력 등이 다 필요가 없는 것이다.

빈손으로 왔다가 빈손으로 돌아가는 것이다.

눈이 먼 두더지, 땅속의 구멍만을 파고 어둠 속에서 살아가고만 있는 두더지—, 그러나 이 두더지가 '밤의 동물'이라고 해서, 적자투성이의 생명이고 불행한 동물이라고 함부로 말해서는 안 된다. 두더지에게는 두더지만의 삶이 있고, 행복이 있는 것이다.

쇼펜하우어의 병명病名은 염세주의이며, 그 병세는 끊임없이 이 세상을 비방하고 혐오하며 헐뜯어 대는 독설가의 그것으로서 나타나게 된다.

예컨대 지칠 줄 모르는 동물인 두더지의 경우를 살펴보라. 몸에 비해 엄청나게 커다란 삽의 역할을 하는 앞발로 열심히 구멍을 파는 것만이 두더지의 전 생애의 활동이다. 두더지의 주위는 언제나 밤이 둘러싸고 있다. 미니어처와 같은 눈을 갖고 있지만, 이것은 다만 빛을 피하기 위해서다. 두더지만이 참된 '밤의 동물'이다. 밤에도 시력이 있는 고양이, 박쥐, 올빼미들과는 이야기가 다르다.

　그런데 두더지가 이렇게 해서 즐거움을 등지고 애써 살아간 결과, 얻는 것은 무엇일까? 먹고 교미하는 것뿐이다. 즉, 새로운 개체 속에서 똑같이 쓸쓸한 일생의 길을 계속해 나가는 수단을 얻을 뿐이다(『의지와 표상으로서의 세계』).

철학적 사색

아리스토텔레스도 그 「형이상학」의 서두에서 "인류는 경탄에서 비로소 철학적 사색을 하기 시작한다"라고 말하였다. 진정한 철학적 소질은 우선 습성화된 일상적인 일에도 경탄하는 능력으로, 이러한 능력이 있기 때문에 현상의 보편성을 문제삼게 된다.

— 쇼펜하우어, 『의지와 표상으로서의 세계』에서

철학이란 지혜를 추구하는 학문이며, 지혜는 이 세상의 참된 이치로 나타나게 된다. 지구와 우주는 어떻게 생겼으며, 밀물과 썰물은 어떻게 해서 발생하는가? 태풍과 홍수는 어떻게 해서 발생하며, 낮과 밤은 어떻게 해서 생겨나고, 또한 사계절의 변화는 어떻게 해서 생겨나는가? 하늘과 땅은 어떻게 해서 생겨 났으며, 인류의 조상으로서 최초의 아버지는 누구이며, 우리 인간들은 어떻게 죽어가야만 하는 것일까? 무엇이 행복이며, 무엇이 불행인가? 천국은 어떠한 곳이고, 지옥은 어떠한 곳이란 말인가?

고대에는 자연철학이 주조를 이루었고, 중세에는 신의 철학이, 그리고 현대에는 인간의 철학이 주조를 이루고 있다. 자연철학이란 자연에 관한 탐구가 선행되었다는 것을 말하고, 수성론자水性論

Arthur Schopenhauer

者인 탈레스, 화성론자火性論者인 헤라클레이토스, 공기론자인 아낙시메네스, 물과 불과 공기와 대지, 즉, 4원소론자인 엠페도클레스, 원자론자인 데모크리토스 등이 그것을 말해준다. 신의 철학이란 서양의 사상사에 있어서 기독교적인 교리가 득세를 하게 되었다는 것을 말하고, 기독교의 교리에 맞지 않는 그 옛날(고대 그리스와 로마)의 학문적 성과를 모조리 다 폐기처분했다는 것을 뜻한다. 기독교는 유일신의 종교이며, 중세의 암흑기를 연출해낸 흑주술黑呪術(사악한 힘)에 지나지 않았던 것이다.

이 신의 철학에 반기를 든 것은 데카르트—인간의 자기 발견—이었던 것이고, 그 사유하는 인간의 힘으로서 신의 사망선고를 내렸던 것이라고 하지 않을 수가 없다. 인간이 신을 창조한 것이지, 신이 인간을 창조한 것이 아니다. 인간이 세계를 창조한 것이지, 세계가 인간을 창조한 것이 아니다.

철학은 참된 이치(진리)를 탐구하는 학문이며, 이 참된 이치를 창출해냄으로써 그 정당성이 입증된 학문이다. 알 수 없는 것은 두려운 것이고, 두려운 것은 불안한 것이다. 이 두려움과 불안을 잠재울 수 있는 것은 지혜뿐이며, 이 지혜만이 우리 인간들을 인도하고 구원해줄 수가 있었던 것이다.

아리스토텔레스가 "인류는 경탄에서 비로소 철학적 사색을 하였다"라고 말한 것은 이러한 점에서는 옳은 말이라고 할 수가 있다. 경탄은 신비이며 놀라움이다. 신비와 놀라움은 두려움과 공포를 자아내고, 그 두려움과 공포를 잠재우지 못한다면 우리 인간들의 삶이 없게 된다.

철학은 학문 중의 학문이다. 모든 천재는 이 철학에 의해서 태어나고, 이 철학에 의해서 죽어간다. 모든 천재는 이 철학의 힘에 의해서 다시 태어나고, 영원불멸의 삶을 살아가게 된다.

우리 한국인들은 철학을 배우지 못한 민족이며, 사상의 무대에는 그 이름조차도 등록할 수 없는 불임의 환자들에 지나지 않는다.

Arthur Schopenhauer

형이상학적인 요구

어느 나라, 어느 시대에도 신전이나 교회, 사상이나 사원 등이 화려하고 웅장하게 세워지는 것은 인간에게 형이상학적인 요구가 있다는 증거이며, 이러한 요구는 매우 강하여 결코 소멸되지 않으며, 형이하학의 물질적 필요에 직결되어 있다.

    — 쇼펜하우어, 『의지와 표상으로서의 세계』에서

사시사철 아름답고 따뜻한 기후, 씨를 뿌리지 않아도 오곡백과가 저절로 자라나는 비옥한 토지, 사시사철 산새들과 뭇짐승들이 뛰어놀고, 너와 내가 하나가 되어서 그 어떠한 전쟁(다툼)도 일어나지 않는 나라, 어느 누구도 몸이 아프지 않고 죽음마저도 없는 영생불사의 삶—, 이것이 형이상학적 소망의 기원이며, 모든 종교의 기원이라고 할 수가 있는 것이다.

형이상학은 정신적인 세계를 지시하고, 형이하학은 물질적인 세계를 지시한다. 형이하학은 형이상학의 토대가 되어주고, 형이상학은 형이하학의 정신적 지주가 되어준다. 형이상학과 형이하학은 둘이 아닌 하나이며, 그 어떤 힘도 그들의 관계를 단절시킬 수는 없다.

하지만, 그러나 "어느 나라, 어느 시대에도 신전이나 교회, 사상이나 사원 등이 가장 화려하고 웅장하게 세워진다"고 하더라도, 그 이상적인 낙원(천국)은 건설되지도 않을 것이다. 하나님은 매독으로 인하여 성기능이 중단된 불구자이고, 예수는 태어날 때부터 정자를 생산해내지 못하는 불임증의 환자에 불과하다. 왜냐하면 하나님은 유부녀인 마리아와의 간통으로 예수를 낳게 했으면서도 예수 이후에는 그 어떠한 자식도 낳지 못했기 때문이며, 예수는 이 세상에서 33년을, 천국에서 2,000년 동안이나 살고 있었음에도 불구하고 그 어떤 자식도 낳지 못했기 때문이다.

만일 하나님과 예수가 살고 있는 곳이 있다면, 또한 그들에 의한 천국이 세워진다면, '늙어갈 뿐 죽을 수도 없었던 티토누스'(그리스 신화 속의 인물)처럼, 그 모든 사람들이 다같이 죽음을 소망하고, 죽는 자를 가장 이상적인 신으로서 숭배를 하게 될 것이다. 자살자 협회나 안락사 협회가 우후죽순雨後竹筍처럼 생겨나고, 죽음에 이르는 특효약이 명품처럼 팔려나가고, 너도 나도 저승사자의 본능(킬러 본능)을 그토록 어렵고 힘들게 배양시켜 나가게 될 것이다.

오오, 형이상학의 나라는 비몽사몽非夢似夢의 나라, 언제, 어느 때나 미치광이들의 잠꼬대같은 나라에 지나지 않게 될 것이다.

오오, 정답고 그리운 죽음이여!!

오오, 더없이 감미롭고 달콤한 죽음이여!!

사제들의 특권

　그런데 한편으로는 인간의 형이상학적 요구로 자기의 생계를 유지하여 되도록 많은 수확을 올리려는 자들이 어느 시대에나 있어, 어느 나라에나 그 전매권을 차지하고 대지주가 되는 사제가 있었다. 이들은 자기의 직업을 안전하게 유지하기 위해서, 인류의 판단력이 아침에 자리에서 일어나 아직 잠도 미처 깨지 않았을 때, 이를테면 인류의 유년기에 일찍 형이상의 학설을 인류에게 주어 그것으로 자기의 특권을 유지하려고 하였다. 이와 같이 해서 주입된 교양은 설사 무의미한 것이라도 사라지지 않고 오래 남게 마련이다. 만일 인간의 판단력이 성숙해질 때까지 기다리고 있어야 한다면 사제들의 특권은 성립될 수 없는 것이다.

　　— 쇼펜하우어, 『의지와 표상으로서의 세계』에서

　형이상학이란 경험 이상으로서의 자연, 즉 사물의 현상을 초월하여 이 현상의 근원(본질)을 밝히려는 학문을 말한다. 이러한 형이상학을 대하는 두 부류가 있는데, 자기 자신을 신뢰하는 부류와 자기 자신 이외의 것에 신뢰를 두는 부류가 바로 그것이다. 자기 자신을 신뢰하는 자는 새로운 가치의 창조자이며 극소수의 사람만이 여기에 해당된다. 자기 자신 이외에 다른 것에 신뢰를 두는 사람은 '성전의 가르침'을 따르는 사람이며, 대부분의 사람들이 여기에 해당된다. 자기 자신을 신뢰하는 사람은 문명인이고, '성전의 가르침'에 따르는 사람은 낮은 단계의 문명인(야만인)이라고 할 수가 있다.

인간의 형이상학적 욕망과 그 욕망을 충족시켜주며 자기 자신의 생계를 유지해가는 사람들이 있는데, 우리는 그들을 목사, 또는 사제라고 부르게 된다. 사제는 인간과 신 사이에서 그 가교 역할을 담당하는 중간상인에 지나지 않지만, 그러나 그들은 그 중간상인의 위치를 넘어서서 매우 어리석고 우매한 대중들을 인도해주는 성자가 되고, 그리고 그 성자에 대한 존경과 찬양까지를 요구하게 된다. 사제는 신도(목동)들의 영원한 스승이며, 모든 회의를 주재하며, 여러 직위들—전도사, 장로, 권사, 집사—을 배분할 권리와, 언제, 어느 때나 명령할 권리를 전매특허처럼 독점을 하게 된다. 신의 존재와 사제의 권위에 도전하는 자는 이단자(신성모독자)이며, 이 이단자들을 미연에 방지하고 퇴치하기 위해서는 사제들이 그의 신도들보다 더 열심히 공부하는 것과 함께, 인간의 유년기부터 형이상학적 신앙을 세뇌시키지 않으면 안 된다. 왜냐하면 세 살 때 버릇이 죽을 때까지 가듯이, 신앙이란 모든 의혹들—보이지 않는 것, 애매모호하고 모순된 것들—에 대한 만병통치약이 되고 있기 때문이다.

형이상학은 목사, 또는 사제, 아니, 뚜장이, 또는 매파의 보물창고이지만, 오늘날의 자연과학은 '신은 죽었다'라는 전제 아래, 모든 신앙을 대청소해버렸던 것이다. 그 결과, 오늘날 유럽에서의 사제는 최하 천민계급으로 전락할 수밖에 없었던 것이다. 오늘날 기독교의 본고장인 서양에서는 태어날 때와 결혼할 때, 그리고 죽었을 때만이 교회엘 가고, 대부분이 해외여행과 여가선용 등으로 그들의 행복한 삶을 향유하고 있다고들 한다. 관광안내와 기념품 판매원, 유아원과 유치원 경영, 세례의식과 장례의식 등이 사제들의 주요한 업무이며, 이제는 어느 누구도 기독교 사제들의 전혀 터무니 없고 허무맹랑한 헛소리들(설교)을 들어줄 필요가 없게 된 것이다.

　고등교육과 행복지수의 상승은 모든 종교의 죽음이 되고, 이 종교의 무덤 위에서 돈에 대한 새로운 신앙이 생겨나게 된 것이다.

진정한 철학자가 나타나지 못하도록

근세에도 철학으로 생활하는 자는, 극히 드문 예외는 있지만, 대개 철학을 위해서 살아가는 자와는 전혀 다르며, 그들은 대다수가 철학을 위해 살아가는 자에게 반대하며 불구대천의 적이 된다. 그럴 수밖에 없는 것이 철학에서 두드러진 일을 한 자는 그들에게 눈 위의 혹이 되어 이들의 견해나 주장에 따르지 않기 때문이다. 그러므로 그들은 이와 같은 진정한 철학자가 나타나지 못하도록 그 시대와 환경에 따라 탄압, 은폐, 묵살, 무시, 제거 그리고 배척, 비난, 공박, 모욕, 왜곡 또는 고발이나 박해 등을 상투수단으로 사용한다.

— 쇼펜하우어, 『의지와 표상으로서의 세계』에서

순수 예술, 즉, 예술을 위한 예술에 종사하는 사람들은 외세의 압력이나 정치권력의 압력에도 두 눈 하나 끄떡하지 않고 자기 자신만의 길을 걸어가지만, 통속예술, 즉, 상업예술에 종사하는 사람들은 스스로, 자발적으로 그 권력의 품 안으로 달려 들어가 그 모든 추태들을 다 연출해내게 된다. 학문을 위해 살아가는 자들은 데카르트, 스피노자, 라이프니츠, 니체, 쇼펜하우어 등과도 같이 강단 밖의 철학자가 되고, 학문을 출세의 도구로 살아가는 자들은 대부분이 강단철학자가 된다. 진정한 철학자는 강단 밖의 철학자이며, 그들은 돈과 명예와 권력을 모두가 다같이 거절하지만, 사이비 철학자들은 학문을 출세의 도구로 삼으며, 진정한 철학자들의 사상과 이론이 전면에 등장하지 못하도록, 온갖 "탄압, 은폐, 묵살, 무시, 제거, 그리고 배척, 비난, 공박, 모욕, 왜곡 또는 고발이나 박해 등을 상투수단으로 사용"하게 된다.

강단 철학자들은 대학사회, 언론, 출판제도, 각종 학술상과 문학상과 예술원 등의 모든 문화권력을 움켜쥐고 학문 자체를 웃음거리로, 또는 비천화에로, 통속화에로 이끌어 내리게 되지만, 강단 밖의 진정한 철학자들은 그들의 춥고 굶주린 배들을 참아가며, 밤하늘의 별과도 같은 새로운 진리들을 쏘아올리게 된다. 데카르트의 사유하는 인간, 스피노자의 윤리학, 라이프니츠의 단자론과 예정조화설, 쇼펜하우어의 염세주의, 니체의 건강한 염세주의, 마르크스의 공산주의, 반경환의 낙천주의가 바로 그것을 증명해준다.

하늘의 태양이나 밤하늘의 달과 별들은 이 철학자들의 사상과 진리의 힘으로 언제, 어느 때나 그 빛을 발하게 된다.

대학의 철학은 대체로 언제나 화장도구에 불과하며

대학의 철학은 대체로 언제나 화장도구에 불과하며, 그 실제의 목적은 사고력의 최하위에 있는 학생들의 정신을 장악하고 있는 문교당국의 견해에 알맞도록 인도하는데 있었다. 정치가의 견지에서 보면 이것은 물론 정당하겠지만, 이로 말미암아 강단철학은 다른 신경으로 움직이는 나뭇조각이 되어버리고 진정한 철학이 아니라 국가의 어용철학御用哲學으로 존재하게 마련이다. 그러나 다행스러운 것은 이러한 감독 또는 지도는 단지 강단철학에만 미치고 진정한 철학에는 미치지 못하는 것이다.

― 쇼펜하우어, 『의지와 표상으로서의 세계』에서

대학의 철학은 화장도구에 불과하며, 그 사고력의 최하위에 있는 학생들의 정신만을 장악하게 된다. 학교는 학생들을 위해 있는 것이 아니고, 대학교수들의 밥그릇을 위해 있는 것이다. 각종 학술대회와 세미나로 바쁘고, 정치권력의 폴리페서, 명예욕에 사로잡힌 텔레페서, 돈의 권력에 사로잡힌 커미션페서 등으로 바쁘다. 대학교수의 임용과 강사채용, 강좌의 개설과 학점에 대한 채점권, 각종 언론사의 얼굴마담과 각종 취업을 알선하고 주선할 권리 등, 온갖 문화자본의 배분과 그 떡고물을 챙겨먹기에 바쁜 대학교수들이 어떻게 "다른 신경으로 움직이는 나뭇조각"이나 "어용철학御用哲學"들이 아니고, 새로운 사상과 이론을 정립할 수 있는 진정한 철학자가 될 수가 있단 말인가?

진정한 철학자는 하루에 8시간씩, 또는 10시간씩 공부를 하며, 그밖의 시간은 산책을 하거나 휴식을 취하게 된다. 그는 그가 좋아하는 책들을 수없이 되풀이 읽고 있는데, 왜냐하면 인류의 역사상 가장 독창적인 사상가의 사상을 배우며, 그것을 뛰어넘기가 그처럼 쉬운 것이 아니기 때문이다. 첫 번째 책읽기는 그 책이 어떤 책인가를 알기 위해서 읽는 것이 되고, 두 번째 책읽기는 그 책의 장점이 무엇인가를 알기 위해서 읽는 것이 된다. 세 번째 책읽기는 그 책의 단점이 무엇인가를 알기 위해서 읽는 것이 되고, 네 번째 책읽기는 그 책의 저자를 인정사정없이 짓밟아버리기 위해서 읽는 것이 된다. 다섯 번씩, 여섯 번씩, 아니, 열 번씩, 백 번씩 책을 읽는다는 것은 그 책의 저자와 함께 영원불멸의 삶을 살기 위해서 읽는 것이 된다. 진정한 철학자의 산책은 사색의 시간이며, 그것은 타인의 사유와 나의 사유를 비교하고, 나의 글쓰기의 전략과 전술을 가다듬는 시간이 된다. 그 결과, "나는 생각한다, 고로 존재한다"의 데카르트의 사유는 "나는 신성모독을 범한다, 고로 존재한다"로, "세계는 의지의 표상이다"라는 쇼펜하우어의 사유는 "세계는 나의 범죄의 표상이다"로, "우리가 살아 있는 동안 죽음이란 없고 죽음이 찾아오면 우리는 존재하지 않는다"라는 에피쿠로스의 사유는 "우리는 죽어갈 수가 있어서 권태롭지가 않고, 또다시 태어날 수가 있어서 허무하지 않다"라는 나의 낙천주의 사상의 최고급의 명제로 변모하게 되었던 것이다. 글쓰기의 시간은 모든 잡음과 잡념이 제거된 전투의 장이며, 그것은 산책의 장에서 연마한 전략과 전술을 실천하는 장이 된다. 적을 알고 나를 알면 백전백승이라는 말이 있듯이, 나는 이 독서의 시간과 산책의 시간, 그리고 글쓰기의 시간을 통해서 천하무적의 낙천주의 사상가가 되었던 것이다.

진정한 철학자는 강단철학자들과는 달리, 어떠한 장식이나 꾸밈이 없는 사람이며, 오직 새로운 사상과 이론을 통하여 모든 인류의 스승이 된 사람이라고 할 수가 있다.

Arthur Schopenhauer

유태교나 이교가 낙천적인 데 반하여 기독교는

기독교가 유태교보다 우월하여 희랍이나 로마의 이교異教를 제압한 힘은 실로 그 염세주의에 있었으며, 유태교나 이교가 낙천적인 데 반하여 기독교는 우리의 처지가 매우 비참하며 죄에 덮여 있다고 고백하였던 것이다.

— 쇼펜하우어, 『의지와 표상으로서의 세계』에서

유태교와 이교(그리스 신화)는 귀족의 종교이고, 기독교는 천민의 종교이다. 아브라함, 이삭, 야곱 등은 귀족이었고, 예수, 요셉, 마리아, 베드로, 가롯 유다 등은 천민이었다. 전자는 '우리 진실한 사람들'이라는 자기 찬양의 도덕을 안출해냈고, 후자는 '너는 나쁘다, 고로 나는 착하다'라는 천민의 도덕을 안출해냈다. 자기 자신들과 타인들을 비교할 필요가 없었던 귀족계급들의 종교도 낙천적이고, '부유한 자, 힘 있는 자, 지배하는 자는 사악하고 천당에 못하고, 가난한 자, 힘 없는 자, 지배당하는 자는 천당에 간다'는 천민계급의 종교도 낙천적이다. 유태교와 이교에 비하여 기독교가 염세적으로 보였던 것은 그것이 모든 가치관을 부정하고 진정으로 속죄하고 참회하라고 지배계급을 단죄한 데 있는 것이지, 모든 천민들을 내세의 천국으로 인도하고 있는 데 있는 것이 아니다.

쇼펜하우어는 염세주의자답게 기독교의 부정적인 측면만을 보았던 것이고, 따라서 이러한 편향적인 시각 때문에 그처럼 엄청난 오류를 범하고 말았던 것이다. '가난한 자, 힘 없는 자, 지배당하는 자는 천당에 간다'는 말과 함께, 모든 인간들의 죄를 씻어주고 그들을 천국으로 인도하겠다는 기독교의 목표가 어떻게 염세적일 수가 있단 말인가?

모든 종교—기독교를 포함하여—는 낙천주의를 양식화시킨 것이다.

귀족은 소수이고, 천민은 다수이다. 기독교가 유태교와 이교를 제압했던 힘은 이처럼 대중적인 다수의 힘에 있었던 것이지, 그 염세적인 힘에 있었던 것이 아니다. 만일, 모든 종교는 염세주의를 양식화시킨 것이다라고 쇼펜하우어가 말을 했다면 그 말처럼 어처구니가 없고 우스꽝스러운 말도 없었을 것이다.

모든 종교, 모든 사상, 모든 예술은 낙천주의를 양식화시킨 것이다.

낙천주의는 인간의 자기 찬양, 자기 위로의 최고급의 사상이라고 할 수가 있다.

나의 낙천주의는 사상 중의 사상이며, 쇼펜하우어와 니체를 인정사정없이 발밑으로 깔아뭉개버린 사상이라고 하지 않을 수가 없다.

Arthur Schopenhauer

우리의 의식은 물과 같은 것으로

예컨대 우리의 의식은 물과 같은 것으로 분명히 의식에 떠오르는 사상은 그 표면에 불과하다.

— 쇼펜하우어, 『의지와 표상으로서의 세계』에서

의식이란 깨어있는 상태에서 자기 자신이나 사물에 대하여 인식하고 있는 것을 말하지만, 정신분석학적으로는 물리적 실체와는 전혀 다른 정신의 활동을 말하게 된다. 우리 인간들이 어떤 사물, 어떤 사건, 그리고 자기 자신과 타인들을 인식하며 사회적 활동을 할 수 있는 것은 이 의식이 있기 때문이라고 하지 않을 수가 없다. 왜냐하면 '정상이냐, 비정상이냐'를 판단하는 가치척도는 의식이며, 이 의식이 없는 사람은 식물인간이 되거나 정신병자가 될 수밖에 없기 때문이다.

우리 인간들은 대부분이 어떤 사물, 어떤 사건, 그리고 자기 자신과 타인들에 대한 경험을 의식이라는 창고에 저장해두고 있으며, 그리하여 농부가 그때 그때마다 그가 필요한 연장을 꺼내쓰듯이, 그 경험의 내용들을 되찾아내어 사회적인 활동을 하게 된다. 우리 인간들이 경험한 모든 것들이 의식이라는 창고에 저장되지만, 그러나 그것은 시간의 풍화작용과 함께, 어떠한 경험의 내용들은 곧잘 의식에 떠오르고 어떤 경험의 내용들은 무의식 속으로 침전되어 전혀 의식에 떠오르지 않게 된다.

의식은 경험의 내용들을 분명하게 인식하고 있는 것을 말하고, 무의식은 경험의 내용들을 까맣게 잊고 있거나 그것을 모조리 잃어버린 것을 말한다. 무의식은 그때 그때마다 그것을 새롭게 기억해내어 꺼내 쓸 수 있는 것도 있고, 전혀 그렇지 못한 것도 있다. 우리 인간들의 무의식 중에서 의식으로 떠오르는 것은 빙산의 일각에 지나지 않으며, 대부분이 무의식은 의식으로 떠오르지 않는다. 정신분석학의 창시자인 프로이트가 이러한 의식과 무의식을 발견하고, 무의식을 최초로 발견한 사람이라고 회자되고 있지만, 이처럼 쇼펜하우어는 그보다 7~80년을 앞서서 밝혀놓은 바가 있는 것이다.

프로이트의 최대의 업적은 무의식을 과학적으로 탐구할 수 있는 방법을 제시하고, 그 방법을 통하여 수많은 정신병자들에게 정상적인 활동을 할 수 있는 길을 열어준 것이라고 할 수가 있다.

"예컨대 우리의 의식은 물과 같은 것으로 분명히 의식에 떠오르는 사상은 그 표면에 불과하다."

괴팅겐 의과대학교에 진학했다가 베를린대학교 철학과를 졸업한 쇼펜하우어—, 쇼펜하우어는 이처럼 심리학과 생물학에 대한 공부를 많이 했었고, 그 결과, 이처럼 무의식에 대한 선구자적인 발언을 하게 되었던 것이다.

무의식

사상이나 결심의 경로가 표면화되어 명백하게 생각한 판단만으로 이루어지는 경우는 매우 드물며, 그 내용을 자기 자신이나 타인에게 설명하려고 하여도 뜻대로 되지 않는 경우가 많다. 밖으로부터 얻은 재료를 저작하여 그것을 사상으로 다듬는 것은 깊은 어둠 속에서 이루어지는 경우가 상례이고, 이것은 대체로 무의식 중에 이루어지며, 자양분을 혈액이나 신체의 성분으로 삼는 것과 마찬가지이다. 그러므로 가장 깊은 사상은 흔히 해명할 수 없으며, 숨은 내부에서 생기는 것이다.

— 쇼펜하우어, 『의지와 표상으로서의 세계』에서

그렇다. "사상이나 결심의 경로가 표면화되어 명백하게 생각한 판단만으로 이루어지는 경우는 매우 드물며, 그 내용을 자기 자신이나 타인에게 설명하려고 하여도 뜻대로 되지 않는 경우가 많다."

나는 나의 첫 평론집인 『시와 시인』(문학과지성사, 1992년)에서, '빛나는 개성주의'를 나의 미래의 주제로 설정하고 그것을 유난히 강조한 바가 있었다. 그러나 '빛나는 개성주의'는 '빛나는 개성주의'라는 수식어만 있을 뿐, 그것이 사상과 이론의 무대에 올려질 수는 없는 것이었다. 나는 종교와 그리스 로마신화와 종교사회학을 공부하면서, 모든 학문은 행복론에 지나지 않으며, 그것이 낙천주의를 양식화시킨 것에 지나지 않는다는 것을 깨닫게 되었다.

이 세상에 대한 불평과 불만을 잠재우고, 모든 고통을 극복하며 이 세상의 삶을 향유해야 한다는 대전제를 어느날 나는 불현듯이 깨닫게 되었고, 그것이 『행복의 깊이』 제1권의 주제가 되었던 것이다. "이 세상의 삶은 회의되거나 부정되기 이전에 향유되지 않으면 안 된다. 이 대전제 앞에서만이 우리 인간들의 삶을 향유할 수 없게 하는 그 모든 것에 대한 비판이 가능해진다."

이상야릇하고 알듯 말듯한 의식의 혼수상태에서 빠져서 깊고 깊은 어둠 속을 헤매다가, 한 알의 사과가 떨어지는 것을 보고 만유인력법칙을 발견한 뉴턴처럼, 또는 푸른 곰팡이에서 페니실린을 발견한 알렉산더 플레밍 박사처럼, 새로운 사상과 이론을 하나의 가설로서 세우고, 그것을 증명하게 되는 것이다.

미래는 다만 캄캄한 어둠이며 미지수이고, 이 어둠과 미지수를 해명하게 되는 것은 무의식, 즉, 우리 인간들의 숨은 내부에서의 일인 것이다.

'사상과 이론을 정립했느냐, 아니냐'에 따라서, 그 학자의 위상은 인간과 짐승의 차이보다도 더 크게 벌어지게 된다.

Arthur Schopenhauer

달은 숭고하다

달은 숭고하다. 우리를 숭고한 기분으로 만든다. 그것은 달이 우리와는 아무 관계도 없고 지상의 영위營爲와는 전혀 무관한 움직임, 모든 것을 보고 있기는 하지만, 어느 것에도 관심을 갖지 않기 때문이다. 그 때문에 달을 바라보면 언제나 고뇌를 짊어진 의지는 의식에 소멸된다. 그리고 의식은 순수한 인식을 하는 자에게로 돌아간다.

— 쇼펜하우어, 『의지와 표상으로서의 세계』에서

임마뉴엘 칸트의 미학은 순수미와 고착미로 설명을 할 수가 있다. 순수미는 아무런 목적없이 그 아름다움을 감상하는 것을 말하고, 고착미는 식물학자나 미술품 판매상인들이 그들의 목적에 따라서 그 아름다움의 가치를 산정하는 것을 말한다. 임마뉴엘 칸트는 이 순수미를 참다운 미학의 진수로 평가를 했으며, 고착미는 '이기주의의 산물'이기 때문에, 그만큼 가치평가를 하지 않았다. 왜냐하면 이기주의는 미학을 오염시키는 암적인 종양이며, 예술의 타락을 심화시키고 있었기 때문이다. 자칭 임마뉴엘 칸트의 제자로서 쇼펜하우어는 미학이란 '의지의 한결같은 야비한 주장으로부터 우리 인간들을 해방시키는 것'이라고 정의를 했으며, 따라서 그는 염세주의자답게 우리 인간들의 삶의 의지를 부정하고 말았던 것이다. 니체와 스땅달은 칸트와 쇼펜하우어의 정반대 방향에서, 미학이란, 아름다움이란 '행복에의 약속'이라고 말한 바가 있었는데, 왜냐하면 예술이란 언제나 만족이 없는 이 세상을 떠나서 우리 인간들의 이상사회를 제시하고 있기 때문이다.

파블로 피카소의 「게르니카」나 뭉크의 「절규」, 반 고호의 「나부 裸婦」들이 더없이 기이하고 끔찍한 인간들을 묘사했다고 해서, 우리는 그것을 삶의 의지를 부정한 것이라고 말할 수는 없다. 그들은 그러한 그림들을 통해서 이 세상의 전쟁의 잔혹함과 가난한 여인의 비참한 실상을 고발하는 것과 동시에, 인간이 인간답게 살 수 있는 미래의 이상사회를 그 그림의 이면에, 또는 더욱더 깊이 있게 숨어 있는 그들의 장인 정신을 통해서 제시해놓고 있는 것이라고 하지 않을 수가 없다.

예술은 삶의 출구이며, 숨구멍이다. 예술은 내가 역설한 대로 진정제 효과, 강장제 효과, 흥분제 효과, 영생불사의 효과로 설명할 수가 있다. 예술은 우리 인간들의 마음을 진정시키고, 예술은 우리 인간들의 삶의 의지를 고양시킨다. 예술은 우리 인간들을—그것이 광기와 착란이든지, 하늘을 찌를듯한 환희에의 기쁨이든지간에—흥분시키고, 예술은 우리 인간들에게 영원불멸의 삶—그것이 비록 일시적이고 잠정적일지라도—을 맛보게 한다.

달은 숭고하다.

하지만, 그러나 사람들은 달의 아름다움만을 감상하지는 않는다. 달나라는 토끼가 떡방아를 찧고 있고, 달나라는 우리 인간들을 달나라로 데려가 아무런 근심 걱정없이 행복한 삶을 살 수 있도록 해줄 수도 있다.

예술은 순수하다. 아니, 예술은 순수하지 않다. 예술이 있기 때문에, 우리는 그 순수와 비순수 사이에 있는 밧줄을 타면서, 아름답고 행복한 곡예사의 삶을 살고 있는 것이다.

맑은 공기도 있고, 탁한 공기도 있다.

예술은 삶의 출구이며, 우리 인간들의 숨구멍이다.

인간의 모습을 닮은 악마나 신들

인간은 자기 모습을 닮은 악마나 신들, 성인을 만들어 이러한 것에 대하여 끊임없이 제물을 바치고 기도를 드리며 사원을 지어 기도를 하게 된다. 그리하여 그 기원이 성취되면 순례를 하거나 공손히 예배를 드리고, 신상神像을 눈부시게 장식하기도 한다.

— 쇼펜하우어, 『의지와 표상으로서의 세계』에서

그리스의 최고의 신은 제우스이며, 천둥과 번개의 신이다. 제우스가 최고의 신이 된 것은 사시사철 건조한 그리스의 지정학적 조건을 반영한 것인데, 왜냐하면 그리스는 그만큼 비가 가장 소중했기 때문이다. 힌두교의 삼신三神, 즉, 브라만, 크리슈나, 시바 중에서 시바가 최고의 신이 된 것은 시바는 죽음을 주재하는 신이면서도 새로운 탄생을 주재하는 신이기 때문이다. 죽음의 신인 시바의 상징이 남근이라는 사실이 그것을 말해준다. 신화란 신들에 관한 이야기이지만, 이 세계와 우리 인간들의 기원에 대한 최초의 이해를 담고 있다고 해도 과언이 아니다. 종교는 인간의 자기 위로와 자기 찬양의 최고급의 지혜의 저장소라고 할 수가 있다. 종교의 생성 조건에는

Arthur Schopenhauer

우연성과 무력성과 결핍성이 있으며, 전지전능한 신만이 이 우연성과 무력성과 결핍성을 극복할 수가 있는 것이다.

전지전능한 신을 창조한다는 것, 그 영생불사하는 신을 통해서 죽음의 공포를 극복해낸다는 것, 기독교에서처럼 신과 인간을 동형으로 생각해낸다는 것—, 이것이 바로 무지하고 무능한 우리 인간들이 그 유한성을 극복해낸 최고급의 비법이었다고 할 수가 있다. 우리 인간들은 종교에 의해서 만물의 영장이 되었고, 우리 인간들은 종교에 의해서 이제는 자기 자신을 신의 위치로 끌어올리게 되었다. 제우스의 신전이나 파르테논 신전, 아폴로의 신전이나 이슬람교 사원, 불교의 사원이나 성모마리아상은 이제는 과거의 유물이 되어가고 있고, 이제는 돈이 전지전능한 신이 되었다. 목사도, 신부도 돈을 숭배하지, 예수를 숭배하지 않는다. 비구도, 비구니도 돈을 숭배하지, 부처를 숭배하지 않는다.

현대과학은 신이 없다는 전제하에서 이종교배는 물론, 그 어떠한 짓도 다할 준비가 되어 있다.

여보, 나 애인하고 섹스하고 돌아올게요. 당신도, 당신의 애인을 만나서 섹스하고 돌아오세요! 간통죄가 없어졌다는 것은 하나님의 축복이지 뭐예요!

돈의 신전에서는 조지 소로스와 워런 버핏과도 같은 대늙은 호색한들이 10대 소녀들의 순결을 제물로 받아먹고 있는 것이다.

모든 종교의 상징은 돈이 되었다. 돈은 천국으로 가는 보증수표가 되었다.

이기주의의 최고의 형태

신들이나 영靈에의 봉사는 도처에서 현실생활에 파고들 뿐만 아니라 그 생활을 더욱 모호한 것으로 만들어 버린다. 즉, 생활에서 일어나는 모든 사건들은 신들이나 영의 존재의 반작용으로서 받아들이게 된다.

모든 사람은 단순히 자기가 가지고 싶은 것을 다른 사람에게서 빼앗으려고 할 뿐 아니라, 심지어 자기의 사소한 행복을 위해 남의 행복 전체나 재산까지 파괴하려고 하는 사람도 종종 나타난다. 이것이야말로 이기주의의 최고의 형태다.

— 쇼펜하우어, 『의지와 표상으로서의 세계』에서

우리 인간들은 참으로 어리석고 우매하기 짝이 없다. 햇빛을 받으면 반드시 그림자가 생기고, 오르막이 있으면 반드시 내리막이 있다. 신과 악마, 또는 천사와 악마는 하나의 가상의 존재이며, 야누스와도 같은 존재에 지나지 않는다.

기독교인들이 토인들을 몰살하고, 노예무역을 하고, 그토록 무자비하게 살육과 약탈을 자행하게 된 것도 자기들만은 착하고 하나님에게 선택을 받았다고 믿어 의심하지 않았기 때문이다.

신의 뜻은 전가의 보도이며, 만병통치약이다. 이 신의 뜻만큼 제멋대로 변주되고, 그 엄청난 사건들을 연출해낸 말도 없다. 하나님이 요셉의 아내와 통정을 하여 예수를 낳은 것도 신의 뜻이고, 제우스가 백조로 변신하여 레다를 강간한 것도 신의 뜻이다. 토인들을 무자비하게 몰살한 것도 신의 뜻이고, 천연자원을 무자비하게 약탈해간 것도 신의 뜻이다. 장기이식도 신의 뜻이고, 이종교배도 신의 뜻이다.

악마는 신보다도 더 정직하고 더 성실하다. 악마는 적어도 신처럼 거짓말을 하거나 사기를 치지는 않는다.

신은 개새끼만도 못하며, 지옥이 만원이라고 해도 반드시 지옥행을 면할 수가 없다.

신의 뜻은 참으로 무서운 말이다. 제1차 세계대전, 제2차 세계대전보다도 더 무서운 말이다.

신의 뜻은 저마다 제멋대로의 해석이 가능한 이기주의의 최종적인 형태라고 하지 않을 수가 없다.

욕망의 만족이란

욕망의 만족이란 단지 욕망의 형태를 바꾸는 것이며, 설사 욕망의 하나를 만족시켰다고 하더라도 곧 다른 욕망으로 말미암아 시달림을 받게 된다.

— 쇼펜하우어, 『의지와 표상으로서의 세계』에서

행복은 우리 인간들의 궁극적인 목표이며, 모든 의지의 출발점이라고 할 수가 있다. 이 행복에 대한 꿈이 욕망이며, 이 욕망 때문에 그 모든 분쟁이 일어나게 된다. 행복의 토대는 돈(물질)이며, 이 돈이 전지전능한 구세주가 된 것이다. "정부는 때때로 전쟁을 통하여 개인의 내면을 흔들어 놓아야 한다"는 헤겔의 말은 "때때로 군주는 전쟁을 통하여 인간의 이기심을 흔들어 놓아야 한다"는 칸트의 말에 대한 복사판에 지나지 않는다. 어쩌다가 이처럼 도덕군자인 칸트와 헤겔이 전쟁을 옹호하는 듯한 발언을 했던 것일까? 칸트와 헤겔의 말은 반어反語에 지나지 않으며, 전쟁이 아닌 평화시에는 그 어떠한 인간도 사회와 국가를 생각하지 않으며, 자기 자신의 이익만을 추구하고 있었기 때문이다. 이기주의가 극단화되면 도덕과 사법질서체계가 무너지게 되고, 공동체 사회는 쇠퇴와 몰락의 길을 걸어가게 된다. 보다 잘 먹고, 보다 잘 입고, 모든 인간들 위에 군림하고 싶어하는 욕망은, 그 욕망에 대한 강제력이 없는 한, 결코 사라지지 않게 된다.

욕망은 삶의 의지이며, 이 욕망을 제거하는 그 어떠한 수단도 없다. 욕망은 마치 강물의 흐름과도 같기 때문에, 그 욕망의 흐름을 자연스러운 순리의 흐름에 맡기지 않으면 안 된다.

신이 말했다
'나는 천하를 내놓았으나 아무도 가져가지 않는구나'

인간이 말했다
'나는 우주를 훔쳤으나 숨겨놓을 곳간이 없구나'

라는, 반칠환의 「신과 인간」(『웃음의 힘』, 도서출판 지혜)처럼, 이 자연의 순리를 따르지 않는다면, 우리 인간들의 삶은 결코 행복해질 리가 없는 것이다.

욕망은 삶의 본능이며, 그 욕망은 시대와 환경과 나이에 따라서 다종다양한 형태로 나타나게 된다. 이 욕망은 대부분이 동일한 재화, 동일한 지위, 동일한 명예 때문에 생겨나게 되고, 이 상호경쟁적인 성격 때문에, 모든 싸움과 분쟁이 일어나게 된다.

만지는 것마다 황금이 되게 해달라고 했던 미다스 왕, 온갖 금은보화가 쏟아질 수 있는 박통을 얻기 위하여 제비의 다리를 부러뜨

렸던 놀부, 케레스 신의 신목神木인 상수리 나무를 베어버리고 그 벌로써 자기 자신의 살을 뜯어먹다가 죽어간 에릭직톤 등, 이 탐욕적인 인간들이 오늘날 우리 인간들의 모습에 지나지 않는다.

모든 사제는 위선자이며, 탐욕의 화신에 지나지 않는다. 모든 사제는 청빈과 겸손과 정숙을 강조하고, 탐욕을 '만악의 근거'라고 단죄를 한다.

하지만, 그러나 가난한 자들은 교회를 떠나가고, 돼지처럼 디룩디룩 살찐 사제들만이 온갖 만행들—성추행, 권력다툼, 폭력과 성매수, 강간과 도박 등—을 연출해내고 있다.

인간의 욕망이 신을 압살하고, 너무나도 뻔뻔스럽고 흉물스러운 사제들을 탄생시켰다.

돈만 가져오세요! 면죄부는 나의 호주머니 속에 있습니다!

나무아미타불 관세음보살!

아멘! 아멘!

Arthur Schopenhauer

잔인성이라는 현상

그러나 의지의 현상이 터무니없이 악의에까지 발전한 사람들에게도 필연적으로 과도한 내면적인 고뇌, 영원한 불안, 그리고 주체할 수 없는 고통이 발생하게 된다. 이러한 사람들은 자기가 직접 고통을 완화시킬 수 있기 때문에 남의 고통을 보고 자기의 고통을 진정시키려고 한다. 즉, 그로서는 타인의 고통 자체가 목적이 되어 그 모습을 보고는 기쁨을 느끼게 된다. 이리하여 역사가 네로나 도미니아누스, 아프리카의 추장이나 로베스피에르 등에서 자주 보여준, 피에 주린 문자 그대로의 잔인성이라는 현상이 일어나게 된다.

— 쇼펜하우어, 『의지와 표상으로서의 세계』에서

사지를 찢어죽이는 형벌, 돌로 쳐 죽이는 형벌, 온몸에 꿀을 발라 한낮의 뙤약볕에 내놓는 형벌, 벌겋게 달은 인두로 이마를 지져버리는 형벌, 이글이글 타오르고 있는 장작불에다가 태워죽이는 형벌, 십자가에다가 못을 박아 죽이는 형벌, 산채로 생매장을 해버리는 형벌, 펄펄펄 끓는 가마솥에다가 삶아버리는 형벌, 까마득한 절벽에다가 떨어뜨리는 형벌, 목을 매달아 죽이는 형벌 등—, 이 모든 형벌들에는 우리 인간들의 잔인성이 각인되어 있는 것이다.

잔인성의 기원에는 피해자의 원한 맺힌 복수심이 각인되어 있는 것이지만, 그 궁극적인 목적은 최고의 권력자로서의 승리의 기쁨이라고 할 수가 있다. 프로메테우스는 그의 창작품인 인간에 대한 사랑 때문에 카우카소스의 바위산에 묶여서 제우스의 신조神鳥인 독수리에게 하염없이 간을 쪼아먹혀야만 하는 형벌을 받았고, 예수는 소위 가난한 자, 힘없는 자, 지배당하는 자들에 대한 사랑 때문에 십자가에 못 박히는 형벌을 받았다. 제우스는 프로메테우스에게 아무런 고통도 주지 않고 단번에 처형할 수도 있었지만 그 분풀이의 기쁨을 포기할 수 없었던 것이고, 유태인들의 하나님 역시도 예수에게 아무런 고통도 주지 않고 단번에 처형할 수도 있었지만, 그 분풀이의 기쁨을 포기할 수 없었던 것이다.

최고의 권력자는 그 신민의 고통을 보고 자기 자신의 권력의 위대함을 실감하게 되고, 그 처형절차 끝에, 음주가무飲酒歌舞의 축제'를 즐기게 된다. "아버님, 좀 생각해 보십시오. 왕관을 쓰는 것이 얼마나 즐거운 것인가를. 그 왕관에는 극락이 있습니다. 시인들이 상상하는 온갖 행복과 기쁨이 있습니다." "어머, 나 같으면 왕비만 될 수 있다면 숫처녀 같은 건 내던져버리겠어요. (……) 왕비의 자리는 이만저만 좋은 게 아니예요"라는 셰익스피어가 연출해낸 인물들을 살펴보더라도, 모든 잔인성의 기원에는 최고의 권력이 자리잡고 있었던 것이다.

작고 못생긴 그 신체적인 콤플렉스 때문에 나의 천당은 왕관이라고 외쳤던 리처드 3세, 그의 형, 클래런스를 죽이고, 그의 형수와 조카들을 모조리 죽인 리처드 3세, 그의 아내와 수많은 충신들마 저도 그야말로 무자비하게 죽인 리처드 3세, 그리하여, 마침내, "아, 이 저주할 뱃속, 죽음의 보금자리! 이 뱃속에서 괴룡이 생겨났지, 보기만 하면 사람을 죽이는 괴룡이"라고 그의 어머니마저도 저절로 눈물을 흘리고 탄식을 하게 만들었던 리처드 3세!―.

천당은 왕관이다. 그 왕관은 수많은 시체들 위에서 그 잔인성의 힘으로 가장 아름답고 찬란하게 피어난 연꽃이라고 하지 않을 수가 없다.

나의 고통은 타인에게 고통을 주게 될 때 해소되고, 타인의 고통이 크고 거대할수록 나의 기쁨은 증가한다.

무자비한 잔혹극, 즉, 전쟁이나 대량살상 끝에는 반드시 최고급의 축제가 열리고 있는 까닭이 바로 여기에 있었던 것이다.

인간의 가장 큰 죄는 이 세상에 태어난 것

인간의 가장 큰 죄는 이 세상에 태어난 것이다.

— 칼데론(1600~1681, 스페인의 극작가)(쇼펜하우어, 『의지와 표상
으로서의 세계』에서 재인용)

소위 88만원 세대인 2~30대의 젊은이들을 살펴보면 저절로 눈물이 나고 안타깝기만 하다. 소위 '삼포세대'란 연애, 결혼, 출산을 포기한 세대를 말하고, 등록금과 물가와 집값 등 때문에 사회적, 경제적 압박을 받고 있는 세대를 말한다.

"태어나지 않는 것이 최선이며, 곧바로 죽어버리는 것이 차선이다"라고 그리스 신화 속의 실레노스는 역설한 바가 있다.

오늘날은 인간의 평균 수명이 100세를 바라보게 되었고, 65세 이상의 노인들이 모든 국가의 부를 다 탕진하게 되었다.

산다는 것이 죄를 짓는 것이 되었고, 빨리 죽는 것이 속죄를 하는 지름길이 되었다.

모든 죄를 단념한 자는 행복하다

천국 때문에 모든 죄를 단념한 자는 행복하다. 그는 이 세상에 매어 있지 않다.

— 쇼펜하우어, 『의지와 표상으로서의 세계』에서

신이 말했다
'나는 천하를 내놓았으나 아무도 가져가지 않는구나'

인간이 말했다
'나는 우주를 훔쳤으나 숨겨놓을 곳간이 없구나'

나는 다시 한번 반칠환의 『신과 인간』을 생각해본다.

이 세상은 천국이 아닐 수가 없다.

우리가 소유할 수 있는 것도 없고, 우리가 나누어 줄 수 있는 것도 없다.

빈손으로 왔다가 빈손으로 가게 되어 있는 것이다.

일년에 단 한번씩 자기가 가진 것 중에서 가장 소중한 것을 버릴 줄 아는 '포틀래치 의식'을 우리는 다시 '우주적 사건'으로 연출해낼 수는 없는 것일까?

포틀래치는 치느크족의 말로 '소비한다'라는 뜻이고, 북아메리카의 인디언들이 자녀의 탄생, 성년식, 장례식, 신축건물의 상량식 등의 축하연에서, 그 하객들에게 선물을 주는 것을 말한다.

하지만, 그러나 이 축하연에서 선물을 받은 사람들은 답례를 해야만 했고, 답례를 하지 않으면 노예의 신분으로 전락할 수도 있었던 만큼, 나의 '포틀래치 의식'은 무보상적인 어떤 것을 뜻한다.

자연의 풍부함만을 믿으며, 자급자족의 사회로 돌아가지 않으면 안 된다.

공동으로 생산하고 공동으로 양육하는 공산사회는 영원히 불가능한 것일까?

성욕

성욕이 자연 그대로의 인간이나 동물에게 최종목적이며 삶의 최고의 목표라는 사실을 보더라도 성욕이 삶을 결정적으로 가장 강력히 긍정하고 있다는 것이 증명된다. 자연 그대로의 인간으로서는 자기보존이 첫째의 노력이지만, 일단 이것이 확보되면 이번에는 종족의 번식에 노력하게 된다.

— 쇼펜하우어, 『의지와 표상으로서의 세계』에서

식욕과 성욕 중, 어느 욕망이 더 근본적인 욕망일까? 프로이트가 유아성욕이론을 주창하고 인간의 근본욕망은 성욕이라고 주창했을 때, 정신분석학계만이 아닌, 전세계의 모든 지식인들은 충격과 놀라움을 금할 수가 없었다. 성적 욕망이 우리 인간들의 근본욕망이라는 주장은 기독교의 세계관과도 정면으로 부딪히는 것은 물론, 그때까지의 도덕적 엄숙주의를 너무나도 강력하게 깨뜨려버리는 것에 지나지 않았다. 프로이트는 최초로 사회적 금기를 깨뜨려버린 인물이 되었고, 이 세계적 사건 때문에 그의 모든 제자들이 다 떠나가버린 채, 너무나도 외롭고 쓸쓸한 죽음을 맞이할 수밖에 없었던 것이다.

금기를 깨뜨린 사람은 금기의 대상이 되며, 영원한 이단자가 되어

버린다.

식욕은 자기보존본능이고, 성욕은 종의 보존본능이다. 식욕이
해결되면 성욕이 최종적인 목표가 된다. 아니, 성욕이 충족되어야
만 새로운 종이 태어나고, 그 새사람의 식욕이 생겨난다.

성욕과 식욕은 하나의 둥근원으로 묶여져 있다. 식욕은 성욕이
되고, 성욕은 식욕이 된다.

에로스

자연은 개인이 사멸되건 말건 아랑곳하지 않는다. 삶에의 의지인 자연으로서는 다만 종족을 유지하는 것만이 문제이며 개개인은 안중에 없기 때문이다.

성욕 속에 자연의 내면적인 본질인 삶의 의지가 가장 강력히 나타나기 때문에 고대의 시인이나 철학자, 즉 헤시오도스나 파르메니데스는 매우 의미심장하게, 에로스를 최초의 창조자며 만물의 근원이 되는 원리라고 말하였다.

— 쇼펜하우어, 『의지와 표상으로서의 세계』에서

에로스는 언제, 어느 때나 노년을 모르는 영원한 신이며, 언제, 어느 때나 심술궂은 장난기로 가득찬 신이다. 그의 화살을 맞으면 전지전능한 제우스마저도 주색잡기에 빠지게 되고, 그 어떠한 도덕군자마저도 이성을 잃고 수치심을 잃어버리게 된다.

에로스는 수치심을 모르고, 그의 사랑은 언제, 어느 때나 이글이글 타오르는 불꽃이 된다.

에로스는 개인이 사멸하건 말건 아랑곳 하지 않는다. 에로스는 삶의 의지의 화신이며, 만일의 사태에 대비하여 더욱더 많은 씨앗을 뿌리라고 말한다.

성교는 자기 자신을 희생시키는 의식이며, 그 희생의 기쁨이 가장 달콤하고 짜릿한 의식이라고 할 수가 있다.

사랑은 최초의 창조자이며, 만물의 근원이다.

생식기는 의지의 초점

생식기는 의지의 초점이며, 따라서 세계의 다른 측면인 표상으로서의 세계, 즉 인식의 대표인 두뇌와는 완전히 대립된 관계에 있다. 생식기에 통용되는 원칙은 생명을 유지하고 무한한 삶을 위해 시간을 확보하는 것이다. 이러한 특징으로 말미암아 생식기는 희랍인은 팔루스로서, 인도인은 링감으로 숭배하였으며, 양자는 모두가 의지의 긍정의 심벌이었다. 이와 반대로 인식은 의욕의 소멸, 자유에 의한 해탈, 이 세상의 극복 및 부정의 가능성을 부여하고 있다.

— 쇼펜하우어, 『의지와 표상으로서의 세계』에서

힌두교의 3대 신은 브라만과 비쉬누와 시바신이다. 브라만은 천지창조주이고, 비쉬누는 종을 보호하고 유지하는 신이며, 시바는 죽음의 신이다. 오늘날은 시바신이 브라만과 비쉬누를 제치고 최고의 신으로 등극했는데, 왜냐하면 죽음의 신인 시바의 상징이 남근이고, 이 남근은 재탄생을 뜻하고 있기 때문이다. 시바신이 모든 생명의 탄생과 죽음을 주재하고 있는 것이다. 엘리아데는 "링감은 우주적 차원에서 드러나는 신비, 즉 생명과 창조성, 그리고 풍요의 신비"를 상징하는 것"이라고 말하고 있지만, 나는 그것이 우리 인간들의 존재의 핵이며, 의지의 초점이라고 말하지 않을 수가 없다.

하지만, 그러나 "인식은 의욕의 소멸, 자유에 의한 해탈, 이 세상의 극복 및 부정의 가능성을 부여하고 있다"라는 쇼펜하우어의 말은 부정되지 않으면 안 된다. 인식도 삶의 의지의 한 기능이며, 그 의지를 실현하기 위한 세계에 대한 인식에 지나지 않는다. 천당과 지옥, 이상과 현실, 극락과 고통 등이 바로 그것을 증명해준다.

제우스가 그의 아버지인 크로노스를 살해했을 때, 크로노스의 성기의 피가 키프르스의 바다에 떨어졌고, 그 물거품 속에서 사랑과 미의 여신인 아프로디테(비너스)가 태어났다고 한다.

팔루스나 링감, 혹은 남근숭배사상도 다 부질없는 짓이고, 사랑과 아름다움마저도 다만 하나의 환영에 지나지 않는다.

쇼펜하우어는 엘리아데와는 반대로, 염세주의자로서의 우리 인간들의 삶을 부정하고, 그 어떠한 처자식도 거느리기를 거부했던 것이다.

나는 인도의 벵갈 지역에서 얼마동안 지낸 적이 있다. 거기서 나는 부인과 소녀들이 링감을 문지르며 장식하는 모습을 볼 수 있었다. 링감이란 남자의 성기를 상징하는 것으로서 더 정확히 말하자면, 남자의 성기 모양을 해부학적으로 매우 정교하게 깎아 만든 석상이다. 따라서 적어도 기혼 여성이라면 그것이 무엇이며 또한 생리학적으로 어떤 기능을 가졌는지를 모르지 않았을 것이다. 그때 나는 문득 링감에서 어떤 상징을 볼 수 있다는 사실을 깨닫게 되었다. 그 링감은 모든 우주적 차원에서 드러나는 신비, 즉 생명과 창조성 그리고 풍요의 신비를 상징하는 것이었다. 그것은 해부학적인 신체의 부위가 아니라 바로 생명의 현현인 시바 신을 뜻했다. 상과 상징에 의해 종교적인 감동이 전달될 수 있다고 하는 가능성, 바로 이 잠재적 가능성은 내게 정신적 가치의 세계를 총체적으로 열어 주었다. 그때 나는 이런 생각이 들었다. 성상을 보면서 신자가 단순히 아이를 안고 있는 부인상을 자각하는 것이 아님은 분명하다. 그는 성모 마리아, 즉 신의 어머니와 신적 지혜를 바라보는 것이다. 나는 비로소 전통 문화에서 종교 상징이 지니는 중요성을 알게 되었다. 아마도 여러분은 종교학자로서의 나의 수업에서 그 종교 상징이 얼마나 중요하게 다가섰는가를 상상할 수 있을 것이다(엘리아데, 『상징, 신성, 예술』).

종족은 멸망하는 일이 없다

모든 시대를 통하여 삶을 지속하고 있는 것은 종족이다. 그리고 종족은 멸망하는 일이 없다. 자기들도 종족과 동일하다는 의식이 있기만 하다면 개체는 씩씩하게 살아갈 수 있는 것이다. 삶에의 의지는 무한한 현재 속에 현상이 된다. 그것은 이 무한의 현재야말로 종족의 삶의 형식이며, 그것으로 말미암아 결코 노화하지 않고 언제나 싱싱한 채로 존속되기 때문이다. 무한한 현재에 있어서의 죽음은 개인의 수면과 같고 눈에 있어서는 윙크와 같은 것이다.

— 쇼펜하우어, 『의지와 표상으로서의 세계』에서

인간의 수명은 60세의 전후가 가장 이상적인 상태이며, 따라서 그 어느 설명도 이 이상적인 상태를 뛰어넘을 수가 없다. 인간 수명이 4~50세에 머무른다면 자녀를 양육하고 출가시키는데 장애를 겪게 되고, 인간 수명이 7~80세에 이르게 되면 고령화 사회라는 대재앙을 초래하게 된다. '9988234'라는 말이 있는데, 이 말처럼 살아 있는 송장들의 헛소리가 따로 없다고 하지 않을 수가 없다. '아흔 아홉까지 팔팔하게 살다가, 이삼사 일에 죽겠다'는 소망은 종의 영원성을 훼손시키는 것이면서도, 종족의 쇠약과 몰락에 기여하는 말이 된다.

개인은 생성과 소멸을 거듭하지만, 종족은 결코 소멸하는 일이 없다. 이 진리, 즉, 이 자연의 이치는 인간의 세대교체가 60세 전후해서 자연스럽게 이루어질 때 가능한 말이지, 고령화 사회를 지시하는 말이 아닌 것이다.

고령화 사회는 인간이 노화되고, 이 살아있는 송장이 새로운 새싹들을 마치, 기생충들처럼 다 소멸시키는 사회에 지나지 않는다.

죽음을 두려워하는 것은

　죽음을 자기의 멸망이라고 해서 두려워하는 것은 태양이 지는 저녁 때에 '슬픈 일이다. 나는 영원의 밤으로 가라앉아야 한다'고 한탄하는 것과 조금도 다름이 없다.

　　— 쇼펜하우어, 『의지와 표상으로서의 세계』에서

　나의 어머니는 80세 때, 3년간이나 투병해오던 간경화가 악화되어서 돌아가셨다. 술만 조금 덜 좋아하셨더라면 좀 더 오래 살다가 가셨을 것이지만, 따지고 보면 애주가愛酒家로서의 삶이 모든 자식들을 다 효자와 효녀로 만드셨던 것이다.

　어머니는 돌아가시기 몇 달 전, 나에게 간이식 수술을 간절하게 요청한 적이 있었다.

　"어머니, 어머니의 연세가 이제 여든 살이세요. 간이식 수술비용을 댈 만큼 돈도 없지만, 이제 안심하고 할머니와 할아버지와 아버지 곁으로 즐겁고 유쾌한 마음으로 떠나가실 때도 되었어요. 나, 이제 할머니와 할아버지와 아버지 곁으로 먼저 가니, 너희들도 곧 뒤따라 오너라"고 말이예요.

　어머니는 나의 이 말을 마지 못해 수긍하시고, 이내 말없이 수정

같은 눈물을 죽죽 흘리며, 울고 계셨다.

나는 어머니의 그 모습을 생각하면, 지금도 여간 가슴이 아프고, 눈시울이 무척이나 뜨거워진다.

우리는 죽음 앞에서, 언제, 어느 때나 영원한 재롱이나 떨어대는 어린 아이에 지나지 않는다.

Arthur Schopenhauer

2부

애욕 행위

애욕 행위는 전쟁의 원인도 되고 평화의 목적도 된다. 진실의 기반이기도 하고 농담의 대상이기도 하며, 기지機智의 끝없는 원천인가 하면 모든 암시를 푸는 열쇠이기도 하다. 비밀신호를 보내고 말로 표현하기 거북한 프로포즈를 하며, 몰래 곁눈질하는 것 등등이 모두 애욕에서 비롯되는 것이다.

젊은이들 뿐만 아니라 때로는 노인들의 하루하루의 행동도 이에 의해 결정된다. 한번 이성과 관계한 자는 시간마다 성애의 문제로 고민하고, 동정童貞인 자도 자기의 의지에 거슬러 이것을 거듭 몽상하는 것이다. 연애가 농담의 풍부한 재료가 되는 것은 실은 그것이 매우 엄숙하기 때문이기도 하다.

그러나 모든 인간의 최대 관심사가 남의 눈을 피해서 몰래 이루어지며 되도록 완강하게 무시된다는 것은, 세상이 얼마나 기묘하고 괴상한 것인가를 보여주고 있다. 그런데 실제로 성애야말로 이 세상의 본래의 세습군주이다. 조상 대대로 계승되어 온 왕좌에 자기 권력의 위대함을 의식하고 도사리고 있는 성애야말로 그 높은 위치에서 경멸하는 듯한 눈초리로 연애를 제어하고 숨기려 하며, 적어도 이것을 제한하여 가능하면 아주 감추어 두려는 책략이나, 혹은 연애 등을 인생에 있어서 전혀 보잘 것 없는 외도나 부산물에 지나지 않는 듯이 보이려고 애쓰는 모든 수단을 비웃고 있는 것은 누구나 잘 알고 있는 일이다.

그러나 이러한 모든 일들은 성욕이 삶의 의지의 핵심이며, 모든 욕망의 초점이기 때문이라는 데 기인하고 있다. 내가 앞에서 생식기를 가리켜 의지의 초점이라고 말한 것은 그 때문이다. 뿐만 아니라 인간은 구체화된 성욕이라고까지 말할 수 있다. 그것은 인간이 남녀의 교합에 의해 태어나고, 인간의 욕망 중의 욕망은 이성과 교합하는 것이기 때문이다. 또한 이 욕망만이 인간의 모든 현상을 결합하고 영속시킨다. 삶에의 의지는 분명히 처음에는 개인의 유지에 대한 노력으로서 나타나지만, 이것은 단지 종족을 유지하기 위한 노력의 첫단계에 불과하다.

종족을 유지하려는 노력은 종족의 생활 자체보다도 더욱 큰 것이다. 이 노력은 오래 지속되며 널리 퍼지고, 가치로 따지자면 개인의 생존에 대한 노력을 능가하고 있다. 그러므로 성욕은 사람의 의지의 가장 완전한 표현이며 삶에의 의지의 가장 분명한 형태라고 하겠다. 이것은 개인이 본래 성욕에서 태어나고, 성욕은 자연 그대로의 인간에게 다른 모든 욕망을 앞지른다는 사실에 완전히 부합되고 있다.

— 쇼펜하우어, 『의지와 표상으로서의 세계』에서

그리스와 트로이 전쟁의 원인은 '헬렌'이라는 절세의 미인을 파리스가 납치해갔기 때문이고, 안토니우스가 그의 숙적인 옥타비오 시이저(아우구스투스 황제)에게 패배를 한 것은 절세의 미인이었던 클레오파트라가 있었기 때문이다. 헬렌이 나타나면 모든 남성들이 넋을 잃고 바라보고, 파리스가 나타나면 모든 여자들이 넋을 잃고 바라본다. 여성이란 꽃이며, 남성이란 벌과 나비와도 같다. 성숙한 남녀는 자기 자신의 존재의 문을 활짝 열고, 지금, 이 순간에도 자기 자신의 짝을 간절하게 부르고 있는 것이다. 테세우스에게 반해버린 아리아드네, 이아손에게 반해버린 메디아, 로미오에게 반해버린 줄리에트, 프시케에게 반해버린 큐피드(에로스), 피라무스에게 반해버린 티스베, 에우리디케에게 반해버린 오르페우스, 갈레테아에게 반해버린 피그말리온 등이 그것을 말해준다. "만일 그분이 결혼하셨다면 나의 무덤이 신방이 될거야"라고 줄리에트는 말하고, "나의 사랑하는 글로스터어! 원 같은 남자라도 이렇게 다를까! 여자의 진심은 당신에게 바쳐진 거요. 우리집 바보는 내 몸을 새치기 한 거예요!"라고 리어왕의 한 딸은 말한다.

사랑은 전쟁의 원인이 되기도 하고, 질투와 시기의 원인이 되기도 한다. 사랑은 끝없는 배신과 음모의 원인이 되기도 하고, 영원한 행복과 파멸의 대상이 되기도 한다. 사랑에 빠진 자는 자기 자신을 잃어버린 자와도 같고, 그 어떠한 장애물과 생사를 넘어선 싸움마저도 마다하지를 않는다. 왜냐하면 인간은 성욕에 의해서 태어나고, 그 성욕에 의해서 살다가, 그 성욕이 없어지면 죽어가게 되어 있기 때문이다. 성욕은 삶의 의지의 핵심이며, 모든 욕망의 초점이다. 성욕은 전제군주와도 같고, 성욕에 사로잡힌 자는 불나방과도 같다.

인간의 근본적 욕망이 성욕이다라고 외친 것은 프로이트가 아니라, 이처럼 쇼펜하우어였던 것이다.

Arthur Schopenhauer

프로이트는 사이비 철학자이며, 쇼펜하우어의 후예에 지나지 않았다.

존재의 최초의 싹

새로운 개인의 처음이란 무엇인가? 그 사람의 생명의 핵심은 무엇인가? 그것은 그 사람을 낳은 양친이 현재 서로 사랑하기 시작했던 순간 매우 적절한 영어의 표현에 의하면 '서로 그리워함'에 있었다고 생각할 수 있다. 세상에서 흔히 말하는 것처럼 남녀가 만나서 서로 동경에 넘친 눈짓을 교환했을 때 새로운 존재의 최초의 싹이 트는 것이다. 물론 이 새싹도 다른 모든 싹과 마찬가지로 거의 전부 짓밟혀 버린다.

— 쇼펜하우어, 『의지와 표상으로서의 세계』에서

사회적 동물들, 즉, 무리를 짓는 동물들에게 있어서 개인이란 전혀 터무니없고 허무맹랑한 잠꼬대에 지나지 않는다. 인간은 결코 홀로 설 수 없으며, 그 인간이 외치고 있는 자유란 사회적 동물들이라는 울타리에서 잠시 벗어나고픈 욕망의 소산에 지나지 않는다. 사적 개인을 강조할수록 '인간이라는 종'은 건강해지는데, 왜냐하면 근친상간이 종의 건강을 해치는 것처럼, 사회적 울타리에서 벗어나려는 노력이 없으면 안 되게 되어있기 때문이다. 개인의 자유를 강조할수록 사회적 결속력은 강화되는데, 왜냐하면 이 세상 바깥에 있는 사람, 즉, 로빈슨 크루소같은 사람의 체험이 그가 떠나온 사회를 더욱더 소중하게 생각하게 되기 때문이다. 인간의 문명과 문화는 분업과 협업을 통해서만 가능하고, 우리 인간들은 이 분업과 협업을 통해서만이 행복한 삶을 향유할 수가 있는 것이다.

새로운 개인의 기원은 부모님이며, 이 부모님이 '서로 사랑을 함'으로써 그 존재의 싹이 움트게 된다. 연애란 성숙한 두 남녀가 상호간의 이성을 그리워하는 데서 그 최초의 싹이 움트고, 아버지가 되고 어머니가 되려는 생리적인 움직임을 말한다. 연애(사랑)는 지상 최대의 목적이 되며, 행복한 결혼생활의 기초가 된다. 아버지가 되고 어머니가 되려는 생리적인 움직임은 매우 자연스러운 현상이며, 어느 누구도 그것으로부터 자유로울 수가 없게 된다.

새로운 개인과 완전한 자유—. 만일, 이 사회로부터 독립했거나 모든 사회적 억압으로부터 자유로운 인간이 있다면, 그 인간은 정신병원 속의 미치광이이거나 식물인간과도 같은 산송장에 지나지 않았을 것이다.

부친의 성격과 모친의 지성

그러나 최고도의 정열은 사랑하는 두 사람 남녀의 개성이 잘 맞을 때에 일어난다. 이렇게 되면 의지가, 즉 부친의 성격과 모친의 지성이 두 사람의 결합을 통하여 새로운 개인을 완성한다.
— 쇼펜하우어, 『의지와 표상으로서의 세계』에서

그는 그녀의 의사를 자신의 의사로 알고, 그녀는 그의 의사를 자신의 의사로 안다. 그와 그녀는 암수 한 쌍, 즉, 황홀한 성교의 최정점과도 같은 관계이며, 모든 불행한 사건들을 잠재우고, 그들만의 행복을 연주하고 있다고 한다.

행복은 의식의 지향점이자 그 목표이다. 행복이란 모든 것이 저절로 자라나고, 모든 것이 저절로 열매를 맺는 것을 말한다. 행복이란 모든 것이 가능하고, 어느 것 하나 부족한 것이 없는 것을 말한다.

이 사랑의 실천, 이 행복의 씨앗이 새로운 자손으로 나타나게 된다. 쇼펜하우어의 말에 따르면—어떠한 생물학적, 또는 과학적 근거가 있는지는 모르지만—어린 아이는 아버지에게서 의지를, 어머니에게서는 지성을 물려받는다고 한다.

하지만, 그러나 나는 모든 남자(천재)는 아버지의 지성과 의지(용

기)를 그대로 물려받고, 그의 어머니로부터는 무한한 사랑과 그 포
용력을 물려받는다고 생각한다.

남성은 본래 애정의 변화가 많고

그 중에서 첫째로 생각해야 할 것은 남성은 본래 애정의 변화가 많고, 여성은 애정의 변화가 없는 경향을 찾아볼 수 있다는 것이다. 남자의 애정은 그 만족을 누린 순간부터 감퇴하여, 거의 어떤 여자에게서도 이 점령한 여자 이상으로 매력을 느낀다. 즉, 남자는 이와같이 변화를 원한다.

이와는 반대로 여자의 애정은 그 순간부터 점진한다. 이것은 자연이 목적으로 삼는 하나의 결과이다. 자연은 언제나 종족의 유지와 그 증식을 위해서 힘쓰고 있다. 다시 말해서 남자는 상대가 되는 여자가 있어 주면 1년에 백 명 이상의 자녀를 쉽사리 얻을 수 있지만, 여자는 많은 남자를 소유하더라도 1년에 한 사람의 자녀밖에는 낳을 수 없다(쌍둥이의 경우는 다르지만).

— 쇼펜하우어, 『의지와 표상으로서의 세계』에서

나는 나의 『행복의 깊이』 제3권, 제5장 「연애에 대하여」에서 쇼펜하우어의 '성애의 철학적 원리'를 받아들여 이렇게 역설한 바가 있었다.

Arthur Schopenhauer

쇼펜하우어의 말을 빌리지 않더라도 생리적, 혹은 생물학적 입장에서 바라보면 '일부다처제'가 옳고, '일부일처제'는 그만큼 인위적이고 야만적인 제도라는 것이 드러나게 된다. 아프리카의 얼룩말이나 사슴을 생각해 보더라도 그렇고, 또한 늑대나 양의 무리들을 생각해 보더라도 그렇다. 무리를 짓는 동물들, 혹은 아리스토텔레스의 말대로 모든 사회적 동물들 중에서 언제나 성교할 권리를 갖는 자는 가장 용기가 있고 힘이 센 자라고 할 수가 있다. 여성은 가장 남성다운 남자를 좋아하고, 남성은 가장 여성다운 여자를 좋아한다. 따라서 가장 힘이 센 자에게 성교할 권리가 주어지는 것은 언제나 종의 보존과 종의 건강을 위해서 암묵적으로 종족에의 의지가 동의하고 합의한 결과라고 하지 않을 수가 없다. 이 세상에는 대호색한이나 오입장이는 있을 수가 없으며, 오직 종족에의 의지가 강한 사람만이 있다. 남성은 기회가 주어지면 1년에 100명 이상을 임신시킬 수도 있지만, 여성은 쌍둥이는 예외로 치고 1년에 한 명만을 출산할 수가 있다. 남성의 성욕은 그가 육체적으로 늙거나 쇠약해 지지만 않는다면 무한하지만, 여성은 아이를 배고 출산하면 성욕이 감퇴하고 한 남자만의 사랑으로도 만족할 수가 있다. 산아제한이 없었던 옛날에는 10여 명의 아이를 낳고 그들을 양육하는데 20년 내지 30년이 걸렸다고 한다. 모든 남성의 성욕은 그 대상에 한계가 없고 무한하지만, 모든 여성의 성욕은 그 대상에 한계가 있고 유한하다.

모든 남성은 종이 소멸될 경우를 대비해서 더 많은 씨를 뿌리려고 하지만, 모든 여성은 출산 능력의 한계로 인하여 수많은 남성들을 다 받아들일 수가 없다. 남자들이 아름답고 풍만한 유방에 관심을 쏟고 있는 것은 그 여성이 장차 2세에게 영양 공급을 제대로 해줄 것인가, 아닌가를 보는 것이며, 또한 여성의 남산만한 엉덩이에 관심을 쏟고 있는 것도 그 여성이 장차 아이를 잘 낳을 것인가, 아닌가를 보는 것에 지나지 않는다. 모든 남성은 더 많은 여성들과 관계를 가지려고 하고, 모든 여성은 한 남성하고만 관계를 가지려고 한다. 이것이 생물학적 욕구에 따른 종족에의 의지이며, 여성의 간통이 남성의 간통보다 더 큰 죄가 되고 있는 까닭이라고 할 수가 있는 것이다. 역사 철학적으로는 소크라테스가 보다 건강하고 튼튼한 2세를 생산해 내기 위해서 뛰어난 전사들에게만 성교할 권리를 부여하자고 주장한 바가 있는데, 왜냐하면 종의 보존과 종의 건강이 우리 인간들에게는 지상 최대의 과제였기 때문이다. 모계 중심 사회가 없었던 것은 아니지만, 대부분의 사회는 부계 중심 사회였다고 해도 틀림이 없다.

이성을 좋아하는 것은

　이성을 좋아하는 것은 자기로서는 객관적인 일처럼 보이지만, 실은 가면을 쓴 본능, 즉 종족의 형태를 유지하려는 종족의 감정이므로 이것을 근본적으로 고찰하기 위해서는 이 애정으로 우리를 이끌고 있는 심정과 심리상태를 더욱 깊이 탐구하여 상세히 분석해 보아야 한다. 이 심리상태를 분석해보면 직접적으로는 종족의 형태, 즉 미와 인체의 특성에 관련되어 있으며, 상대적으로는 두 사람의 개성의 어떤 결함에 대하여 그 수정 또는 어느 쪽으로도 치우치지 않고 올바른 것을 필요로 하고 있다는 것을 알 수 있다. 이제 그 하나하나를 살펴보기로 하자.

　이성에 대한 우리의 선택 또는 의향을 지배하는 것 중에서 가장 중요한 것은 연령이다. 대체로 말해서 월경이 시작되는 나이에서 폐경이 될 때까지의 나이를 들 수 있지만, 그 중에서도 18세부터 28세 사이를 제일 좋아한다. 이 연령 이외의 경우에는 어떠한 여자라도 사람의 마음을 움직이기에 부족하며, 나이를 먹어 월경이 그친 여자는 혐오감을 일으킨다. 설사 아름답지는 않더라도 젊으면 언제나 애교가 있는데, 젊지 않은 미인은 애교가 없다.

　둘째로 염두에 두게 되는 것은 건강이다. 급성질환은 다만 일시적인 장해에 그칠 뿐이지만, 만성병은 두렵게 생각된다. 그것이 자식들에게

옮아갈 가능성이 있기 때문이다.

셋째로 고려되는 것은 골격인데, 이것은 종족의 형체의 기본이 되기 때문이다. 연령과 질병 다음으로 가장 혐오를 느끼게 되는 것은 균형이 잡히지 않는 자세로, 얼굴이 아무리 아름다워도 이를 보상하기에 부족하며, 오히려 얼굴이 매우 흉하여도 발육이 좋은 편이 더 나은 것이다. 그리고 골격의 균형이 잡히지 않은 자는 언제나 눈에 띄기 쉬운 것이다. 체격이 왜소하거나 다리가 짧거나 절게 되면 곧 눈에 띈다. 이와 반대로 훌륭하게 발육된 체격은 다른 결점을 보충하기에 부족함이 없고, 사람을 황홀하게 한다. 그리고 이빨도 소중하게 생각한다. 이것은 영양보급에 필요하며, 특히 유전되기 쉽기 때문이다.

넷째로 고려하는 것은 어느 정도 살이 쪄야 한다는 것이다. 즉, 조형성이 뛰어나야 하는데, 이것은 태아에게 충분한 영양을 제공할 수 있다는 표시이기 때문이며, 따라서 메마른 사람은 남달리 싫어한다.

여자의 풍만한 가슴이 남성에게 상당한 호감을 일으키는 것은 태아에게 충분한 영양을 줄 수 있으며, 종족의 번식력과 밀접한 관련이 있기 때문이다. 반대로 지나치게 비대한 여자는 혐오를 일으키는데 그것은 이러한 체질이 자궁의 위축을 표시하며, 불임증의 기미를 보여주기 때문이다. 이러한 사실들은 두뇌로 아는 것이 아니라 본능이 헤아린다.

— 쇼펜하우어, 『의지와 표상으로서의 세계』에서

자연은 최단의 행로를 좋아하고, 자연은 변화가 필요할 때에도 논리적인 비약을 좋아하지 않는다. 연애, 혹은 사랑은 자연과도 같으며, 우리 인간들의 마음이나 행동마저도 이 자연의 법칙을 벗어날 수가 없다. 비록, 이 자연스러운 연애마저도 더럽고 불결한 것으로 그 윤리적인 올가미를 씌워놓았을지라도, 이 자연스러운 연애의 흐름을 근본적으로 왜곡시키거나 막아버릴 수는 없는 것이다.

쇼펜하우어는 철학자이면서도 생리학자이고, 또한 그는 생리학자이면서도 심리학자이다. 쇼펜하우어는 그 어느 누구보다도 성애의 철학적 원리와 그 본질을 꿰뚫고 있었던 것이다. 이성의 선택에 있어서 가장 중요한 것은 연령이고, 그 다음으로 중요한 것은 건강이다. 그 다음으로 중요한 것은 골격이고, 그 다음으로 중요한 것은 조형성, 즉, 어느 정도 살이 쪄야 하는 것이다.

남자는 여자의 풍만한 유방에 매료되는데, 왜냐하면 장차 태어날 어린 아이의 영향공급을 생각하고 있기 때문이다. 또한 지나치게 살이 찐 여자에게는 혐오감을 드러내고 있는데, 왜냐하면 그러한 여자는 자궁의 위축이나 불임증의 증상을 가지고 있기 때문이다.

종족의 명령은 자연의 법칙이며, 이 자연의 법칙은 이성을 선택하고 사랑하는데 있어서도 의식적, 무의식적으로 작용할 수밖에 없다.

남성의 강건함과 용기

　장년은 남성미가 제일 두드러지게 나타나 있으며, 특히 여자가 그 중에서 택하는 것은 30세에서부터 35세의 연령층이다. 그 이유는 취미에서가 아니라 본능에 의해서 이 연령층은 생식력이 그 절정에 도달해 있기 때문이다. 대체로 여자는 미, 특히 남성의 용모의 아름다움을 그다지 존중하지 않는다. 즉, 그 미는 자기만이 자녀에게 전할 수 있다고 생각한다. 주로 여자의 마음을 끄는 것은 남자의 강건함과 이에 따르는 용기이다. 이에 의하여 강한 자식을 낳고, 동시에 그 자식을 보호하기 위해 용기 있는 사람을 원하기 때문이다.

　남자에게 체질상의 결함이 있고 체격이 비뚤어진 데가 있더라도, 여자 쪽에서 그 점에 결함이 없거나 또는 그 반대 방면에 뛰어나면 두 사람 사이에 태어나는 자녀에 대해서는 출산할 때 이를 시정할 수 있다. 다만 남성만이 소유하고 있는 특질로 모친으로서는 자식에게 전할 수 없는 특질은 예외이다. 예컨대 사나이다운 골격이나 떡 벌어진 어깨, 가느다란 허리, 곧은 다리, 힘찬 근육, 용기, 수염 같은 것이 이에 속한다. 그러므로 여자는 추남을 좋아하는 경우는 있어도 사나이답지 못한 사나이는 좋아하지 않는다. 이러한 결점은 여자로서 보완할 수 없기 때문이다.

남녀의 애정의 근거로서 고려하는 정신상의 특질. 특히 소중한 것은 굳은 의지와 결단력과 용기, 그리고 정직하고 선량한 마음씨로 여자의 마음을 끌게 마련이다. 이와 반대로 지력知力의 우수성은 여자에게는 직접 또는 본능적인 힘이 되지 못한다. 이것은 부친으로부터 유전될 수 없기 때문이다.

　　이상한 것은 정신력이 뛰어난 천재가 이상기질로서 여자에게 별로 환영을 받지 못한다는 점이다. 그러므로 어리석고 거친 추남이 여자에게는 오히려 호감을 사고 정신력이 뛰어나고 얌전한 남자보다 승리를 거두는 경우가 종종 있다. 정신(지능)상으로 보면 거리가 먼 자들끼리 진실한 애정을 바탕으로 결혼하는 경우가 있다. 즉, 남자는 사납고 강한 대신 지력이 열등하고, 여자는 감수성이 섬세하고 생각이 치밀하며 교양이 있고, 취미가 풍부한 경우가 있는 것이다.

　　― 쇼펜하우어, 『의지와 표상으로서의 세계』에서

　여성이 남성을 선택하는 연령은 30세에서부터 35세의 장년층이며, 이 연령대의 남성들은 생식력이 그 절정에 도달해 있기 때문이다. 대체로 여성은 미, 특히 남성의 용모에는 관심이 없고, 오직 그의 강건함과 용기만을 고려하게 된다. 왜냐하면 미는 자신이 이미 다 가지고 있다고 생각하고 있기 때문이며, 따라서 건강한 자식을 낳고 그 자식을 보호해줄 아버지가 필요하기 때문이다.

　　남자에게 체질상의 결함이 있고 체격이 비뚤어진 데가 있더라도, 여자 쪽에서 그 점에 결함이 없거나 또는 그 반대 방면에 뛰어나면 두 사람 사이에 태어나는 자녀에 대해서는 출산할 때 이를 시정할 수 있다. 다만 남성만이 소유하고 있는 특질로 모친으로서는 자식에게 전할 수 없는 특질은 예외이다. 예컨대 사나이다운 골격이나 떡 벌어진 어깨, 가느다란 허리, 곧은 다리, 힘찬 근육, 용기, 수염 같은 것이 이에 속한다. 그러므로 여자는 추남을 좋아하는 경우는 있어도 사나이답지 못한 사나이는 좋아하지 않는다. 이러한 결점은 여자로서 보완할 수 없기 때문이다.

이상한 것은 정신력이 뛰어난 천재가 여자에게 별로 환영받지 못한다는 점이다. 쇼펜하우어가 그러했고, 니체가 그러했고, 헤겔이 그러했다. 반고흐가 그러했고, 랭보가 그러했고, 모차르트가 그러했다. 천재는 시대를 앞서가며 미래의 현실을 살고 있는 자이고, 여자는 천재 따위는 안중에도 없이 자식을 낳고, 그 자식을 양육하는 현실에만 관심이 있다. 천재는 미래지향적이고, 여자는 현실지향적이다. 천재는 니체나 쇼펜하우어처럼 여자를 다룰 줄을 모르고, 여자는 비록, 지능지수가 모자라고 야수와도 같은 추남일지라도, 그의 강건함과 현실적인 능력을 더 높이 평가를 하게 된다.

Arthur Schopenhauer

애정의 갈등

애정의 갈등은 무수한 형태로 나타나 어느 시대의 시인이든 끊임없이 이것을 묘사하여도 그 소재는 무진장이며, 아무리 묘사하여도 흡족치 않을 것이다. 이 갈등은 일정한 여자를 얻으면 무한히 행복하리라는 현상이 수반되며, 한편 그것을 손에 넣지 못하게 된다는 생각에는 큰 고통이 따른다.

— 쇼펜하우어, 『의지와 표상으로서의 세계』에서

피그말리온은 키프러스의 젊은 조각가였지만, 그러나 그는 이 세상의 그 어떤 여자에게도 관심을 갖지 않았다. 그는 그 어떠한 일이 있어도 결혼을 하지 않겠다고 결심을 했고, 오직 자기 자신이 만든 조각품만을 사랑을 했다. 그는 자기 자신이 만든 예술작품과 깊은 사랑에 빠졌고, 그 예술작품 속의 여성에게 인간의 영혼과 정신을 불어넣어주고자 했었다.

피그말리온이 창조해낸 여성은 최고의 예술작품이었지만, 그러나 그 여성은 어디까지나 생명이 없는 조각작품에 지나지 않았다. 피그말리온은 자기 자신의 예술작품을 사랑한 나머지 나날이 수척해갈 수밖에 없었지만, 그러나 그의 예술가로서의 장신 정신을 높이

산 비너스에 의해서 그 예술작품 속의 여인에게 생명력을 불어넣어 주게 되었다. 불가능을 가능하게 한 장인 정신이 갈라테아라는 여성을 탄생시켰고, 피그말리온은 드디어, 마침내 비너스의 주재 아래 갈레테아라는 여인과 결혼을 하게 되었던 것이다.

예술가는 자기 자신의 작품에다가 생명력을 부여하고, 그 예술작품과 함께 영원불멸의 삶을 살아가게 된다.

사랑의 한탄

질투는 큰 고통을 주며 애인이 버리고 떠난다는 것은 모든 희생 중에서 가장 큰 것이다. 어떠한 용사도 한탄을 부끄럽게 생각하지만 다만 사랑의 한탄만은 부끄러운 줄 모른다. 이것은 자기 자신이 아니라 종족의 탄성이다.

— 쇼펜하우어, 『의지와 표상으로서의 세계』에서

오르페우스가 그의 연인 에우리디케를 잃어버리지 않았다면 그처럼 아름다운 노래를 연주하지 못했을 것이고, 페트라르카가 그의 연인 라우라를 잃지 않았다면 그처럼 아름다운 시를 쓰지도 못했을 것이다.

시는 이루어질 수 없는 사랑의 노래이며, 그 형식은 비가가 된다. 이루어질 수 없는 사랑이 만인들의 심금을 사로잡고, 수많은 연인들을 탄생시킨다.

사랑의 한탄은 자기 자신이 아닌 종족의 한탄이 된다.

애정이 최고의 단계에 이르게 되면

애정이 최고의 단계에 이르게 되면 그 사람의 사상은 매우 시적이며, 한편 숭고한 색조를 띠게 된다.
— 쇼펜하우어, 『의지와 표상으로서의 세계』에서

셰익스피어의 「로미오와 줄리에트」 속에서 줄리에트가 "여긴 어떻게, 뭣하러 오셨어요? 담은 높아서 오르기 어렵고, 당신 신분으로 봐서 우리 집 식구에게 들키는 날이면 이곳은 죽음의 장소인데"라고 힐난을 하자, 로미오는 일언지하에 이렇게 대답한다.

이까짓 담은 사랑의 가벼운 날개를 달고 뛰어 넘었지요. 돌담이 어떻게 사랑을 막을 수 있겠소. 해낼 수 있는 일이라면 사랑은 무엇이든 해내니까요. 그러니까 당신네 집 식구들도 날 막진 못하오.

참된 사랑은 영혼이 육체를 감싼다.
사랑은 삶의 절정이며, 환희 그 자체이다.
사랑은 영생의 다이아몬드이며, 사랑만이 아름답고 신성하다.

에로스는 어린이와 같은 얼굴을 하고 있음에도 불구하고 적의를 품고 잔인무도하기 때문에 언제나 저주를 받은 신이며, 기분에 의해 움직이는 전제적인 악마이다. 그리고 그러면서도 신들이나 인간의 군주이기도 하다.

　그대, 신들과 인간의 폭군인 에로스여!

흉악한 화살, 맹목과 날개가 그 속성

흉악한 화살, 맹목과 날개가 그 속성이다. 이 경우에 날개는 변덕을 표시하고 있다. 변덕이란 일반적으로 욕망이 충족된 연후에 비로소 생기는 환멸과 함께 등장하게 마련이다.

— 쇼펜하우어, 『의지와 표상으로서의 세계』에서

오늘날 인간의 숫자는 70억 명을 넘어서고 있다고 한다. 전쟁과 가난은 자연의 인구법칙이라는 멜서스의 말이 생각난다. 총과 칼을 사용할 수 있는 사자와 호랑이, 또는 모기와 파리 등이 나타나서 인간이라는 종의 숫자를 조정해주었으면 한다.

인간 70억 명은 저마다 제각각 다른 모습과 다른 성격과 취향을 갖고 있다. 인간의 심리도 이처럼 다양하며, 그때 그때마다 자기 자신의 환경과 위치와 시간과 장소에 따라서, 다양한 모습으로 드러나게 된다. 에로스는 사랑의 신이만큼 노년을 모르는 신이며, 또한 수치심이 없는 신인만큼 다종다양한 사건들을 연출해낸다. 에로스가 "전제적인 악마이며 신과 인간들의 폭군"이라는 것은 지나치게 일면적인 험담에 지나지 않는다. 에로스는 다정다감한 사랑의 신이며, 신과 인간들에게 영원불멸의 삶을 가져다가 주는 행복의 신이다. 부드럽고 달콤한 화살, 분명한 목적과 자유자재로운 날개가 그 특징이다.

사랑은 수치심이 없다. 수치심이 없기 때문에 티없이 맑고 깨끗한 어린 아이의 모습을 하고 있는 것이다.

연애결혼을 한 자는

연애결혼을 한 자는 고뇌를 벗삼고 살아가야 한다는 스페인의 옛말도 있다.
— 쇼펜하우어, 『의지와 표상으로서의 세계』에서

연애 결혼을 한다는 것은 가문의 전통과 역사를 부정한다는 것이 되고, 그만큼 세속적인 때가 묻지 않았다는 것이 되기도 한다.

모든 결혼은 정략결혼이며, 혼인서약서는 매매계약서에 지나지 않는다. 모든 결혼은 정치, 사회적으로 이기주의의 최종적인 형태를 띠게 된다.

하지만, 그러나 연애결혼은 그 이기주의에 어느 정도 벗어나 있으며, 궁극적으로는 상호간의 사랑으로 '영생의 다이아몬드'를 주고받게 된다.

가문의 전통과 역사를 부정한다는 것은 만인들의 축복을 받지 못했다는 것을 뜻하고, 만인들의 축복을 받지 못했다는 것은 떠돌이— 나그네처럼 풍찬노숙風餐露宿의 삶을 살아가야 한다는 것을 뜻한다.

세계가 다 신의 표적이라면

세계가 다 신의 표적이라면 인간은 물론 동물이 하는 일도 모두가 신의 일과 같이 으레 훌륭할 것이며, 비난의 여지도 없고, 또한 이것이 저 것보다 낫다고 할 수도 없을 것이다. 그렇게 되면 윤리는 없어진다.

　　— 쇼펜하우어, 『의지와 표상으로서의 세계』에서

가인의 제물을 받지 않는 것도 하나님의 뜻이고, 가인이 아벨을 목졸라 죽인 것도 하나님의 뜻이다. 야곱이 그의 형인 에서의 축복을 가로채가는 것도 하나님의 뜻이고, 롯의 두 딸이 그의 아버지를 근친상간하는 것도 하나님의 뜻이다. 사라와 하갈이 그녀의 남편인 아브라함에게 서로서로 자기 자신들의 하녀를 들여보내는 것도 하나님의 뜻이고, 하갈이 조강지처인 사라의 질투에 의해 쫓겨나는 것도 하나님의 뜻이다. 베드로가 닭 울기 전 세 번이나 예수를 부정했던 것도 하나님의 뜻이고, 예수가 십자가에 못박혀 죽은 것도 하나님의 뜻이다.

신정론神正論은 신만이 전지전능하고, 신만이 옳다는 것을 말한다.

모든 것이 다 신의 뜻대로이고, 만일, 신이 존재한다면 우리 인간들의 삶이 없게 된다.

　인류의 역사는 신을 살해하고, 신성모독을 정당화한 역사에 지나지 않는다.

이기주의와 행위의 도덕적 가치는

1. 어떠한 행위도 충분한 동기가 있어야 일어나게 된다. 이것은 마치 바위도 충분히 떠밀리거나 힘껏 잡아당기지 않으면 움직일 수 없는 것과 마찬가지이다.

2. 행위하려는 자의 성격상 충분한 동기가 있었을 경우에, 그 동기 이상으로 강력하고 또한 여기에 대립되는 동기가 그 사람의 행동을 필연적으로 가로막지 않는 한, 그 사람은 행위를 하지 않고 견딜 수 없는 것이다.

3. 언어의 가장 넓은 의미에서 의지를 움직이는 것은 일반적으로 행복과 불행이며, 반대로 행복과 불행은 각각 의지에 순응하거나 의지에 등을 돌리고 있는 것이다. 그러므로 모든 동기는 행복과 불행에 관련되어 있다.

4. 그러므로 모든 행위는 그 최종목표로서 행복과 불행을 느낄 수 있는 존재와 관계를 맺게 된다.

5. 이 존재는 행위자 자신이거나, 또는 다른 사람일 수 있다. 후자의 경우에, 행위는 다른 사람에게 손해를 주는 경우도 있고 이득이나 복지를 주는 경우도 있지만, 어쨌든 다른 사람은 그 행위에 주동적으로 관계한다.

6. 그 최종목적이 행위하는 자의 행복과 불행 자체에 있는 행위는 이 기적이다.

7. 여기서 행위에 대하여 이야기한 모든 것은, 어떤 동기와 이에 반대 되는 동기가 구비되어 있었기 때문에 이런 행위를 하지 않았을 경 우에 적용된다.

8. 앞서 말하는 각 항목에서 언급한 논거로 보아, 이기주의와 행위의 도덕적 가치는 서로 완전한 배척관계에 있다. 어떤 행위가 그 동기 로서 이기적 목적을 갖고 있다면, 그 행위는 결단코 도덕적인 가치 를 갖고 있다고 할 수 없다. 어느 행위가 도덕적인 가치를 가지려면 그 동기는 직접적이든 간접적이든, 그리고 원근의 차이를 불문하 고 절대로 이기적인 목적을 가져서는 안 된다.

9. 어느 행위가 도덕적인 의미를 갖느냐, 갖지 못하느냐 하는 것은 다 만 다른 사람과의 관계에만 한정된다. 즉, 다른 사람과 관계되었을 경우에만 그 행위가 도덕적인 가치를 갖느냐, 그렇지 않으면 비난 해야 하느냐가 결정된다. 다른 사람과의 관계에서만 어느 행위가 정의正義나 인간애의 발로가 될 수 있다. 또는 반대로 각각 부정不 正, 혹은 인간애에 위배된다고 말할 수 있다.

　— 쇼펜하우어, 『의지와 표상으로서의 세계』에서

　모든 행동의 궁극적인 목표는 행복이라고 할 수가 있다. 행복이 란 모든 것이 가능하고, 어느 것 하나 부족한 것이 없는 상태를 말 한다.

행복이란 하나의 허상이며, 손에 잡힐 듯 잡힐 듯 하다가 이내 사라져버리는 신기루와도 같다.

모든 행동은 도덕적 가치로 판단할 수가 있다. 그의 행동이 자기 자신과 그가 소속된 단체와 정당과 민족과 국가를 위한 것이라면 그것은 이기적이며 부도덕한 행동일 수도 있다.

그의 행동이 자기 자신과 모든 눈앞의 이익을 떠나서 인류 자체를 위한 것이라면 그것은 이타적이며 도덕적으로 훌륭한 일일 수도 있다.

이기주의와 도덕적 가치는 서로서로 완전한 배척관계에 있는 것도 아니다. 왜냐하면 이기주의도 도덕으로 재단할 수 있으며, 부도덕도 도덕에 속해 있기 때문이다.

도덕이 반드시 지고지순至高至純인 것만은 아니기 때문이다.

부정과 거짓은 여성의 악덕 속에서

부정과 거짓은 여성의 악덕 속에서 가장 빈번히 나타나는 것이며, 거짓말은 여성 본래의 요소이다. 이와는 반대로 여성은 인간애라는 덕에서 있어서는 남성을 능가하고 있다.

— 쇼펜하우어, 『의지와 표상으로서의 세계』에서

남자는 이성적이고 미래지향적인 반면, 여자는 감정적이고 현실지향적이다. 남자는 가능한 한 미래의 이상세계를 상정하고 그 이상세계를 향하여 전력투구를 하지만, 여자는 머나먼 이상세계보다는 현실에 안주하여, 그때 그때의 순간적인 행복만을 추구하게 된다. 반 고호, 폴 고갱, 모차르트, 보들레르, 알렉산더, 나폴레옹, 줄리어스 시이저, 데카르트, 칸트, 갈릴레이, 뉴턴, 아인시타인, 레닌, 모택동, 이광요, 만델라 등이 모든 남자들의 살아 있는 본보기라면, 대부분의 여자들에게는 이러한 미래지향적인 사람들을 찾아볼 수가 없다. 이 남자와 여자의 차이는, 요컨대 성적 우월성의 차이가 아니라 성적 역할의 차이에서 비롯된 것이라고 하지 않을 수가 없다. 왜냐하면 남자들의 역할은 새로운 영토의 확장과 함께 외부의 적들을 섬멸시키는 것이기 때문이고, 여자들의 역할은 그 어떠한 어려움과 고통이 따르더라도 아이를 낳고 그 아이들을 양육하는 것이기 때문이다.

그 옛날 전쟁이 일상사였을 때는 여자들은 전리품에 지나지 않았다. 사랑하는 부모형제와 남편과 아이들을 잃어버리고도 그 불구대천의 원수들과 동침을 하여 새로운 자식들을 낳고 살아갔던 것이며, 또한 환향녀還鄕女들—임진왜란과 병자호란 때, 정절을 잃은 후 고향으로 돌아온 여성을 이르던 말—처럼 적군의 아이들을 데리고 돌아와서도 또다른 남편을 만나 새로운 살림을 꾸려나갔던 것이다. 하룻밤만 자고 나면 조국과 남편이 바뀌는 일상의 생활 속에서, 부정과 거짓은 삶의 지혜가 되고, 최선의 생존수단이 되었던 것이다. 간통, 질투, 시기, 중상모략, 사기, 천하의 주인공의 운명을 바뀌게 만드는 거짓말 등은 여자들의 최고의 재능(무기)이 되었던 것이고, 다른 한편, 동정과 연민, 자비롭고 친절한 손길, 언제, 어느 때나 아늑하고 따뜻한 보살핌도 여자들의 최고의 미덕이 되었던 것이다.

부정과 거짓은 여성의 악덕이 아닌, 최고의 미덕이라고 하지 않을 수가 없다.

고통은 긍정적이지만

시냇물이 장애물에 부딪치지 않는 한 소용돌이를 일으키지 않는 것처럼 우리도 우리의 의지대로 움직이는 모든 것에 대해서는 별로 주의하지 않는다. 그리고 이것을 알아차리지 못하는 것이 인간이나 동물의 본성이다. 만일 우리가 무엇을 알아차린다면 그것은 우리의 의지대로 되어가고 있지 않다는 증거이며, 필경 어떤 장애물에 부딪치고 있는 것임에 틀림없다. 이와는 반대로 우리의 의지에 거역하는 것, 이것을 방해하고 이것에 대항하는 것, 즉 불쾌하고 고통스러운 모든 것은 우리가 직접 즉각적으로 아주 명백하게 느낀다. 우리는 몸이 건강할 때는 그런 것을 느끼지 못하지만 구두가 발에 닿아서 생기는 상처에는 그것이 아무리 보잘 것 없는 작은 것일지라도 신경을 쓰는 것과 마찬가지이다. 모든 것이 온전하게 잘 되어가는 것에 대해서는 별반 생각하지 않지만, 우리를 화나게 만드는 사소한 것에 대해서는 신경을 곤두세우는 법이다. 내가 여러번 강조한 것처럼 고통은 긍정적이지만 건강과 행복은 부정적이라는 것도 이상과 같은 이유에서다.

― 쇼펜하우어, 「고뇌에 대하여」(『쇼펜하우어』, 을지출판사, 1984년)
에서

우리 한국인들은 대단히 망각기능이 발달한 민족이며, 단군 이래 최악의 국치國恥들만을 연출해 놓고도 매우 행복했던 민족이라고 하지 않을 수가 없다.

당나라의 소정방에게도 삼천리 금수강산이 유린을 당했고, 원나라의 징기스칸의 후예들에게도 삼천리 금수강산이 유린을 당했다. 임진왜란 때에도 삼천리 금수강산이 유린을 당했고, 병자호란 때에도 삼천리 금수강산이 유린을 당했다. 일본에게도 삼천리 금수강산이 유린을 당했고, 해방 이후, 미국과 소련에게도 삼천리 금수강산이 유린을 당했다.

사대주의事大主義는 최고의 선이 되었고, 우리 대한민국의 모국母國인 당나라와 원나라와 청나라와 일본과 미국이 세계 최고의 강대국으로 군림을 하고 있는 동안은, 사색당쟁으로 피비린내 나는 싸움을 하면서도 하늘 아래 최고의 태평스러운 국가가 되었던 것이다. 이 태평스러운 시대에 금이 간 것은 사대의 국가, 즉, 우리 대한민국의 모국의 지위가 바뀔 때였고, 그때마다 삼천리 금수강산은 우리 한국인들의 뜻과는 정반대로 단군 이래의 최악의 국치로 신음을 하지 않으면 안 되었다.

사대주의는 강물이 되었고, 그 강물이 도도하게 흐를 때에는 언제, 어느 때나 사색당쟁으로 평화로웠다. 사대주의가 더욱더 크나큰 강물을 만나고 새로운 협곡으로 들어섰을 때, 바로 그때의 우리 한국인들의 목숨은 파리와 모기만도 못한 목숨이 되었다.

임진왜란 때 얼마나 많은 목숨을 잃었던 것이고, 병자호란 때 얼마나 많은 목숨을 잃었던 것일까? 태평양 전쟁 때 얼마나 많은 목숨을 잃었던 것이고, 한국전쟁 때 얼마나 많은 목숨을 잃었던 것일까?

사대주의(건강과 행복)는 부정적이지만, 반사대주의(고통)는 긍정적이다. 우리 한국인들은 고통의 생산성, 즉, 이 고통의 위대함을 결코 이해하지 못하는 최하천민의 야만인들에 지나지 않는다.

악은 바로 긍정적인 것으로서

그러므로 악을 부정적이라고 설명하고 있는 대부분의 형이상학적 체계처럼 어리석은 것도 없다.

악은 바로 긍정적인 것으로서, 우리는 그 자체의 실재를 절실하게 느낄 수 있다. 라이프니츠는 악이 부정적이라는 것을 극력 증명하려고 유치하기 짝이 없는 궤변을 늘어놓고 있다. 이와는 반대로 선, 즉 모든 행복과 만족은 부정적인 것이다. 다시 말해서 욕망이 없어지고 고통이 종식된 것에 불과하다.

— 쇼펜하우어, 「고뇌에 대하여」(『쇼펜하우어』)에서

이 세상에는 선도 없고 악도 없다.

선은 좋은 것이고 악은 나쁜 것이다. 이 말은 개인과 단체와 정당과 민족과 국가들이 그들의 사상과 이념과 취향에 따라서 선과 악을 규정해놓은 것에 지나지 않는 것이다.

선도 좋은 것이 아니고 나쁜 것도 아니다. 악도 좋은 것이 아니고, 나쁜 것도 아니다. 선과 악이란 시간과 장소와 시대와 위치에 따라서 언제, 어느 때나 상호역전이 가능한 것이며, 아주 일시적이고 잠정적인 진리에 지나지 않는다.

트로이 전쟁의 원인이었던 헬렌은 메넬라우스의 아내일 때에도 미인이었고, 파리스의 아내일 때에도 미인이었다. 제우스는 그의 아내 헤라를 사랑할 때에도 최고의 신이었고, 백조로 변신하여 레다를 강간할 때에도 최고의 신이었다.

헬렌은 어진 현모양처이었던 것이고, 제우스는 언제, 어느 때나 최고의 신이었던 것일까?

여필종부시대의 여성들은 현모양처였던 것이고, 남녀평등시대의 여성들은 더없이 사악하고 또 사악한 악처였던 것일까?

만일, 라이프니츠가 선에 대한 맹목적인 광신주의자였다면 쇼펜하우어는 악에 대한 맹목적인 광신주의자에 지나지 않았던 것이다.

고통이 부정적일 때는 그 주체자를 비명횡사시킬 때이고, 고통이 긍정적일 때는 '너 자신을 알라'라고 소크라테스처럼 순교를 해나갈 때이다.

행복과 만족이 긍정적일 때는 "마셔라, 마셔"라고 알렉산더 대왕처럼 주지육림 속을 헤맬 때이고, 행복과 만족이 부정적일 때에는 그 순간이 서산의 일몰처럼 아주 짧은 찰나에 지나지 않을 때이다.

가장 큰 위로

어떤 불행에 처하더라도, 어떤 고통 속에 있더라도 가장 큰 위로는 자기 자신보다 더 비참한 상태에 있는 다른 사람을 바라보는 것이다.
— 쇼펜하우어, 「고뇌에 대하여」(『쇼펜하우어』)에서

전두환과 노태우가 대통령의 자리에서 물러나와 형무소에서 살고 있을 때, 그들은 그 최악의 생활을 과연 어떻게 견디어 냈던 것일까? 그들이 총과 칼을 앞세운 군부독재정치를 했을 때의 수많은 국민들의 개죽음보다도 더욱더 나은 삶에 안도의 숨을 쉬고, 그토록 엄청나게 부정축재해놓은 재산 앞에서 크나큰 위안을 얻었을 수도 있었을 것이다. 개 같은 인간들은 자기 자신의 개 같은 목숨을 위해서라면 그 어떠한 고통도 참고 견디어 낸다.

그들에게는 그 어떠한 위로의 말들도 그들이 살아 있다는 것보다는 못할 것이다. 오점 없는 명예는 머나먼 이웃나라의 이야기이거나, 그들처럼 개가 되지 못한 하등동물(인간)의 이야기에 지나지 않는다.

전두환과 노태우와는 정반대 방향에서 후에 헨리 4세가 되는 볼린브르크에게 그의 아버지인 고온트 공작이 들려주는 천하의 명언을 나는 우리 한국인들에게 들려주고자 한다.

오점 없는 명예를 쟁취하지 못하고, 그토록 서럽고 비참한 유배의 길을 떠나는 아들에게 이처럼 아름답고 참된 위로의 말이 과연 그 어디에 있단 일인가?

고온트 6회의 여름쯤이 얼마겠니? 금방 지나간다.

볼린브루크 기쁜 사람에게는 그렇지만 슬픔은 한 시간을 열 시간으로 합니다.

고온트 낙으로 하는 여행쯤으로 생각해 두어라.

볼린브루크 강요당한 순례임을 알고 있는데 그렇게 말해서는 이 마음은 탄식할 뿐입니다.

(……)

고온트 하늘의 눈太陽이 찾아드는 곳은 다 현자에게는 좋은 항구요, 행복한 안식처다. 궁핍에 빠지거든 이렇게 생각하라…… 즉, 궁핍보다 더 좋은 것은 없다라고. 국왕이 너를 추방한 것이 아니라 네가 국왕을 추방한 것이라 생각해라. 불행은 참는 힘이 약하게 보이면 더욱 무겁게 덮친다. 이번 여행은 이 애비의 권고로 영예를 구하러 떠나는 것이지 추방이 아니라고 생각해라. 또는 이 잉글란드에는 열병이 퍼져 있어 그것을 피하기 위하여 공기 맑은 곳으로 전지를 간다고 생각해 봐라. 또는 네가 소중히 하는 것은 지금 찾아가는 목적지에 있지, 떠나는 곳에 있는 것이 아니라고 생각해 두렴. 지저귀는 새들은 음악가요, 발에 밟힌 풀은 골풀이 깔린 알현실이오, 꽃은 아름다운 귀부인이오, 내딛는 발걸

Arthur Schopenhauer

음은 즐거운 무도나 춤이라고 생각하렴. 으르렁대는 비탄도 그것을 조롱하고 무시하는 사람을 물어 뜯지는 못한다.

— 셰익스피어, 「리처드 2세」에서

어린 양과도 같다

우리는 목장에서 놀고 있는 어린 양과도 같다. 그러는 동안에 도살자는 어린 양 중의 어느 것을 잡아먹을 것인가 하고 눈으로 고르고 있다. 그러므로 즐거운 때에, 바로 지금 운명이 준비하고 있을는지도 모를 재난, 즉, 병, 박해, 빈곤, 수족절단, 실명, 발광, 죽음 등을 의식하고 있다.

— 쇼펜하우어, 「고뇌에 대하여」에서

자연의 이치는 약육강식이며, 이 약육강식은 승자독식의 구조로 되어 있다. 햄릿의 아버지는 어느 날 낮잠을 즐기다가 그의 동생에게 독살을 당했고, 리처드 2세는 그의 사촌동생인 볼린브루크에게 그의 왕관을 강탈당했다. 아아더의 아버지는 그의 동생(존왕)에게 그의 왕관을 강탈당했고, 크로노스는 그의 아들인 제우스에게 그의 왕관을 강탈당했다.

왕이라는 자들은 온갖 살인과 침략과 약탈마저도 서슴지 않았던 사나운 야수들에 지나지 않으며, 그들은 그들의 사악한 얼굴을 '천자天子의 이름'으로 은폐를 해왔던 것이다. 천자란 하나님의 아들이며, 모든 인간들을 지배하고 복종시킬 수 있는 권리를 타고났다고 강변하고 있는 자들에 지나지 않는다. "인간은 본질적으로 악하여 그 어떠한 신의도 지킬 필요가 없다"는 것이 마키아벨리의 '군주론'이라면, 이 '군주론'은 약육강식의 결정체에 지나지 않는다.

필요한 것은 빼앗고 착취를 하는 것, 이것이 바로 자연의 이치인 것이다. 우리는 이 자연의 이치 속에서 '여우의 간지奸智'와 '사자의 용맹勇猛함'을 지니지 않으면 안 된다. 여우는 인간의 함정은 곧잘 피하지만 늑대에게는 약하고, 사자는 용맹하기는 하지만 인간의 함정에 곧잘 빠져든다.

자연은 자연일뿐, 그 어느 누구의 편도 아니다. 여우도 죽고, 사자도 죽으며, 인간도 죽는다. 자연(시간)은 어린 양이나 곰과 사자마저도 잡아죽이는 도살자와도 같고, 구체적인 그 모습은 재난, 병, 빈곤, 수족절단, 실명, 발광, 살해, 죽음 등으로 나타난다.

우리는 목장에서 놀고 있는 어린 양과도 같다.

인간은 도처에서 적을 발견하고

평화로운 세월은 짧은 휴식으로서 이따금 나타날 뿐이다. 마찬가지로 개인의 생활도 끊임없는 싸움이다. 인간은 각기 도처에서 적을 발견하고, 끊임없는 싸움 속에서 생활하고 무기를 쥔 채 죽어간다.

― 쇼펜하우어, 「고뇌에 대하여」에서

유비무환有備無患 : 미리 준비해두면 근심 걱정이 없다.

임전무퇴臨戰無退 : 전투에 임해서는 결코 후퇴를 하지 않는다.

사즉생 생즉사死即生 生即死 : 죽기를 각오하면 살고, 살고자 하면 죽는다.

투쟁은 만물의 아버지이다.

전쟁 뒤에는 평화가 있고, 평화 뒤에는 전쟁이 있다.

전쟁 끝에는 영원한 제국이 있고, 전쟁 끝에는 영원한 천당이 있다.

우리는 전쟁 속에서 태어났고, 우리는 전쟁 속에서 죽어간다.

세계적인 전자회사인 소니와 세계적인 휴대폰 업체인 노키아의 몰락은 우리 인간들의 운명과 똑같다.

우리는 이 끝없는 싸움 속에서 무기를 쥔 채 죽어간다.

시간

현존하는 고뇌의 적지 않은 부분이 시간이 쉬지 않고 우리를 몰아내고, 숨도 못 쉬게 하며, 항상 징벌자처럼 채찍을 들고 못 살게 하고 있는 사실에 근거하고 있다. 시간이 채찍질하는 손을 멈추는 일이 있다면 그것은 우리가 권태에 빠졌을 때다.

— 쇼펜하우어, 「고뇌에 대하여」에서

21세기의 세계적인 대사건은 초강대국으로서의 중국의 강력한 부상이며, 중국의 패권주의 앞에서 그 대응전략의 문제로 미국과 일본이 전전긍긍하고 있다고 하지 않을 수가 없다. 초강대국으로서의 중국의 부상은 군사적 문제 이전에 경제의 문제이며, 중국은 4조 달러라는 천문학적인 외환보유고 이외에도, 세계에서 미국 다음으로 가장 큰 시장—곧 중국 시장이 미국보다도 더 큰 시장이 될 수도 있을 것이다—을 지니고 있다고 할 수가 있다. 소위 최종심급은 경제인 만큼, 세계에서 가장 큰 시장을 지니고 있다는 것은 그 어떠한 강대국과 그 어떠한 다국적 기업들조차도 그 시장의 힘에 예속시킬 수가 있다는 것을 뜻한다.

중국이 미국의 국제통화기금과 세계은행에 맞서서 '아시아인프라투자은행AIIB'의 설립을 발표했을 때, 미국은 미국의 우방인 영국, 프랑스, 이탈리아, 독일은 물론, 일본과 한국에게도 '아시아인프라투자은행'에 가입하지 못하도록 전방위적으로 압력을 넣었지만, 그러나 중국이라는 거대한 시장의 힘 앞에서는 쓰디쓴 패배를 맛보지 않으면 안 되었던 것이다. 왜냐하면 영국은 영국의 경제 성장을 중국의 시장에 의존하고 있었던 만큼 미국의 압력을 일언지하에 거절했던 것이며, 그 결과, 프랑스, 이탈리아, 독일, 한국 등—50여 개 국가—, 그리고 매우 뒤늦게나마 일본의 참여마저도 결정될 수밖에 없었기 때문이다.

중국 주도의 '아시아인프라투자은행'의 설립은 미국의 국제통화기금과 세계은행의 역할이 축소되어가고 있다는 것을 뜻하고, '달러화 대 위안화의 싸움', 즉, 미국과 중국의 싸움이 본격적으로 시작되었다는 것을 뜻한다. 이 중국과 미국의 싸움에서 소위 대한민국은 이러지도 못하고 저러지도 못하는 어릿광대가 되어가고 있는데, 왜냐하면 국방은 미국에 의존하고, 경제는 중국에 의존하고 있기 때문이다. 대한민국은 소위 외국군대인 미국이 주둔하고 있으며, 전시작전권을 미국이 갖고 있다. 하지만, 그러나 경제만큼은 미국과 일본의 시장에 수출하는 것을 다 합친 것보다도 더 많이 중국에 수출을 하고 있는 것이다. 미국에 가서는 미국에게 충성을 맹세하고, 중국에 가서는 중국에게 충성을 맹세한다. 하지만, 그러나 이 양다리 걸치기식의 수법은 미국의 노골적인 불만을 사고 있고, 미국은 오히려, 거꾸로 대중국 포위전략인 미사일방어체계에 가담하라고 요구하는 것은 물론, 고고도 미사일 방어체계인 '사드THAAD'를 구입−배치하라고 압력을 가하고 있는 것이다. 이에 반하여, 중국은 대한민국을 그들의 중화경제체제로 예속시키는 한편, 아시아인프라투자은행에 가입할 것과 함께, 한반도에서 '사드THAAD'의 배치를 매우 강경하게 반대를 하고 있는 것이다.

중국과 미국의 싸움 속에서 한반도의 운명은 풍전등화와도 같다. 록히드 마틴사의 사드 1개 포대의 배치는 그 비용이 2조원대이며, 그리고 그것을 배치하면 10년 안에 그 관리비용만 2조원대에 달한다고 한다. 사드는 고고도 미사일방어체계이며, 적의 미사일을 공중에서 맞춰 떨어트리는 요격 미사일이다. 기존의 패트리어트 미사일의 요격 고도가 15km이고, 사드의 요격 고도는 40km이다. 따라서 북한, 또는 적군의 미사일을 40km 위에서는 사드로, 15km 이내에서는 기존의 패트리어트 미사일로 격추를 시키면 된다. 문제는 이 사드와 함께 배치되는 고성능 레이더인데, 이 레이더의 반경이 2,000km이며, 중국의 군사정보가 미국으로 넘어갈 수가 있게 된다는 것이다. 북한의 미사일을 핑계로 사드를 한반도에 전진 배치하고, 이 사드를 통하여 중국의 군사활동을 전면적으로 감시하고 통제하려는 것이 아닌가하는 의심을 중국이 갖고 있는 것이다. 대한민국은 사드의 구입과 배치를 선언할 수도 없고, 그렇다고 해서 미국의 구입과 배치의 압력을 전면적으로 거부할 수도 없다.

나는 미국의 일방주의에는 그 무엇보다도 거부감을 갖고 있으며, 대한민국에서의 사드의 배치는 동북아시아에서 군사, 정치, 외교,

안보의 관계를 뒤틀어버리고, 그만큼 엄청난 긴장관계를 초래하게
될 것이라고 믿어의심하지 않는다. 사드의 한반도 배치는 한미일 미
사일방어체계의 구축을 의미하게 되고, 만일 그렇게 된다면, 한중
관계는 두 번 다시 회복될 수 없을 만큼 악화될 것이다. 미국의 정
부는 록히드 마틴사의 정부이며, 미국의 대통령과 부통령, 국무부
장관과 국방장관마저도 록히드 마틴사의 로비스트에 지나지 않는
다. 미국의 사드 배치의 전략에는 다음과 같은 세 가지 측면에서 미
제국주의의 음모가 숨어 있을 수밖에 없다. 첫 번째는 남북한의 긴
장관계를 극단화시켜서 남북통일을 영원히 방해하는 것이고, 두 번
째는 한국과 중국과의 밀착관계를 파탄시키는 동시에 한국을 미제
국주의 체제에 더욱더 강력하게 예속시키는 것이고, 마지막으로 세
번째는 그토록 엄청나고 천문학적인 금액의 '사드'를 한국에게 반드
시 팔아먹겠다는 것이다. 나는 더 이상 미국의 무기를 구입하지 말
고 자주 국방의 힘을 기르는 한편, 핵무기 주권을 되찾아오지 않으
면 안 된다고 생각한다. 더 이상 그처럼 경제적이고 값싼 무기가 있
는데, 왜, 그처럼 막대한 군비를 들여야 하는지 그 이유를 알 수가
없는 것이다.

　나라를 지키는 것도 우리의 일이고, 무기를 사는 것도 우리의 일
이다. 어느 누구에게나 이 주권을 양도하거나 간섭당할 이유가 없
는 것이다.

　"현존하는 고뇌의 적지 않은 부분이 시간이 쉬지 않고 우리를 몰
아내고, 숨도 못 쉬게 하며, 항상 징벌자처럼 채찍을 들고 못 살게

하고 있는 사실에 근거하고 있다. 시간이 채찍질하는 손을 멈추는 일이 있다면 그것은 우리가 권태에 빠졌을 때다."

인간이 원하는 것마다 모두 성취된다면

거의 모든 인간은 평생 동안을 일과 근심, 곤욕과 곤란을 등에 지고 살게끔 운명지어져 있다. 그러나 인간이 원하는 것마다 모두 성취된다면, 인간은 자기 시간을 무엇에 쓴단 말인가? 만약 모든 인간을 게으름뱅이들이 사는 천국으로 옮겨놓았다고 하자. 모든 것이 스스로 자라나고, 비둘기의 불고기가 날아다니고, 어느 남자든지 언제나 손쉽게 애인을 찾아 수중에 넣을 수 있는 곳이라면, 아마 인간은 싫증이 나서 죽거나 그렇지 않으면 스스로 목을 매어 죽어버릴 것이다. 혹은 전쟁과 교살과 살인이 일어나 마침내 인류가 현재 자연이 인간에게 주고 있는 그 이상의 고통을 자신에게 가하게 될 것이다.

— 쇼펜하우어, 「고뇌에 대하여」에서

모든 사회는 공산주의 체제이며, 공동으로 생산하고 공동으로 분배하는 것이 근본목표로 되어 있다. 왜냐하면 우리 인간들은 서로서로 분업과 협업을 통해서 살아가지 않으면 안 되게 되어 있기 때문이다. 하지만, 그러나 이 분배의 법칙이 언제, 어느 때나 공정하게 실시되지 않으며, 소수의 부자들을 위해서 다수의 시민들이 희생을 해야 되기 때문에, 늘, 항상 우리 인간들은 매우 심각한 사회적 갈

등과 혼란을 겪지 않으면 안 된다. 첫 번째는 늘, 항상 사회적 재화의 양이 부족하기 때문이고, 두 번째는 이 분배의 법칙이 소수의 부자들을 위해서 존재하고 있기 때문이다.

인간은 본디 사나운 야수이며, 자기 자신의 이익을 위해서라면 그 어떠한 패륜적인 일도 서슴없이 자행을 하게 된다. 전쟁은 필요한 것을 빼앗고 약탈하는 합법적인 수단이며, 전쟁에서 승리한 자는 전지전능한 황제가 되고, 전쟁에서 패배를 한 자는 그 모든 문전옥답과 금은보화를 다 빼앗기고도 그 침략자를 황제로서 받들어 모시지 않으면 안 된다. 따라서 이 사회의 근본구조는 소수의 부자들이 다수의 시민들을 착취하는 구조로 되어 있으며, 대부분의 모든 인간들은 "평생 동안을 일과 근심, 곤욕과 곤란을 등에 지고 살게끔" 되어 있는 것이다. 오늘날은 만인평등과 부의 공정한 분배가 그 목표로 되어 있는 것처럼 보이지만, 그러나 그것은 사회적 동물들의 본능을 정면으로 부정하는 반사회적인 목표에 지나지 않는다.

늘, 항상 명령하는 자는 소수인데 반하여 복종하는 자는 다수였고, 늘, 항상 사회적 부와 국가의 부를 독점하는 자는 소수인데 반하여, 대부분의 시민들은 더없이 가난하고 비참한 생활을 할 수밖에 없었던 것이다. 이 착취와 지배의 구조는 인간 사회의 기본구조이며, 어느 누구도 이 기본구조를 깨뜨릴 수는 없는 것이다. 소크라테스가 그러했고, 토마스 모어가 그러했다. 토마스 아퀴나스가 그러했고, 부처와 예수가 그러했다. 민주주의와 공산주의, 자유주의와 이상주의는 머나먼 뜬구름 속의 환상에 지나지 않으며, 모두가 다같이 잘 살고, 모두가 다같이 무병장수하고, 모두가 다같이 행복하다면, 바로 그 사회가 인류의 역사상 최고의 지옥이 될 것이다. 날이면 날마다 살인, 강간, 강도, 약탈, 매음, 음주가무, 마약과 집단난교 등이 이 천하태평함의 반대급부로써 주어지게 될 것이다.

쇼펜하우어도 이 게으름뱅이의 천국, 비둘기의 불고기가 날아다니는 천국을 예상하고, 그것을 이처럼 거부하고 있는 것이다.

향락의 도수를 높이기 위해

인간의 욕망은 원래 이것을 만족시키려면 동물의 경우보다 그다지 어렵지 않을 텐데 향락의 도수를 높이기 위해 인간은 고의로 욕망을 높일 궁리를 한다. 사치, 미식, 담배, 아편, 알코올 음료, 허식, 그 외에도 이와 유사한 모든 것은 이 때문이다. 쾌락의 원천이란 고통의 원천이기도 하며, 다른 모든 원천을 능가하여 인간을 한없이 괴롭힌다. 즉 야심, 명예심, 치욕감 같은 것인데⋯⋯

— 쇼펜하우어, 「고뇌에 대하여」에서

이 21세기는 최악의 탐욕사회이며, 더 이상의 그 어떤 구원의 말씀도 들려오지 않는 사회라고 할 수가 있다.

그 옛날은 탐욕이 만악의 근거였지만, 오늘날은 탐욕이 최고의 미덕이 되고 있었다.

더 많이 생산하고, 더 많이 소비를 하는 것—, 이 생산과 소비의 구조를 가로막을 수 있는 자는 없는 것이다.

더 많이 착취를 하고, 더 많이 부를 축적하며, 더 많이 우주생태계를 교란시키는 것—, 이 인간의 탐욕을 가로막을 수 있는 자는 없는 것이다.

근검과 소비절약, 미래의 이상사회와 만인의 행복은 그 명함조차도 내밀지 못하고 있으며, 오늘날은 먹고 사는 일보다는 "사치, 미식, 담배, 아편, 알코올 음료, 허식" 등을 위해서, 더 많이 생산을 하고 소비를 하지 않으면 안 된다.

소비와 낭비는 이음동의어가 된 것이다.

낭비를 하라! 낭비를 하라!

이 세계가, 이 우주가 파멸할 그날까지—.

현대 자본주의 사회의 황제들은 이렇게 달콤한 광고의 언어로 유혹하고 있는 것이다.

Arthur Schopenhauer

권태가 문자 그대로 징벌

그러나 이 지적 향락에 버금가는 고뇌의 대중對重으로서 인간의 경우에는 권태가 나타난다. 이것은 적어도 자연 상태에서는 동물은 모르는 채 사육되는 상태에 있어서만 아주 영리한 가축이 가벼운 발작을 느끼는 정도다. 그런데 인간의 경우에는 권태가 문자 그대로 징벌이다. 이것은 특히 언제나 지갑을 가득 채울 것만을 생각하고 머리를 지적인 것으로 채울 생각을 않는 그런 불쌍한 사람들에게서 볼 수 있다. 즉 그들은 그 부귀에 의해 그들을 괴롭히는 권태의 손에 끌려들어가는 결과 부귀는 바로 형벌로 된다. 이것을 피하려고 그들은 수렵을 하면서 뛰어다니고, 발소리를 죽이면서 빙빙 돌아가며 여행을 하고 다닌다. 어디를 가나 도착하자마자 그 고장의 오락이나 유흥 장소를 조심조심 물어 보는 것은 가난한 사람이 그 고장의 자선단체를 물어보는 것과 다를 것이 없다. 두말할 것도 없이 곤궁과 권태는 인간 생활의 양극이다.

— 쇼펜하우어, 「고뇌에 대하여」에서

근검은 맹목이 되고 성실은 광기가 된다.

열심히 일을 한다는 것은 돈에 대한 미치광이 짓이 될 수도 있고, 자기 자신이 속한 공동체 사회와 그 이웃을 위한 사랑의 보살핌마저도 권력에 대한 미치광이 짓이 될 수도 있다. 이 미치광이 짓이 권태에 대한 반대급부로서 주어지고 있는 것이며, 이 미치광이 짓이 극단적일 때는 전쟁광, 축구광, 음악광, 학문광, 도박광, 사냥광 등으로 나타날 수도 있다.

가난은 문화가 없고, 가난한 사람들은 먹고 사는 일에 바빠서 권태를 모른다. 이에 반하여, 부유함은 문화가 있고, 이 부유한 사람들은 아무런 근심 걱정이 없기 때문에, 이 세상에서 온갖 기괴한 일들을 다 연출해내게 된다. 알렉산더 대왕도 권태를 두려워했고, 나폴레옹 황제도 권태를 두려워했다. 줄리어스 시이저도 권태를 두려워했고, 아인시타인도, 뉴턴도 권태를 두려워했다. 반 고호도, 폴 고갱도 권태를 두려워했고, 톨스토이도, 괴테도 권태를 두려워했다.

부자는 이웃사촌이 땅을 사면 배가 아프고, 전제군주는 천하명장(부하장군)의 승리도 싫어했다. 변호사는 소송보다는 화해를 택하는 동생의 얼굴을 보기 싫어했고, 예술가는 그 어느 누구보다도 아름답고 멋진 신세계를 연출해낸 그의 동료들을 미워하게 된다. 이 질투와 시기는 권태에 대한 만병통치약이며, 이 고급문화인들을 살아움직이게 하는 동력이 된다.

가난한 자는 훔치고 부자는 **빼앗는다**.

부유한 자는 더 많이 즐겁고, 더 많이 행복하게 살기 위해서 타인의 즐거움과 행복을 빼앗는다.

전쟁은 모든 권태의 만병통치약이 된다.

Arthur Schopenhauer

동물의 생활

동물은 단지 생존에 만족하고 있다는 점에서는 인간 이상이다. 식물은 더욱더 철저하다. 인간은 그 우둔의 정도에 따른다. 그러므로 동물의 생활은 인간의 그것보다 고뇌도 적지만 기쁨도 적다. 이것은 우선 다음과 같은 사정에 근거를 두고 있다. 즉 동물은 한편으로는 근심, 걱정, 그리고 이에 따르는 고통으로부터 해방되어 있지만, 또 한편으로는 참된 의미의 희망이 없다.

　—쇼펜하우어, 「고뇌에 대하여」에서

동물은 단지 생존에 만족하고, 식물은 동물보다도 더욱더 생존에 만족한다.

하지만, 그러나 이것은 지나치게 인간중심주의적인 생각에 지나지 않는다. 꿀벌과 개미들의 사회는 철두철미하게 그 역할이 분담된 계급사회를 이루고 있고, 가창오리떼나 수많은 새떼들의 사회 역시도 그러하다. 가창오리떼나 수많은 철새떼들의 군무群舞 역시도 그들의 문화이며, 그들의 문화는 그 어떠한 흔적도 남기지 않는 무형의 문화라고 할 수가 있다. 이밖에도 원숭이나 들소떼들도 그들만의 계급사회를 구축하고 있으며, 그 계급사회를 구축하고 유지할 수 있는 문화를 가지고 있다.

　문화란 삶을 향유하는 수단이며, 다른 모든 동식물들의 문화는 자연친화적이며 돈이 안 드는 문화인데 반하여, 우리 인간들의 문화는 지나치게 돈이 많이 들고 자연파괴적인 문화라는 점에서 더 큰 문제점을 지니고 있다고 하지 않을 수가 없다. 동물적인 행복은 모든 근심과 걱정과 고통으로부터 해방되어 있고, 인간적인 행복은 하늘을 찌를 듯한 환희에의 기쁨을 맛보기 위하여, 언제, 어느 때나 수많은 근심과 걱정과 고통으로부터 벗어나지 못한다.

　문화란 최고, 최선의 삶을 향유하는 수단이며, 이 문화란 예술 자체가 된 삶을 말한다.

Arthur Schopenhauer

가축은 현재의 화신

이와는 반대로 동물은 미리 즐긴다든지 할인된 즐거움과는 아무 관계없이 현재 있는 것을 그대로 남김없이 향유한다. 마찬가지로 재난도 동물에게는 실제의 무게로 압박하여 올 뿐이다. 그런데 우리 인간의 경우에는 공포와 예견, 재난에 대한 불안이 이 무게를 이따금 10배도 더 하게 한다.

동물에게 특유한 이 현재에의 전문적인 몰입이야말로 우리 인간이 가축에게서 얻고 있는 기쁨에 크게 기여하고 있다. 가축은 현재의 화신이며, 인간으로 하여금 번거로움에서 해방된 밝은 시간의 고마움을 느끼게 해준다. 그러나 우리는 대개 여러 가지로 생각에 사로잡혀 이런 시간은 거들떠 보지도 않는다.

— 쇼펜하우어, 「고뇌에 대하여」에서

그렇다. "가축은 현재의 화신이며, 인간으로 하여금 번거로움에서 해방된 밝은 시간의 고마움을 느끼게 해준다."

나는 인간도 동물처럼 현재에 살고, 현재에 만족하는 단순한 삶으로 돌아갔으면 한다.

먹고 사는 것에 만족하고, 배가 부르면 그때마다 춤을 추든가, 천렵을 하면서 놀이문화를 향유하는 것—, 이것이 자연스러운 삶일 것이다.

자본의 법칙이나 역사의 법칙, 혹은 문화의 법칙은 약육강식의 법칙이며, 살인의 법칙이라고 하지 않을 수가 없다.

인간은 미래의 즐거움을 미리 앞당겨 만끽하는 가불인생이기도 하고, 다른 한편, 미래의 재난과 고통을 실제로 겪고 있는 정신질환의 환자이기도 하다.

나의 짧은 생애를 지옥으로 만든 악마

"당신은 나의 주인이 아니고 나의 짧은 생애를 지옥으로 만든 악마이다. 개를 쇠사슬에 묶은 사람은 모름지기 이런 변을 당해야 한다."

— 쇼펜하우어, 「고뇌에 대하여」에서

돈은 나의 주인이 아니고, 나의 짧은 생애를 지옥으로 만든 악마이다.

나는 어느 금융자본가(수전노)의 묘비명을 이렇게 적어본다.

인식은 공명반共鳴盤이며

의지는 현弦이고 그 어긋남 내지 방해는 이 현의 진동이다. 인식은 공명반共鳴盤이며 고통은 그 소리다.

— 쇼펜하우어, 「고뇌에 대하여」에서

의지는 바이올린의 줄이 되고, 인식은 그 울림통이 되고, 고통은 그 소리가 된다.

의지, 인식, 고통의 삼중주三重奏—.

인생은 예술이고 고통은 그 노래이다.

Arthur Schopenhauer

최악의 경우

오늘은 사정이 나쁘고 앞으로도 매일매일 사정이 더 나빠질 것이다. 그러므로 마지막에 가서는 최악의 경우가 온다.

— 쇼펜하우어, 「고뇌에 대하여」에서

하지만, 그러나 최악의 경우가 있기 때문에, 마치 죽음이 더욱더 아름답고 멋진 예술(인생)의 대미를 장식하는 것이 아닐까?

서산의 붉디 붉은 노을처럼 아름다운 죽음이여!

부디 부디 이 세상의 모든 노역으로부터 해방시켜다오!!

인생은 전체적으로 실망

　인생은 전체적으로 실망, 아니 사기라는 것, 혹은 독일어로 말한다면 사기라고까지 할 수는 없어도 일종의 대규모 사기 성격을 띠고 있다는 것이다. 어렸을 때 친했던 두 친구가 일생 동안 서로 떨어져 지내다가 노인이 되어 다시 만날 경우, 옛추억이 결부된 서로의 얼굴을 쳐다보는 심정은 인생 전체에 대한 전면적인 실망이다. 그 인생은 한때 청춘의 장미빛으로 그들 앞에 놓여 있었고 그토록 많은 것을 약속했었지만 성취한 것이라고는 아주 적은 것이다.

　― 쇼펜하우어, 「고뇌에 대하여」에서

　그리스 최고의 희극작가인 아리스토파네스의 「구름」을 생각해본다.

　「구름」의 주인공인 어떤 사내는 그의 아들에게 정론正論이 아닌 사론邪論을 가르친 결과, 그의 아들에게 두들겨 맞게 된다. 아버지가 아들에게 "이 세상에 아버지를 두들겨 패는 불효자식이 어디 있느냐"라고 꾸짖으면, 그 아들은 그 아버지에게 "아버지도 어릴 때 나를 때리지 않았느냐"라고 대꾸를 하게 되고, 그 아버지가 그 아들에게 "나는 네가 잘못을 뉘우치고 잘 되기를 바래서 그랬다"라고 하면, "나도 아버지를 위해서 아버지가 잘 되기를 바래서 그랬다"라고 대꾸를 하게 된다.

리어왕은 그의 두 딸들에게 대권을 물려주자마자 하염없이 이 세상을 떠돌아다니지 않으면 안 되었고, 고리오 영감 역시도 그의 두 딸들에게 전재산을 빼앗기고 이 세상을 떠돌아 다니지 않으면 안 되었다.

인간은 본디 사나운 야수이며, 필요한 것은 빼앗고 약탈하는 사기꾼에 지나지 않는다. 완벽한 허위를 완벽한 진리라고 믿으며, 도둑의 신인 헤르메스의 은총을 입지 못해서 야단법석을 떨어댄다.

이 세상에서 가장 빠른 헤르메스는 샌달을 신고 다니며, 이 세상의 상인들과 사기꾼들에게 무한한 은총을 베풀어 준다.

최승자 시인은 "내가 살아 있다는 것이 루머에 불과하다"고 절규를 한 바가 있었다.

인생은 대규모적인 사기에 지나지 않는다.

인생은 일종의 부역

인생은 노고를 다해야 하는 일종의 부역이다. 이런 의미에서 죽은 자를 라틴어에서는 '다 되었다'는 멋진 표현을 쓰는데, 그것은 인생의 과업을 다 하고 저 세상으로 간 사람이라는 뜻이다.
— 쇼펜하우어, 「고뇌에 대하여」에서

사회 자체가 거대한 감옥이며, 우리 인간들은 영원한 죄인에 불과하다.

대한예수교 장로회 소속 전병욱 목사의 성추행 사건에서 보듯이, 이 인면수심人面獸心의 탈을 쓴 색정광들이 '대한민국이라는 감옥'을 더욱더 아름답고 풍요롭게 가꾸어 나간다.

어제, 즉, 2015년 5월 8일자의 뉴스에는 신도숫자가 9만 명인 대형교회의 목사가 서울역 지하철 계단에서 여성들의 치마 속을 몰카로 찍어대다가 경찰에게 붙잡혀간 사건이 터져나왔다.

대한예수교 장로회, 아니, 대한민국의 종교인들은 결코 그들을 그들이 속한 종단으로부터 파문시키지 못할 것이다. 왜냐하면 모든 사제들이 똑같은 성추행자들에 지나지 않기 때문이고, 만일 그들을 파문시킨다면 대한민국의 모든 교회들이 흔적도 없이 사라져버릴 것이기 때문이다.

인생은 짧지만, 목사들의 삶은 무한히 길고 역겹다.

목사들은 아주 죄질이 나쁜 색정광들이며, 이제 그들의 때는 다 되었다.

빨리 죽는 것이 애국愛國하는 길이며, 속죄를 하는 지름길인 것이다.

이 세상은 바로 지옥이다

이 세상은 바로 지옥이다. 그리고 인간은 한편으로는 그 속에서 갖은 괴로움을 겪고 있는 망령인 것이다. 또 한편으로는 지옥 속에서의 악마다.

— 쇼펜하우어, 「고뇌에 대하여」에서

지옥이란 무엇인가? 지옥이란 천국에 갈 수 없는 자들, 즉, 즉 죄인들이 죽어서 가는 곳을 말하며, 그 죄인들은 '영원한 고통이라는 벌'을 받으며, 그들의 영혼은 결코 죽을 수도 없다고 한다.

아돌프 히틀러나 뭇솔로니, 또는 스탈린이나 이토우 히로부미 등이 그 지옥 속에서 영원한 고통이라는 벌을 받고 있는 것인지도 모른다.

하지만, 그러나 이 세상이 곧바로 지옥인데, 왜냐하면 금융자본이 모든 신앙을 대청소해버렸기 때문이다.

목사도, 신부도, 스님도 돈 앞에서 예배를 드리지, 신 앞에서 예배를 드리지 않는다.

목사도, 신부도, 스님도 이 세상의 불의와 고통을 전파하는 악마의 자식들에 지나지 않으며, 그들의 달콤한 말씀에는 일도필살一刀必殺의 피비린내가 섞여 있는 것이다.

여호와 신

페르시아교에서는 착한 신 오르므즈드가 악한 신 아리만과 싸우면서 살고 있다고 한다. 이것도 경청할 만한 설이다. 그런데 여호와 신은 자기의 마음을 즐겁게 하기 위해 곤궁과 비탄의 이 세계를 만들어 놓고 "모든 것을 보시니 보시기에 참 좋았더라"라고 스스로 박수를 보내고 있는데, 이것은 참을 수 없다. 이 점에서 유태교는 문명국가의 모든 종교 중에 최하위를 차지하고 있는 것을 알 수 있다.

— 쇼펜하우어, 「고뇌에 대하여」에서

여호와 하나님은 참으로 심술궂은 악마이다.

이 세상을 사랑과 믿음과 행복으로 가득찬 세상으로 창조하지 않고, 살인, 강도, 강간, 사기, 매음, 부정축재, 약탈 등으로 충만한 세상으로 창조해 놓았기 때문이다.

인간이 인간을 서로 믿고 사랑하지 않으며, 온갖 피비린내로 가득찬 세상을 창조해놓고도 "모든 것을 보시니 보시기에 참 좋았더라"고 과연 말할 수가 있었던 것일까?

하나님의 진정한 면모는 너무나도 뻔뻔스럽고 파렴치한 악마의 모습에 지나지 않는다.

권력자들의 호화찬란함

권력자들의 장신구나 연회장에서 볼 수 있는 호화찬란함도 결국은 우리 생존의 본질적인 비참을 모면하려고 하는 헛된 시도일 뿐이다. 왜냐하면 많은 촛불에 반짝이는 보석, 진주, 깃털, 장식, 진홍색 빌로오도, 무희와 곡예사, 가면 행렬 등은 밝은 빛 속에서 보았을 경우에는 대체 무엇이란 말인가? 현재 속에서 완전히 행복하다고 느낀 사람은 한사람도 없었다. 만약 있다면 술에 취해 있었을 것이다.

— 쇼펜하우어, 「삶의 허무설에 대하여」에서

오늘날은 황금으로 만든 불상과 황금으로 도금한 신전들을 우리는 어디를 가나 볼 수가 있다.

로마의 교황청, 힌두교 신전, 이슬람교 신전, 불교의 사원들을 그토록 아름답고 호화롭게 장식할 필요가 있는 것일까? 이 속세의 때를 씻어주고 우리 인간들을 아름답고 행복한 세계로 인도해주겠다는 구원자들이 왜, 하필이면 이 세상의 절대군주처럼, 그 신전을 그토록 아름답고 호화롭게 장식할 필요가 있는 것일까?

최고의 건축가가 만든 신전, 최고의 조각가가 만든 성상, 최고의 미술가가 그린 벽화, 최고급의 목재와 건축자재들, 그리고 가장 값비싼 금은보화로 꾸며진 사원들을 바라볼 때마다 그 얼마나 신들이 가증스러운 존재이며, 속세의 때가 묻은 어릿광대들이라는 사실을 새삼스럽게 깨닫지 않을 수가 없었던 것이다.

천국도, 지옥도, 다만 상상 속의 불빛(환영)에 지나지 않는다. 인간도, 군주도, 자기 자신의 몸과 마음을 다스리고 진정시킬 수 없는 불나방에 지나지 않는다.

황금은 쌀도 아니고, 과일도 아니며, 더군다나 한 모금의 샘물도 아니다.

황금은 돌덩이에 지나지 않으며, 그 황금으로 장식한 궁전이나 성상들이 붉디 붉은 피를 생성해내며 살아 움직이는 것도 아니다.

금욕주의 정신

그런데 이 금욕주의적 정신이란 살려는 의지의 부정이다.
— 쇼펜하우어, 「살려는 의지와 긍정과 부정에 대하여」에서

금욕주의는 살려는 의지의 부정이 아니다. 쇼펜하우어는 금욕주의에 관한 한 판단력의 어릿광대에 지나지 않으며, 또한 그는 염세주의의 창시자로서, 그 염세주의마저도 제대로 이해하지 못한 판단력의 어릿광대에 지나지 않는다.

이 세상의 만악의 근거는 탐욕이며, 모든 사제들은 이 탐욕을 제거하는데 그토록 최선의 노력을 다해왔던 것이다. 최소한도의 밥만을 먹으며, 물욕과 성욕과 명예욕과 권력욕 등을 억제해왔던 것—, 바로 이 어렵고 힘든 일들을 통해서 그들은 최고의 성자의 지위에 올라서게 되었던 것이다.

이 성자의 구레나룻에서는 새들이 둥지를 틀고, 그들의 어깨에서는 보리수나무가 자라난다. 이 성자는 인신人神이 되고, 모든 인간들은 이 인신에게 최고급의 찬양과 찬송을 하게 된다.

금욕주의는 의지의 부정이 아니고, 의지의 긍정이다.

염세주의는 이 세상의 삶을 비방하고 헐뜯으며, 삶의 허무함과

Arthur Schopenhauer

자살을 유도하지만, 그러나 그것마저도 우리 인간들을 고통으로부터 해방시켜주는 순기능이 있었던 것이다.

염세주의의 토양은 낙천주의이다.

이 세상의 삶을 비방하고 헐뜯으며, 그 염세주의를 팔아서 돈과 명예와 권력을 얻은 쇼펜하우어와도 같은 사람들이 이 세상에는 얼마나 많이 있단 말인가?

모든 잔인과 비참은

인간의 욕망이라는 것은 그것들이 각기 갖가지 방향을 취해 가다가 서로 우연히 맞부딪쳐 때로는 죄를, 때로는 악을 빚어내는 것이 아니라 이미 근원적, 본질적으로 죄 있는 것, 비난받아 마땅한 것이기 때문에 이러한 일이 일어난다. 그러므로 살려는 의지 그 자체가 혐오스러운 존재다.

즉 모든 잔인과 비참은 살려는 의지의 긍정에 대한 주석註釋이기 때문이다.

우리의 생존 자체가 죄를 내포하고 있다는 것은 죽음이 이것을 증명하고 있다.

　— 쇼펜하우어,「살려는 의지와 긍정과 부정에 대하여」에서

우리의 생존 자체가 죄를 내포하고 있다는 것도 맞는 말이고, 모든 잔인과 비참은 살려는 의지의 긍정에 대한 주석이라는 말도 맞는 말이다.

하지만, 그러나 이러한 사실들을 너무나도 지나치게 부정적으로만 생각할 필요는 없다. 왜냐하면 모든 원죄는 '생명이 생명을 먹고 살아갈 수밖에 없다'는 사실에 있기 때문이다.

이 먹이사슬의 구조는 생명의 원동력이며, 종을 보호하고 보존하는 자연의 법칙이라고 하지 않을 수가 없다. 육식동물이 많아지면 초식동물이 줄어들고, 초식동물이 줄어들면 육식동물도 줄어든다. 육식동물이 줄어들면 초식동물이 많아지고, 초식동물이 많아지면 육식동물도 많아진다. 소나무, 참나무, 아카시아나무, 자작나무 등의 서식지와 군락지 등을 살펴본다고 하더라도 이와 똑같은 생태구조를 지니고 있을 것이다.

문제는 이 먹이사슬의 구조를 우리 인간들이 제멋대로 교란시키는 데 있는 것이고, 이 세상에서 우리 인간들이 사라지는 날, 바로 그때에는 진정한 우주평화가 달성될 수도 있을 것이다.

취미로, 장난으로 살생을 하고, 사치와 허례허식을 위하여 자연을 파괴하고, 더 많은 부를 축적하지 못해서, 수십만 명씩, 수백만 명씩의 목숨을 빼앗는 자본가들이 바로 우리 악마들의 진면목이기도 한 것이다.

성교는 주로 남성의 문제이지만

성교는 주로 남성의 문제이지만 임신은 오로지 여성만의 문제다. 어린 아이는 아버지에게서 의지와 성격을 이어받고, 어머니에게서는 지성을 이어받는다. 지성은 구제의 원리이며 의지는 속박의 원리이다. (……)

임신은 살려는 의지가 인간의 형태를 취하는 것이기 때문에 자유 자재로 오히려 의기양양하게 걸어다니는 데 비하여 성교는 범죄자처럼 살금살금 걸어간다.

— 쇼펜하우어, 「살려는 의지와 긍정과 부정에 대하여」에서

성교는 더없이 아름답고 거룩하고 신성한 것이다.

하지만 왜, 우리 인간들은 이 아름답고 거룩하고 신성한 인륜지대사人倫之大事를 더럽고 추하고 불결한 행위로 죄악시 해왔던 것일까? 아마도 그것은 인간의 소유욕과 난교亂交로 인한 종의 혼잡을 피하기 위해서였을 것이다. 일부일처제는 사랑에 대한 인간의 소유욕의 산물이며, '나의 성교는 아름다운 것이고, 너의 성교는 더러운 것이다'라는 적대감이 그 소유욕에는 각인되어 있는 것이다.

인간이 아닌 다른 짐승들은 혈통을 따지지 않지만, 우리 인간들은 지나치게 순혈주의를 고집하면서, 그 순혈주의를 통해서 민족주

의를 확립하고 가부장적인 서열제도를 구축하게 된다.

성교와 임신은 남성과 여성의 가장 중요한 문제이다. 어린 아이가 아버지의 의지와 성격을 이어받고 어머니에게서 지성을 물려받는 것도 아니다. 어떤 것은 아버지를, 어떤 것은 어머니에게서 물려받지만 그것은 유전적인 편차가 매우 크다고 볼 수밖에 없는 것이다.

쇼펜하우어는 너무나도 자의적으로 남성과 여성의 문제를 이분법적으로 도식화시켜 놓은 것 같다.

'그 아버지에 그 아들'이라는 말도 있고, '씨 도둑질은 하지 못한다'라는 말도 있다.

변태성욕

모든 변태성욕의 만족이 탄핵받아야 할 소위는 원래 이상과 정반대의 이유에 근거를 두고 있다. 이 경우에는 성욕이 만족되기 때문에 살려는 의지는 긍정되어지는 것이지만, 반대로 출생은 부정된다.

— 쇼펜하우어, 「살려는 의지와 긍정과 부정에 대하여」에서

모든 변태성욕이 비난을 받고 있는 것은 사실이지만, 그러나 따지고 보면 변태성욕은 없는 것이다. 변태성욕은 다만 인간의 윤리가 탄생시킨 더없이 더럽고 부끄러운 말일 뿐이다.

성욕은 인간의 의지의 산물이지만, 생산과 상관없는 성욕이 우리 인간들을 부끄럽게 만들고 있는 것이다.

현대 자본주의 사회에서는 성욕마저도 상품화되어 있고, 모든 인간의 육체는 놀이기구, 또는 유희의 도구로 변모되었다.

모든 성교는 종족의 명령인 것이다.

Arthur Schopenhauer

수도원

수도원은 빈곤, 정결, 복종—아집의 부정—을 맹세한 사람들의 집단
이다. 이 사람들은 공동 생활에 의해 한편으로는 생존 그 자체의 짐을
가볍게 함과 동시에 그 이상으로 곤란한 단념의 상태를 참기 쉬운 것으
로 하려고 노력한다. 즉 뜻을 함께 하는 사람들, 똑같이 체념을 품은 사
람들을 그 주위에서 봄으로써 그들은 그 결심을 굳세게 하고 위로를 얻
는 것이다. 또 어떤 제한된 범위에서 공동 생활의 교제를 맺는 것은 인
간 본성에 알맞은 것이며, 여러 가지로 부자유스러운 가운데에서는 순
수한 기분 전환으로 되기 때문이다. 이상이 수도원의 일반적인 개념이
다.

— 쇼펜하우어, 「살려는 의지와 긍정과 부정에 대하여」에서

수도원이 청빈(빈곤), 정결, 복종—아집의 부정—을 맹세한 사람
들의 집단이라는 말은 대단히 탁월한 통찰일 수도 있다. "즉 뜻을
함께 하는 사람들, 똑같이 체념을 품은 사람들을 그 주위에서 봄으
로써 그들은 그 결심을 굳세게 하고 위로를 얻는 것이다. 또 어떤 제
한된 범위에서 공동 생활의 교제를 맺는 것은 인간 본성에 알맞은
것이며, 여러 가지로 부자유스러운 가운데에서는 순수한 기분 전환

으로 되기 때문이다. 이상이 수도원의 일반적인 개념이다."

하지만, 그러나 요즈음은 수도원의 타락이 더 큰 사회적 부조리가 되고 있는 것이다. 노틀담의 꼽추인 콰지모도보다 더 추악한 사제들이 돈을 밝히고, 마치 색정광인 돈주앙처럼 활보를 하고 있는 것이다.

청빈, 정결, 복종이라는 금욕주의가 거꾸로 그 기폭제가 되어서, 더욱더 큰 탐욕의 도화선이 되고 있다.

수도사의 생활

그러나 수도사의 생활만큼 이론과 실천이 일치하고 있지 않은 예도 드물다는 사실 또한 인정하지 않으면 안 된다. 왜냐하면 그 근본사상이 너무나 숭고하기 때문이다. 그리고 '최상의 것의 악용은 최악으로 된다'는 것이다. 순수한 수도사는 최고로 영예로운 존재이다. 그러나 거의 대부분의 경우, 수도사가 입고 있는 옷은 단순한 가장이다. 마치 가장 무도회의 경우처럼 이 수도사의 옷 그늘에 진짜 수도사가 숨어 있는 경우는 드물다.

— 쇼펜하우어, 「살려는 의지와 긍정과 부정에 대하여」에서

'최상의 것의 악용은 최악으로 된다.'

맞는 말이다.

사제의 금욕이 성추문으로 이어지고, 이 성추문에 의하여 전체 사제들이 오물을 뒤집어 쓰게 된다.

사제의 금욕은 가면이 되고, 탐욕(성욕)은 진짜 얼굴이 된다.

가난입니다

"부자가 하나님 나라에 들어가는 것보다는 낙타가 바늘귀로 나가는 것이 더 쉬울 것이다." 그런 점에서 영원한 구제를 엄숙하게 받은 사람들도 운명 때문에 부자로 태어나 빈곤의 맛을 모르는 경우에는 스스로 나아가 가난한 생활을 택한 것이다. 가령 석가모니는 왕가의 태생이었지만 스스로 원하여 거지의 지팡이를 손에 쥐었고, 탁발승단의 창시자인 아시시의 프란체스코는 멋쟁이 귀공자였을 때 명문집 아가씨들이 모인 무도회 석상에서, "프란체스코 씨, 당신은 언젠가는 이 미인들 중에서 한 사람을 택하게 되겠지요?"라고 질문을 받았을 때 대답했다. "더 아름다운 것을 이미 택해 두었습니다." "그래요, 어떤 것인데요?" "가난입니다."

— 쇼펜하우어, 「살려는 의지와 긍정과 부정에 대하여」에서

늘, 항상 부자는 소수이고, 그의 부유함은 위해, 폭력, 착취에 기초해 있다.

공동으로 생산하고 공동으로 분배한다는 공산주의 원칙은 지켜지지 않는다.

이 사회적 동물의 윤리의식이 자기 자신을 죄인으로 몰아붙이고,

그 결과, 몇몇의 부자들은 자기 자신의 재산을 공동체 사회에다가 헌납하고 거지로서 살아가게 된다.

부처와 프란체스코처럼 마음의 부를 택하고 성자의 삶을 살아가게 되는 것이다.

부정한 행위나 사악한 행위는

　부정한 행위나 사악한 행위는 이것을 행하는 사람 쪽에서는 그 사람의 살려는 의지의 강한 긍정적 표시인 것이다. 따라서 의지의 부정이라는 진실의 구제, 즉 이 세상으로부터의 구제가 아직 이 사랑에게는 먼 거리에 있다는 표시이다.

　— 쇼펜하우어, 「살려는 의지와 긍정과 부정에 대하여」에서

부정한 행위나 사악한 행위는 원래 없는 것이다.

　자기 자신에게 손해가 되고 해로운 일을 하라는 것, 바로 이것이 도덕이 되고 법이 되고 있는 것이다.

　자기 자신의 이익만을 취하면 나쁜 사람이 되고, 타인의 이익에 봉사를 하면 착한 사람이 된다.

Arthur Schopenhauer

인생은 보통 배반된 희망, 실패된 기획

인생은 보통 배반된 희망, 실패된 기획, 그렇다고 알아차렸을 때는 이미 때가 늦은 과실의 연속에 지나지 않는다는 것을 알게 된다.
— 쇼펜하우어, 「살려는 의지와 긍정과 부정에 대하여」에서

나의 인생은 전면적인 실패의 연속이며, 불행한 삶 그 자체이다.

우리 한국인들을 사상가와 예술가의 민족, 즉, 고급문화인으로 육성하겠다는 나의 꿈은 썩은 고사목으로 이 세상에서 가장 아름답고 찬란한 궁전을 짓겠다는 미치광이의 꿈에 지나지 않았던 것이다.

독서중심의 글쓰기 교육, 모든 문화선진국이 채택하고 있는 이 교육이, 하지만, 그러나 노예민족에 불과한 우리 한국인들에게는 너무나도 머나먼 신기루에 지나지 않았던 것이다.

이순영 양의 세칭 '잔혹 동시'가 바로 그것을 증명해준다.

잔혹 동시 : 「학원 가기 싫은 날」에 대하여
반경환 애지주간

초등학교 3학년, 이제 겨우 10살짜리 어린아이가 「학원 가기 싫은 날」을 썼고, 그것을 『솔로 강아지』라는 동시집으로 출간했다고 해서 대한민국이 며칠째 난리가 났다. 시인은 이 세상을 찬양하기보다는 비판할 때, 그 존재의 정당성을 더욱더 인정받게 되는 것이지만, 무엇이, 왜, 그토록 대한민국을 양은냄비가 끓어 오르듯이 달아오르게 하고 있었던 것일까? 그것은 시의 내용이 너무나도 끔찍하고 잔인하며, 도저히 초등학교 3학년의 어린 아이의 동심이라고는 믿어지지가 않았기 때문이었을 것이다. "엄마를 씹어 먹어／ 삶아 먹고 구워 먹"는다는 것, "눈깔을 파먹어／ 이빨을 다 뽑아버"린다는 것, "머리채를 쥐어뜯어／ 살코기로 만들어 떠먹"는다는 것, "눈물을 흘리면 핥아먹어／ 심장은 맨 마지막에 먹"는다는 것은 동방예의지국의 충효사상을 정면으로 부정하면서 '어머니 살해의 비정함'만을 드러내놓고 있었던 것이다. 아니, 이 시의 잔혹성은 어머니 살해의 비정함에 있는 것이 아니라, 오히려, 거꾸로 그 어머니 살해의 비정함을 즐거운 유희로써 향유하고 있다는 데 있다고 하지 않을 수가 없는 것이다.

잔혹하다. 끔찍하다. 아니, 온몸에 소름이 끼치며, 어쩌다가 이러한 잔혹 동시, 아니 패륜 동시가 출현하게 되었던 것일까라고 의문을 가져 보지 않을 수가 없게 된다. 무엇이, 왜 그토록 순진무구한 어린 아이를 분노하게 만들고 아무런 양심의 가책도 없이 '어머니 살해의 찬가'를 부르게 만들고 있었던 것일까? 이 어린 소녀는 패륜 동시의 저자에서 잔혹 동시의 저자가 되었고, 또한 패륜녀에서 사이코패스로 여론의 집중포화를 맞으며 마녀사냥의 희생양이 되어가는 동안, 우리 대한민국사회의 광기(이성)는 신을 닮은 것이 되어갔고, 모든 것을 의심하고 회의하는 것이 지식인의 첫 번째 임무라는 사실을 망각해가고 있었던 것이다. 그 어린 소녀인 이순영 양은 왜 그토록 학원을 가기 싫어했던 것이며, 우리 학부모들은 그 어린 아이의 의사와는 상관없이 왜 그토록 그 어린 아이가 싫어하는 학원으로, 몰아넣고 있는 것일까? 이제 10살 짜리의 어린 소녀에게는 하루 열두 시간씩의 학교공부와 학원공부보다는 마음껏 뛰어놀을 수 있는 자연의 놀이터가 더욱더 소중하고, 주입식 암기교육보다는 영원한 고전인 세계적인 명작동화들을 읽는 것이 더욱더 소중하다. 정상과 비정상은 이 땅의 학부모들, 소위 도덕적 인간들의 조작에 불과하며, 그들은 우리의 어린 아이들을 학원지옥과 입시지옥을 통해서, 마치 유병언이처럼 모조리 수장水葬을 시키지 못해서 안달이 나 있는 미치광이들에 지나지 않는다.

「학원 가기 싫은 날」은 이순영 양의 비판적 양심이 육화된 시이며, 대한민국의 교육제도에 대한 전면적인 거부의 몸짓이라고 해도 과언이 아니다. 그것은 이성에 의한 후천적인 것이 아니라, 자연 그대로의 몸의 말인 생리적인 거부의 몸짓이기도 한 것이다. 문화선진국의 교육제도란 '독서중심의 글쓰기 교육'이 그 핵심이며, 초,중고등학교 교과과정은 대학에 진학해서 최고급의 논문—사상과 이론의 정립—을 쓰기 위한 예비교육과정에 지나지 않는다. 초등학교 때부터 고등학교 3년 때까지, 매학기 마다 그 수준에 걸맞는 필독서들을 읽으며 그것에 대한 글쓰기(독후감)를 하지 않으면 안 되고, 다양한 취미활동과 봉사활동을 하는 것은 물론, 모든 학교 수업은 오후 3시만 되면 다 끝나게 된다. 문화선진국의 학생들은 문학, 역사, 철학 등의 기초학문을 중심으로 엄청나게 많은 책을 읽게 되고, 그것을 토대로 하여 대학에서 최고급의 사상과 이론을 정립하게 되고, 노벨상의 모든 부문들을 싹쓸이하게 된다.

하지만, 그러나 우리 대한민국은 초등학교 때부터 고등학교 때까지 오직 달달달 외우는 주입식 암기교육으로 일관하고, 대학에 진학해서는 최고급의 논문을 쓰기는커녕, 타인의 사상과 이론을 무차별적으로 베껴먹는 글도둑질—표절—로 날밤을 지새우게 된다. 표절대통령, 표절국무총리, 표절교육부장관, 표절청와대교육문화수석, 표절대학총장, 표절대학교수 등이 바로 그것이며, 따라서 표절이 '출세의 보증수표'가 되고, 뇌물(부정부패)이 '국가성장의 원동력'이 된다. 대한민국의 초·중고등학교의 학생들은 아침 7시에서부터 밤 12시까지, 오직 이 학원에서 저 학원으로, 국어, 영어, 수학, 음악, 미술, 과학, 논술 등, 온갖 학원으로 떠돌아 다니지 않으면 안 되는데, 왜냐하면 서울대학교와 연세대학교와 고려대학교를 가기 위해서는 소위 맞춤형 입시학원을 다니지 않으면 안 되게 되어 있기 때문이다.

소위 주입식 암기교육보다는 자연의 놀이터가 더욱더 소중한 어린아이가 이 학원에서 저 학원으로 밤 12시까지 다닌다는 것은 모든 교육이 사물의 이치나 진리탐구가 아닌 출세의 수단이 되었다는 것을 뜻하고, 또한 그것은 학문의 즐거움보다는 학문에 대한 혐오감만을 더욱더 증폭시켜 놓고 있다는 것을 뜻한다. 오죽했으면 이제 겨우 10살 짜리의 어린 소녀가 엄마를 씹어먹고, 삶아먹고, 구워먹고 싶을 만큼, 그토록 원색적인 살기와 분노를 드러내놓고 '어머니 살해의 유희'를 즐기게 되었던 것일까? 어린이는 아버지의 자식이고, 아버지는 어린이의 자식이다. 어린이는 티없이 순진무구하면서도 전혀 순진무구하지 않다. 이순영 양에게는 소위 자연의 놀이터와 세계적인 명작 동화를 읽을 시간이 필요한 것이지, 자기 자신의 적성에는 전혀 맞지도 않은 학원지옥과 입시지옥이 필요한 것이 아니다. 이 세상을 지옥으로 연출해놓고 그것에 반항하는 어린 아이를 패륜녀로 몰아가는 대한민국의 학부모들은 진정으로 정상적인 인간들이 아니다.

다시 한 번 강조하지만, 이순영 양에게는 아침 7시에서 밤 12시까지의 학원지옥과 입시지옥이 필요한 것이 아니라, 자연의 놀이터와 세계적인 명작 동화를 읽을 시간이 필요한 것이다. 자기가 가장 좋아하고 가장 잘 할 수 있는 공부를 하는 것—, 바로 이것이 모든 천재생산의 길이며, 노벨상 수상의 지름길이기도 한 것이다. 사상과 이론의 정립은 모든 학자들의 꿈이며, 이 사상과 이론을 정립하게 되면 노벨상을 수상하는 것은 물론, 남북통일도 단 한 순간에 이룩해낼 수가 있는 것이다. 우리 한국인들이 사상과 이론을 정립하게 되면 우리 한국인들은 곧바로 문화선진국민이 되고, 모든 세계인들의 존경과 찬양을 받게 될 것이다.

이순영 양의 「학원 가기 싫은 날」은 대한민국교육제도를 추문으로 만들어버린 양심선언문이며, 오직 학교교육을 '출세의 수단'으로만 악용하고 있는 이 땅의 도덕적 괴물들(학부모들)을 마음껏 야유하고 조롱하고 있는 시라고 할 수가 있다. 딸 아이의 패륜은 인륜이 되고, 엄마의 인륜은 패륜이 된다. 독서중심의 글쓰기 교육은 사교육비가 하나도 안 들고, 공교육을 활성화시키게 된다. 독서중심의 글쓰기 교육은 세계적인 대작가와 세계적인 대사상가를 배출해내고, 곧바로 남북통일은 물론, 우리 한국인들을 사상가와 예술가의 민족, 즉 고급문화인으로 인도해내게 된다. 사교육비가 하나도 안 들면 교육의 기회균등과 함께, '저출산과 고령화의 문제'도 해결되고, 모든 부정부패를 청산하고, 언제, 어느 때나 국력과 민심을 결집시켜나가게 된다.

왜, 그런데 모든 논쟁의 가담자들은 그 동시의 잔혹성과 패륜성만을 문제삼고, 그 아이가 처한 사회 역사적인 차원, 즉, 학원지옥과 입시지옥의 문제는 전혀 거론조차도 하고 있지 않은 것일까? 소위 가장 핵심적인 문제는 어떻게 하면 우리의 어린 아이들을 학원지옥과 입시지옥으로부터 해방시키고 국제경쟁력 있는 교육을 가르칠 수 있는 것일까가 될 수밖에 없는 것인데, 왜, 모두들 이처럼 가장 중요한 문제에 대해서는 한결같이 침묵을 지키고 있는 것일까? 참으로 어처구니가 없고, 대한민국의 미래가 걱정되지 않을 수가 없다. 대한민국은 판단력의 어릿광대, 즉 바보천치가 통치하는 국가이며, 우리 어린 아이들을 그토록 엄청난 사교육비와 시간을 들여서, 모조리 사상적으로 이론적으로 거세시키는 이 세상에서 가장 어리석고 못난 국민의 국가에 지나지 않는다.

대한민국의 교육제도는 사교육의 법칙으로 되어 있으며, 궁극적으로 우리의 어린 아이들을 모조리 수장시키는 마법의 법칙으로 되어 있다.

공교육을 더욱더 무력화시키고 학원지옥과 입시지옥을 더욱더 활성화시켜 보아라! 그러면 더욱더 저출산이 확산되고, 대한민국은 고령화시대의 유령들의 천국이 되어갈 것이다.

표절을 더욱더 출세의 보증수표로 양성화하고 표절의 대가들을 국무총리로, 대통령으로 선출해내어 보거라! 그러면 우리 한국인들은 미제 국주의나 중화제국주의, 혹은 대일본제국주의의 노예들로 더욱더 행복하게 살아가게 될 것이다.

어린 아이는 부모의 좋은 점과 나쁜 점을 배우고, 그것을 토대로 하여 부모에게 사실 그대로 되돌려준다. 일종의 반동형성이며, 물리학에서의 반작용과도 같다. 어린 아이의 의사와는 전혀 상관없이 학원지옥과 입시지옥으로 몰아넣은 결과, 그 어린 아이는 자연스럽게 자기방어의 차원에서 어머니에 대한 적대적인 태도를 취하게 된 것이다. 이순영 양의 「학원 가기 싫은 날」의 잔혹성은 그 어린 아이의 성격파탄 때문도 아니고, 호러물이나 공포영화를 많이 본 탓도 아니다. 그 시는 다소 과격하고 파격적이기는 하지만, 세목의 진정성 이외에도 전형적인 상황에서의 아주 자연스러운 감정의 발로, 즉, '리얼리즘의 승리'일 수도 있는 것이다. 반사회적이고 패륜적인 것은 이 세상 그 어디에도 없는 학원지옥과 입시지옥을 연출해낸 학부모들이지, 이 세상의 자연의 학교로 되돌아가고 싶어하는 이순영 양이 아니다. 언제, 어느 때나 '내탓은 없고, 네탓만이 있는' 학부모들의 광기는 전혀 새삼스러운 것도 아니며, 그들의 정신분열증적인 광기는 하나의 우화나 풍자마저도 용인하지 못하고, 어린 아이의 시적 재능마저도 짓밟아버리는 집단적인—전체주의적이고 파시즘적인—폭력성으로 나타나게 된다.

「학원 가기 싫은 날」은 수많은 작품들 중의 단 하나의 예외적인 작품에 지나지 않으며, "우리 강아지는 솔로다/ 약혼 신청을 해 온 수개들은 많은데/ 엄마가 허락을 안 한다/ 솔로의 슬픔을 모르는 여자/ 인형을 사랑하게 되어 버린 우리 강아지/ 할아버지는 침이 묻은 인형을 버리려 한다/ 정든다는 것을 모른다/ 강아지가 바닥에 납작하게 엎드려 있다/ 외로움이 납작하다"라는 「솔로 강아지」와 "친구들과 내기를 했어/ 세상에서 가장 무서운 것 말하기/ 티라노사우르스/ 지네/ 귀신, 천둥, 주사/ 내가 뭐라고 말했냐면/ 엄마/ 그러자 모두들 다같이/ 우리 엄마 우리 엄마/ 엄마라는 말이 왜 이렇게 되었을까?"라는 「세상에서 가장 무서운 것」과 "사람들 앞에서 어슬렁거리는 표범/ 맹수지만 사람에게 길들여져/ 자기가 누군지 잃어버린/ 이제 더 이상 고개를 들 수 없겠네/ 무엇이 기억나는 지/ 눈 밑으로 눈물이 흘러 생긴 삼각형/ 얼굴은 역삼각형/ 눈물과 얼굴이 만나/ 삼각형이 되어버린 표범(「표범」)"이라는 시들을 생각해볼 때, 다소 조숙한 이순영 양의 천재성이 한국문학을 견인하고, 우리 한국인들에게 노벨문학상의 영광을 안겨주게 되는지도 모른다. 위기는 기회이며, 이 기회에 학원지옥과 입시지옥으로부터 우리의 어린 아이들을 해방시키고, 다시는 이순영 양과도 같은 사회적 희생양이 나오지 않도록, 이 세상에서 가장 고귀하고 위대한 대한민국의 교육제도를 연출해낼 수 있기를 바랄 뿐이다.

학원 가기 싫은 날
이순영

학원에 가고 싶지 않을 땐

이렇게

엄마를 씹어 먹어
삶아 먹고 구워 먹어
눈깔을 파먹어
이빨을 다 뽑아버려
머리채를 쥐어뜯어
살코기로 만들어 떠먹어
눈물을 흘리면 핥아먹어
심장은 맨 마지막에 먹어

가장 고통스럽게

행복이란 있을 수 없다

　행복이란 있을 수 없다. 인간이 도달할 수 있는 최고의 것은 영웅적인 인생 항로인 것이다. 어떤 방법이나 어떤 사건에 있어서, 만인에게 어떤 의미에서 도움이 되는 일 때문에 엄청난 곤란과 싸우면서도 승리를 거두게 되는 데 있어서, 보상받는 것이 적다든지 전혀 없는 인간이야말로 영웅적인 생애를 보낸 것이다.

　― 쇼펜하우어, 「살려는 의지와 긍정과 부정에 대하여」에서

　대부분의 영웅들의 생애는 너무나도 비참했고, 그것이 비극으로 승화되었다.

　고귀하고 위대한 일은 동시대의 문화적 장벽에 부딪혔고, 그것이 예수처럼, 소크라테스처럼 단두대의 이슬로 사라져가게 했던 것이다.

　하나의 사상이나 이론이 완성되기 위해서는 수많은 사상이나 이론의 신전이 무너지지 않으면 안 된다.

　이 혁명적 과업이 그의 생애를 비참하게 만들고, 그의 목숨을 바치게 만들었던 것이다.

　　　　　　　　　　　　　　　Arthur Schopenhauer

세계는 나의 표상이다

"세계는 나의 표상이다"라고 한 나의 허두의 명제에서 나오는 귀결은 처음에 내가 있고, 다음으로 세계가 있다는 것이다.
— 쇼펜하우어, 「참된 본질은 죽음」에서

내가 있고 세계가 있다는 말도 맞는 말이고, 세계가 있고 내가 있다는 말도 맞는 말이다.

하지만, 그러나 좀 더 객관적으로 성찰해본다면 세계가 있고 내가 있다는 말이 더 정당하다고 하지 않을 수가 없다. 왜냐하면 나는 유한한 존재인데 반하여, 세계는 무한하고 영원한 존재이기 때문이다.

나는 세계 속의 존재에 불과하지, 이 세계의 창조주가 아니다.

인간은 사유하는 동물이며, 이 오만방자함 때문에, 마치 이 세계의 창조주처럼 행동하고 있는 것이다.

"세계는 나의 표상이다"라는 쇼펜하우어의 철학적 명제는 데카르트의 후예로서, 인간의 자기 찬양의 가장 아름다운 명제라고 하지 않을 수가 없다.

모든 사상은 낙천주의를 양식화시킨 것이다.

Arthur Schopenhauer

3부

이 세상에서 배워 익힌 그리스어

죽음과 함께 지성이 소멸해버리지 않는다면 이것은 물론 아주 좋은 일이다. 그렇게 되면, 이 세상에서 배워 익힌 그리스어를 몽땅 그대로 저쪽 세상에 가지고 갈 수 있다.

— 쇼펜하우어, 「참된 본질은 죽음」에서

서양의 기원은 그리스이며, 그리스의 사상과 예술, 그리스의 언어와 정치가 모든 서양인들의 삶의 형식이 되고 내용이 되고 있었던 것이다.

그리스어는 만국의 공용어가 되었으며, 쇼펜하우어는 이처럼 그리스어의 아름다움에 매료되어 있었던 것이다.

앎의 습득에는 오랜 시간이 걸리고, 그 앎의 소유권은 배타적인 지배욕(권력욕)으로 포장되어 있다.

이 세상에서 배워 익힌 그리스어를 몽땅 그대로 저쪽 세상에 가지고 가고 싶다라는 쇼펜하우어의 생각이 바로 그것을 증명해준다.

Arthur Schopenhauer

우리 인생은 죽음에서 빌려온 차용금

이런 관점에서 본다면 우리 인생은 죽음에서 빌려온 차용금과 비슷한 것이라고 간주할 수 있으며, 수면은 이 차용금에 지불되는 매일의 이자라고 할 수 있다. 죽음이 개체의 종말이라는 것은 숨길 수 없는 사실이지만, 이 개체 속에는 어떤 새로운 존재의 싹이 있다.

— 쇼펜하우어, 「참된 본질은 죽음」에서

모든 것은 태어나면 이윽고 죽게 된다. 삶과 죽음은 둘이 아닌 하나이며, 우리가 죽어감으로써 수많은 생명들이 다시 태어난다.

모든 생명체는 혈연(에너지)공동체이며, 상호 적대적인 그 어떤 것도 있을 수가 없다. 생명은 에너지이며, 에너지는 생명이다.

우리들의 인생은 죽음으로부터 빌려온 차용금이라는 생각, 잠은 이 죽음에게 매일매일 지불하는 이자라는 생각은 매우 독특하고 참신한 생각이기는 하지만, 삶과 죽음이 둘이 아닌 하나라는 것을 몰이해한데서 비롯된 오류라고 할 수가 있다.

결국 배우는 동일한 인물

"어째서 당신은 살아 있는 것이 쉽게 소멸한다고 해서 한탄하고 있습니까? 나보다 먼저 살았던 나의 모든 동류同類가 죽지 않았다면 어떻게 내가 이 세상에 존재할 수 있겠습니까?"

그러므로 세계 무대 위에서 아무리 작품과 가면이 바뀌더라도 결국 배우는 동일한 인물인 것이다. 우리는 함께 앉아 이야기를 나누고 흥분한다. 눈은 반짝이고 목소리는 높아진다. 이와 마찬가지로 천년 전에는 다른 사람들이 앉아 있었다. 그것은 같은 일, 같은 사람들이었다. 천년 후에도 똑같은 것이다.

— 쇼펜하우어, 「참된 본질은 죽음」에서

모든 것은 변하면서도 아무 것도 변하지 않는다.

먹고 사는 것, 부모형제간의 사랑, 적과 동지의 관계, 영원한 청년의 꿈과 서산의 노을과도 같은 노년, 죽음과 신앙의 문제, 천당과 지옥, 불행과 행복, 고통과 기쁨, 선과 악, 진실과 허위, 남과 녀, 자연과 인간, 인간과 동물 등, 그 어떠한 문제도 제대로 해결된 것이 없고, 수많은 문제들과 문제들만이 되풀이 생산되고 있다.

인생은 형이상학적인 물음표와 물음표들의 집합소에 지나지 않는다.

동일한 인물, 동일한 무대, 동일한 주제와 동일한 이야기들이 그 가면과 배경음악만을 달리한 채 연주되고 있는 것이다.

태어나면 이윽고 죽는다.

왜, 우리는 이 죽음이라는 천당행을 그처럼 두려워하며 부들부들 떨고 있는 것일까?

자, 모두들 죽는 것이다.

자, 멋지게, 더 아름답게 죽는 것이다.

윤회와 재생

확실히 윤회와 재생은 구별할 수 있다. 윤회는 영혼 전체가 다른 육체로 옮겨가는 것이지만, 재생은 개체의 해체와 재건이다.
— 쇼펜하우어, 「참된 본질은 죽음」에서

윤회는 어떤 생명체가 수많은 에너지로 분해되어 다른 생명체의 에너지가 되는 것을 말하고, 재생은 어떤 생명체가 예수의 부활처럼 사실 그대로 복원되는 것을 말한다.

인간이 죽으면 구더기가 생겨나고, 수많은 파리와 벌레들이 생겨난다. 인간이 죽으면 그 에너지에 의해서 풀과 나무가 자라나고, 그가 묻힌 토양은 아주 비옥해진다.

재생, 즉, 부활처럼 더럽고 치사한 대사기극도 없다. 재생, 즉, 부활은 자기 자신의 몸을 자연으로 돌려보내지 않고 방부처리를 하는 사악한 전제군주의 최후와도 같다.

신이 세계 속에 있을 때는 내재적이고

"신이 세계 속에 있을 때는 내재적이고, 어딘가 바깥에 앉아 있을 때는 초월적이라는 거야."

— 쇼펜하우어, 「참된 본질은 죽음」에서

모든 것이 가능한 이 세계가 가장 좋은 세계라고 라이프니츠는 예찬을 한 바가 있다.

라이프니츠는 기독교적인 유일신자였지만, 나는 그러나 그의 예정조화설을 범신론적으로 적용시켜 보고자 한다. 돌멩이 하나에도, 날파리 한 마리에게도, 풀에게도, 나무에게도, 새에게도, 사슴에게도 신의 숨결이 들어 있고, 이 모든 존재들은 다같이 축복받는 존재들이라고 할 수가 있다.

신은 내재적이면서도 초월적이다. 신이 내재적일 때는 모든 생명들과 사물들의 마음과 몸 속에 존재할 때이고, 신이 초월적일 때는 모든 생명들과 사물들을 예정조화의 세계, 즉, 이 세계와 자연 속으로 인도해줄 때이다.

하지만, 그러나 신은 상상 속의 존재이지, 구체적인 존재가 아니다.

신은 인간의 유약함과 그 유한성을 극복하기 위한 상상 속의 존재에 지나지 않는다.

Arthur Schopenhauer

소망은 만인 공통의 것

그러나 잘 생각해 봐요. "나는, 나는 이 세상에서 살고 싶다"라고 자네는 외치지만 그건 비단 자네만이 아니라 의식을 갖고 있는 모든 것이 한결같이 이렇게 외치고 있지. 그렇다면 자네 가슴 속에 있는 그 소망은 개인적인 것이 아니라 만인 공통의 것이야. 이 소망은 개성에서 오는 것이 아니라 존재 일반이 외치는 것이며, 현재 존재하고 있는 모든 것의 본질적인 거야.

— 쇼펜하우어, 「참된 본질은 죽음」에서

이 세상에서 살고 싶다는 소망은 만인공통의 소망이지, 개인적인 것이 아니다. 이 소망은 존재 일반의 소망이지 개인적인 것이 아니다.

자, 모두 사는 거요.

아주 멋지고 아름답게 사는 거요.

신자의 자살을 범죄로 인정한 것은 일신교—神敎 뿐

내가 알고 있는 여러 종교 중에서 그 신자의 자살을 범죄로 인정한 것은 일신교—神敎 뿐이다. 그런데 구약성서나 신약성서 속의 그 어디에서도 자살에 대한 적극적인 금지나 부인否認을 찾아 볼 수 없는 것은 이상한 일이다. 그러므로 이런 종교의 신학자들은 자살에 대한 엄중한 금지를 제멋대로, 각자 자기가 만든 철학적 사상에 기초를 두려고 애쓰지 않으면 안 된다.

— 쇼펜하우어, 「자살에 대하여」에서

삶은 죽음의 첫걸음이며, 죽음은 탄생의 결과이다. 삶과 죽음은 둘이 아닌 하나이다. 왜냐하면 죽음은 삶의 완성이고 삶은 죽음의 완성이기 때문이다. 죽음은 한계가 아니라 무한한 가능성이며, 우리는 죽어감으로써 또다시 탄생할 수가 있다.

엠페도클레스처럼 자기 자신이 신이 되기 위한 죽음, 『악령』의 끼릴로프처럼 신의 존재를 부정하기 위한 죽음, 자기가 하고 싶은 일, 즉, 고귀하고 위대한 과업을 완수하기 위한 죽음, 오필리아처럼 실연의 아픔을 참을 수가 없어서 죽는 죽음, 더 이상의 불명예를 참지 못하고 오점 없는 명예를 위해서 죽는 죽음, 무자비한 대사건을 연출해내고 그것에 대한 속죄의식으로서 죽는 죽음, 더 이상의 빚독 촉과 생활고에 시달릴 수가 없어서 죽는 죽음 등—, 이 세상에는 수많은 인간들의 죽음이 있고, 또한 그만큼 다양한 죽음의 유형들이 있다.

자살을 금지한다는 것은 숨구멍을 틀어막는 일이 되고, 우리 인간들을 모두 '이승'이라는 독가스실에서 처형하는 것과도 같다.

자살은 범죄의 하나로 취급된다

사실은 어느 누구나 이 세상에서 그 자신의 몸과 생명에 대해서 절대적인 권리를 스스로 가지고 있다는 것은 너무나 명백한 일이다. 위에서 말한 바와 같이, 자살은 범죄의 하나로 취급된다. 특히 비천하고 사이비 신자가 많은 영국에서는 자살자는 모독적인 방법으로 매장되고, 그 유산마저도 몰수당하게 되어 있다.

— 쇼펜하우어, 「자살에 대하여」에서

자살은 자기 자신의 삶을 완성하는 수단이며, 이 세상의 모든 가치를 부정하는 창조행위이다.

자살은 권력을 혐오하고, 자살은 돈을 혐오하고, 자살은 명예를 혐오한다.

이 삼대三大 부정이 급기야는 자살을 단죄하고, 자살을 감행한 자의 시체에다가 보복을 하게 되는 것이다.

자살을 범죄시 하는 낙인 뒤에는 권력의 무력감과 허무함, 그리고 그것에 대한 도저히 절제할 수 없는 분노가 자리를 잡고 있는 것이다. 자기 자신의 권력 앞에서 언제, 어느 때나 무릎을 꿇고 경의를 표시하지 않는다는 것—, 이 참을 수 없는 분노가 삼대를 멸족시키고 부관참시剖棺斬屍를 하게 된 것이다.

이미 죽은 사람을 한 번 더 죽이는 형벌―. 요컨대 자살자의 시체를 매장하지 않는다는 것이 최고의 권력자나 성직자들의 잔인성의 극치였던 것이다.

자살에 대하여

가령 친지 한 사람이 어떤 범죄, 이를테면 살인이라든지 폭행이라든지, 사기, 절도 따위를 범했다는 소식을 들었을 때에 우리가 느끼는 인상과 그 사람의 자유 의지에 의한 죽음, 즉 자살을 했다는 소식을 들었을 때에 받는 충격을 비교해보면 좋을 것이다. 전자의 경우에는 심한 분노와 극도로 불쾌한 느낌과 처벌이나 제재를 받아야 한다는 생각에 사로잡힐 것이다. 그러나 후자의 경우에는 애처로운 심정과 동정심을 금치 못할 것이다.

— 쇼펜하우어, 「자살에 대하여」에서

우리 한국인들은 명예와 불명예가 무엇인지를 모르며, 언제, 어느 때나 동물적인 삶, 즉, 자기 자신의 생존만을 최우선적으로 생각하게 된다.

화냥년이란 이 남자, 저 남자의 품에 안겨서 자기 자신의 밑구멍을 팔아먹는 화류계의 여성들을 지칭하는 말이기는 하지만, 그러나 그 어원은 환향녀還鄕女이고, 임진왜란이나 병자호란 때 이민족의 병사들에게 끌려갔다가 돌아온 여성들을 말한다.

우리 한국인들은 모두가 다같이 화냥년의 자식들이며, 불명예를 명예로 알고 살아가는 개나 돼지만도 못한 민족에 지나지 않는다. 전두환, 노태우, 김영삼, 김대중, 이명박이 어디 자살을 하고, 진심으로 그들의 죄를 뉘우치고 사죄를 한 적이 있었던가? 따라서 성완종 같은 몇몇 사업가들이 그들의 죄책감을 감당하지 못해서 자살을 하는 순간, 마치 그들이 더없이 착하고 선량한 사람으로 둔갑을 하게 된다. 오점 없는 명예를 위해서 결투를 신청했던 서양의 신사들과 그가 소속된 국가와 민족을 위해서 할복자살을 감행했던 일본인들을 생각해볼 때, 우리 한국인들은 고급문화인이기는커녕, 영원한 야만인에 지나지 않는다.

성직자는 전형적인 사기꾼

성직자가 대체 무슨 권한으로 성서 속에서도 예증이나 확고한 철학적 논증마저 가지고 있지 못하면서 설교 단상이나 저서를 통해서 우리들이 경애하는 많은 사람들이 한 행위에 대해서 범죄라는 낙인을 찍거나 스스로의 의지에 따라 이 세상을 떠난 사람의 정상적인 매장의 의식을 거부하는지, 한 번 이것에 대한 변명을 요구해 보아야 하겠다는 것이다.

— 쇼펜하우어, 「자살에 대하여」에서

자본주의 사회에서의 성직자는 전형적인 사기꾼이며, 그의 신도들의 팬티나 벗기려 드는 색정광에 지나지 않는다.

자본주의 사회의 타락은 전적으로 성직자들의 책임이며, 그들이 스스로 자기 자신의 목을 비틀고 회개를 하지 않는 한, 우리 인간들의 사회는 더 이상 성스럽거나 거룩한 사회가 되지 않을 것이다.

성직자는 영원한 죄인이지, 최후의 심판관이 아니다.

죽음은 최후의 피난처

죽음은 우리에게는 너무나 필요한 최후의 피난처이다. 그런데 성직자
들의 명령만으로 우리에게서 이것을 빼앗아 갈 수는 없는 것이다.
— 쇼펜하우어, 「자살에 대하여」에서

죽음은 영원한 안식처이다.
어느 성직자도 이 죽음이라는 안식처를 빼앗아 갈 수는 없다.

자살은 최상의 선물

"신이라고 할지라도 결코 전능하다고 할 수는 없다. 왜냐하면 신은 설사 스스로 자살하기를 바란다고 하더라도 그것을 할 수가 없기 때문이다"(폴리니우스, 고대 로마의 학자). 그러나 인간에게는 그것이 가능하다. 스스로 죽음을 결정하는 것이야말로 인생이 수많은 고난 가운데 있으면서도 신이 인간에게 부여한 최상의 선물이다.

— 쇼펜하우어, 「자살에 대하여」에서

신은 전지전능하지 않다. 왜냐하면 신은 자살을 할 수가 없기 때문이다.

신은 전지전능하지 않다. 왜냐하면 신은 불행과 권태를 모르기 때문이다.

신은 전지전능하지 않다. 왜냐하면 신은 간통을 모르고 그 어떠한 범죄도 모르기 때문이다.

신은 전지전능하지 않다. 왜냐하면 신은 패배를 모르고, 그 어떠한 거룩함에 대한 복종도 모르기 때문이다.

나는 이 바보 천치와도 같은 신을 혐오하며, 이 신을 공개처형하고자 한다.

Arthur Schopenhauer

아아, 신이여, 어서 빨리 하늘 나라에서 내려와 또다시 성모 마리아를 강간해 보거라!

아아, 신이여, 어서 빨리 하늘 나라에서 내려와 또다시 그토록 너무나도 많이 받아먹은 뇌물과 제물을 다 토해내거라!

독인삼을 끓인 독약을

마실리아와 케오스 섬에서는 이 세상을 하직하는 데 대한 적절한 이
유를 말할 수 있는 사람들에게는 시 당국에서 공공연히 독인삼을 끓인
독약을 나누어 주었다는 것을 여기에 인용해도 좋을 것이다.
— 쇼펜하우어, 「자살에 대하여」에서

아름다운 인간, 행복한 인간—, 이 인간의 아름다운 삶을 위하여
하루바삐 '존엄사 제도'를 실시해 주었으면 한다.

형무소에 가느니 죽고 싶다는 인간, 더 이상 인간다운 삶이 가능
하지 않은 인간, 이제 병들고 나이가 들어서 자기 스스로 생활이 가
능하지 않은 인간들을 아주 엄격하게 심사를 하여 고대 그리스처럼
독인삼을 준비해주거나 단 1분 안에 이 세상을 떠날 수 있는 천당주
사를 놔주었으면 한다.

죽고 싶은 인간들의 끔찍한 자살장면들, 죽어도 죽을 수 없게 하
는 의학적인 연명치료들이 진정으로 반자연적이며, 반인문학적인
고문치사의 인권유린에 지나지 않는다.

살아 있다는 것이 끔찍한 재앙이며, 고문 그 자체일 수도 있다.

스토아 학파의 사람들은 일찍이 자살을 일종의 영웅적 행위로 찬
미한 바가 있었다.

Arthur Schopenhauer

자살은 종교적 행위

　　인도 사람들에 있어서 자살은 종교적 행위로 행하여지고 있다. 예를
들면, 과부가 분사焚死하는 자기 희생이라든지, 자가르나우트(크리슈
나)의 수레바퀴 밑으로 몸을 던져 치어 죽는 희생이라든지, 갠지스 강
이나 사원의 연못 속에 사는 악어에게 몸을 바친다든지 하는 외에도 여
러 가지가 있다.

　　— 쇼펜하우어, 「자살에 대하여」에서

　　과부 분사나 투신 자살 등은 종교적인 만행에 지나지 않으며, 여
필종부의 제도적 학살에 지나지 않는다. 그것은 자살이 아니라 여
성의 외도를 막고, 가문과 특정 종교의 순결성을 수호하기 위한 열
녀비와도 같은 것이다.

　　한 사람의 남편을 섬기되, 그가 죽으면 따라 죽으라는 것이 모든
열녀비의 정언명령이라고 할 수가 있다.

흄의 '자살에 관한 시론'

흄은 그의『자살에 관한 시론』에서 성직자들의 궤변에 대해 매우 철저하게 반박하고 있다. 그런데 이 책은 그가 죽은 후 비로소 출판되기는 하였으나 영국의 야비하고 완악하며 파렴치한 성직자의 전제에 의해 즉시 판매 금지되어 버리고 말았다. 그 때문에 아주 적은 부수만이 비밀리에, 그것도 아주 비싼 값으로 판매되었을 뿐이다.

　— 쇼펜하우어,「자살에 대하여」에서

흄의「자살에 관한 시론」을 꼭 읽어보고 싶다.

나는 죽음의 유형과 그 의미를 나의『행복의 깊이』제1권 제3장에서 이렇게 역설한 바가 있다.

젊어서 마음이 굳세지 못한 자는 결코 큰 일을 할 수도 없고, 자기 자신의 삶을 완성하는 것도 가능하지가 않다. 마음이 굳세다는 것은 늘 푸른 소나무처럼 항상 변함이 없고, 자기 자신의 목표를 향하여 끊임없이 정진하고 있다는 것을 말한다. 그 목표는 하나의 진리를 내포하고 있으며, 그것은 그의 사상으로써 설명을 할 수가 있다. 실레노스와 쇼펜하우어의 염세주의, 에피쿠로스의 쾌락주의와 스

토아 학파의 금욕주의, 유태민족의 낙천주의와 몽테뉴의 낙천주의
—, 바로 그들은 그들의 목표(죽음=삶의 완성)가 있었기 때문에, 자
기 자신들의 사상을 정립할 수가 있었던 것이다. 자기 자신들의 목
표가 무엇이든지 간에, 우리 인간들이 그 목표를 달성하려면 언제
나 하나의 주제에 주의를 집중시키고, 또 언제, 어느 때나 천하의 대
로를 걸어가지 않으면 안 된다. 분명한 목표가 있는 자는 자기 자신
의 죽음을 죽지만, 그렇지 못한 자는 애매모호하고 비겁한 죽음을
죽게 된다. 전자는 자기 자신의 죽음을 너무나도 당연하고 자연스럽
게 받아들이며 그 죽음의 주체가 되지만, 후자는 자기 자신의 죽음
에서조차도 이 세상의 삶을 비방하고 야유하며, 저 가증스러운 염
세주의의 발톱을 드러내게 된다. 한 평생 지혜를 사랑하고 자기 자
신의 이상적인 공화국을 구상하며 그처럼 의연하고 떳떳하게 죽어
갔던 소크라테스, '나는 생각한다. 고로 존재한다'라는 명제를 통해
서 우리 인간들의 이성을 정립하고 신들보다도 더 행복하게 죽어갔
던 데카르트, '순수이성'이라는 법정에서 '형이상학의 독단론'을 심
판하고 인간의 윤리와 그 미학 속에서 죽어갔던 칸트, 건강함에서,
넘쳐나는 건강함에서 우리 인간들의 '힘에의 의지'를 역설하며 죽어
갔던 니체, 우리 인간들의 고통을 발견하고 그 고통을 극복할 수 있
는 열반의 경지를 터득했던 부처, 영어와 영국인들의 영광을 위해서
그처럼 장중하고 울림이 큰, 대서사시를 쓰며 죽어갔던 셰익스피어,
오딧세우스라는 자기 자신의 분신을 통하여 영생불사의 삶을 거절
하고 우리 인간들의 삶을 더없이 찬양하고 옹호했던 호머, 문둥병자

의 건강함으로 '타히티'라는 '변방의 낙도'를 에덴동산으로 미화시켜 가며 죽어갔던 폴 고갱, 예술과 삶을 극단적으로 일치시켜 나가며, 자기 자신의 장송곡 속에서 죽어갔던 모짜르트—.

　하지만 우리 한국인들은 모두가 염세주의자들이며, 그만큼 꼭지가 덜 떨어지고, 어리석고 우매한 인간들이라고 해도 과언이 아니다. 나는 우리 한국인들에게 나의 낙천주의 사상을 가르쳐 주었고, 하루바삐 우리 한국인들이 그들의 염세주의의 토양을 벗어나서, 낙천주의자들로 변모될 수 있기를 지금 이 순간에도 빌고, 또 빌고 있을 뿐이다. 분명한 목표가 있으면 그 수단은 저절로 얻어지게 된다. 따지고 보면 하나의 커다란 목표가 있다는 것은 그 사람의 지혜와 용기와 성실로써 나타나게 된다. 지혜로운 자만이 자기 자신의 미래의 운명을 예측하고 그 목표를 세울 수가 있는 것이며, 그의 지혜는 그의 용기와 결합하게 된다. 용기란 악과의 투쟁, 어떤 장애물과의 싸움, 그리고 그 모든 시련들 앞에서도 결코 물러서지 않는 것을 뜻하며, 성실함이란 그의 삶의 태도를 말한다. 성실하지 않은 자는 사기꾼이며, 그는 결코 자기 자신의 삶을 살아갈 수가 없다. 항상 정직하고 성실한 인간만이 그 도덕적 선을 토대로 하여 자기 자신의 용기와 지혜를 가꾸어 나갈 수가 있다. 죽음은 삶의 완성이며, 삶은 죽음의 완성이다. 우리 인간들의 죽음은 한계가 아니라 무한한 가능성이며, 삶의 완성으로써 언제나 열려 있다. 따라서 죽음을 삶의 완성, 즉 그 목표로 생각하게 되면, 우리 인간들의 삶이란 좀 더 오래 살거나, 그렇지 못하거나 간에, 그 어느 것도 그렇게 중요한 것이 아니다. 그 목표를 위해서 최선의 노력을 다 하다가 뜻밖의 사고—교통사고, 병, 재앙—를 당하여 죽는 죽음, 그 목표를 위해서 최선의 노력을 다 했지만 끝끝내 빛을 보지 못했거나 완성하지 못했던 자의 죽음, 더 이상의 인간다운 삶이 가능하지 않기 때문에, 자기 자신의 맑고 굳센 의지로써 죽어가는 죽음, 그 목표를 달성하고 삶의 정점에서 죽는 죽음, 육체적인 노쇠도 모르고 자기 자신의 건강과 힘이 다 할 때까지 끊임없이 정진하다가 아름답고 장엄하게 죽는 죽음. 이 모든 죽음들은 더없이 아름답고 우리 인간들의 삶의 본능을 옹호하는 찬가라고 하지 않을 수가 없다.

　나는 '우리 인간들이 살아있는 한 죽음이란 없고 죽음이 찾아오면 우리들은 존재하지 않는다'라는 에피쿠로스의 철학적 명제를 나의 철학적 명제, 즉, '우리 인간들은 죽어갈 수가 있어서 권태롭지 않고, 또다시 태어날 수가 있어서 허무하지 않다'라고 바꾸어 놓고자 한다. 왜냐하면 에피쿠로스의 철학적 명제는 애써 죽음과의 연관성을 부정한 말에 지나지 않지만, 나의 철학적 명제는 어떤 두려움이나 공포도 없이 자기 자신의 죽음을 죽어갈 수 있게 만들어 주고 있기 때문이다. 아름답고 행복한 죽음은 이 세상의 삶에 대한 옹호이며, 삶의 완성으로서의 예술적인 죽음이라고 해도 과언이 아니다. 권태란 무엇인가? 그것은 더없이 지루한 것, 어떠한 소망도 이루어지지 않는 것을 말한다. 허무란 무엇인가? 그것은 우리 인간들의 존재의 근거가 텅 빈 '無'라는 것, 그리고 인생의 모든 것이 허망하다는 것을 말한다. 또다시 태어날 수가 있다는 말은 무엇을 뜻하고 있는가? 그것은 死後에나 제대로 평가를 받게 되는 그의 예술적인 죽음과 그 사상(예술)을 토대로 하여, 언제나 늘 푸르고 새롭게 자라나는 이 땅의 젊은이들을 말한다. 우리가 우리들의 인생을 한 편의 예술 작품으로 이해를 하게 되면, 예수의 부활처럼 어리석고 우매하기 짝이 없는 모조품도 없을 것이다. 왜냐하면 두 번 살고, 두 번 죽고, 그리고, 또다시 영원히 살아가겠다는 것은 인생이라는 예술의 무대에서 그 아름다운 퇴장을 모르는 삼류 배우의 그것에 지나지 않고 있기 때문이다. 그러나 '우리는 죽어갈 수가 있어서 권태롭지 않고 또다시 태어날 수가 있어서 허무하지 않다'라는 낙천주의의 죽음을 배우게 된다면, 우리 인간들의 질병인 삶의 공포와 죽음의 공포가 하나의 이적처럼, 그 종적을 감추게 될 것이다. 따라서 '우리는 죽어갈 수가 있어서 권태롭지 않고, 또다시 태어날 수가 있어서 허무하지 않다'라는 말을 다른 말로 설명해 본다면, '우리는 죽어갈 수가 있어서 기쁘고, 또다시 태어날 수가 있어서 행복하다'라는 말이 될 것이다. 목표가 있는 삶은 행복한 삶이고, 그것은 성공과 실패를 초월해 있다. 우리들의 인생은 회의되거나 부정되기 이전에 향유되지 않으면 안 된다. 죽음이란 무엇인가? 죽음은 생물학적으로 신체의 소멸을 뜻하고, 이 세상의 삶의 종말을 뜻한다. 그러나 나는 너희들에게 너희들의 삶을 살고, 너희들의 죽음을 죽으라고 가르쳐 주고 싶다. 어느 누구도 흉내낼 수 없는 아름답고 행복한 죽음, 그 예술적인 죽음을 너희들은 죽어가지 않으면 안 된다. 나의 「사색인의 십계명」 중, 그 네 번째 계명이, 그대들에게 그 '예술적인 죽음'을 설

Arthur Schopenhauer

명해줄 수도 있을 것이다.

　4, 사상의 신전을 짓고 모든 사람들을 초대하라;

　우리는 자기 자신을 세계의 중심에 놓을 필요가 있다.

　나는 낙천주의자로서 '세계는 나의 범죄의 표상이다'라고 역설한 바가 있다. 이 말은 나의 범죄 행위가 있고, 그 다음에 세계가 있다라는 뜻이다.

　創字에는 칼 도刀字가 들어 있다.

　나의 사상의 신전, 낙천주의 속에는 우리 인간들의 꿈과 행복이 들어 있고, 언제나 행운의 여신이 미소를 짓고 있다.

자살은 윤리적 의미의 잘못

　자살에 반대하는 단 한 가지 적절한 도덕적 근거를 나의 주저(『의지와 표상으로서의 세계』)에 논술해 놓았다. 그 논술이란 자살은 고난에 찬 이 세상 속에서 참으로 구원을 받는 것이 아니라 가상적인 구원만을 받을 뿐이므로 그것으로는 자살은 최고의 윤리적 목표에 도달하는 것을 도피하는 것이 된다는 것이다. 그러나 내가 여기서 말하는 자살이 윤리적 의미의 잘못이라고 해서 반대하는 경우와 그리스도교의 성직자들이 자살은 죄악이라고 낙인을 찍으려고 하는 것 사이에는 커다란 차이가 있다.

　　— 쇼펜하우어, 「자살에 대하여」에서

우리 인간들의 삶을 고통과 권태 사이의 왕복운동으로 규정하고, 연기된 사망, 즉, 가사상태의 삶으로 단정했던 쇼펜하우어는 그러나 염세주의자답지 않게 우리 인간들의 자살을 주창하지는 않았다. 만악의 근원이 탐욕인 만큼 모든 욕망을 비우고 수도승이나 고행자처럼 살다가라는 것이 쇼펜하우어의 전언이었던 것이고, 이러한 점에 있어서 그는 고타마 붓다의 제자에 지나지 않았던 것이다.

　자살은 참다운 구원의 방법이 아니고, 그 윤리적 정당성을 마련할 수도 없다.

하지만, 그러나 기독교의 성직자들은 자살을 죄악이라고 낙인을 찍을 수밖에 없었던 것인데, 왜냐하면 그것은 신의 명령에 거역하는 것이었기 때문이다. 인간의 생명은 신이 부여한 것이며, 제 아무리 어렵고 힘들더라도 그 고행자의 삶을 살다가, 하나님의 은총에 의해서 구원을 받지 않으면 안 되었던 것이다.

자살은 신의 마수魔手로부터 해방이며, 영원한 죄인으로부터 구원을 받는 유일한 수단일 수도 있다.

죽음의 공포

　일반적으로 삶의 공포가 죽음의 공포를 능가할 단계에 이르자마자, 인간은 자신의 생명에 종지부를 찍는 것을 볼 수 있을 것이다. 그러나 죽음에 대한 공포의 저항력도 매우 강한 것이어서 죽음의 공포는 말하자면 문을 지키고 서 있는 문지기 같은 것이다. (……) 생명의 종말에는 어떤 적극적인 것이 있다. 즉 육체의 파멸이 일어나는 것이다. 바로 이것이 사람을 공포에 떨게 하고 주저하게 만든다. 왜냐하면 육체는 바로 살려는 의지의 현상이기 때문이다.

　　―쇼펜하우어, 「자살에 대하여」에서

　때로는 산다는 것이 펄펄 끓는 가마솥 속의 삶일 수도 있고, 때로는 산다는 것이 천길 벼랑 끝의 외줄타기의 삶일 수도 있다. 때로는 산다는 것이 사지를 찢어발기는 고문과도 같을 수도 있고, 때로는 산다는 것이 악어의 입 속에서 탈출을 하는 것과도 같을 수도 있다.

　산다는 것이 커다란 고통이고, 그 고통의 의미를 부여할 수 없을 때, 우리는 삶의 공포를 극복하고, 죽음의 품 안으로 달려갈 수도 있다.

　송찬호 시인은 이 어렵고 힘든 삶 앞에서 다음과 같이 자살자의 삶을 찬양한 적이 있다.

> 대가리를 꼿꼿이 치켜든 독 오른 뱀 앞에
> 개구리 홀로 얼어붙은 듯이 가부좌를 틀고 있다
> 비늘 돋친 이 독한 세상마저 잊어버리려는 듯
> 투명한 눈을 반쯤 내려 감은 채
> 마른 번개 널름거리는 캄캄한 아가리 속 꿈틀거리는
> 욕망이여, 온몸 징그러운 무늬의 삶이여
> 예서 길이 끝나는구나 벼랑 끝에 서고 보니
> 길없는 깊은 세상이 더 가까워 보이는구나
> 마지막 한걸음, 뒤에서 등을 밀어
> 그래, 가자 가자
>
> 신 한 컬레 놓여 있는 물가
> 멀리, 깊고 기운 물갈퀴 하나
> 또 한세상 힘겹게 건너고 있다
> ― 송찬호, 「門 앞에서」(『흙은 사각형의 기억을 갖고 있다』, 민음사)
>   전문

하지만, 그러나 대부분이 죽음의 공포를 극복하지 못하고, 더없이 더럽고 추악한 삶 속에다가 자기 자신을 맡겨버린다. 육체의 파멸은 생명의 끊김이며, 그 공포를 극복하지 못하고, 그 공포 속에서 떨면서, 그리하여 끝끝내 그 죽음의 아가리 속으로 빨려들어가게 된다.

Arthur Schopenhauer

여성이 없다면

　여성이 없다면 우리 인생의 초년에는 도움을 받을 수 없을 것이고, 중년에는 쾌락이 없을 것이고, 만년에는 위안이 없을 것이다(주이, 프랑스의 극작가이며 시인).

　— 쇼펜하우어, 「여성에 대하여」에서

여성이 없다면 남성은 존재할 수 없다.

남성이 없다면 여성은 존재할 수 없다.

남성이 없다면 우리들 인생의 초년에는 도움을 받을 수도 없을 것이고, 중년에는 학교의 교육과 아름답고 멋진 신세계로의 여행도 없을 것이고, 만년에는 가정의 행복과 민족과 국가의 평화도 없을 것이다.

인간의 생명은 여인의 가슴에서 비롯되며

인간의 생명은 여인의 가슴에서 비롯되며,

그대가 처음으로 더듬거리는 말은 그녀가 가르쳤다.

그대가 처음으로 흘린 눈물도 그녀가 닦았으며

그대의 맨 나중 숨결 또한 여인 곁에서 거두지만

이전에 자기를 인도해 준 자의 임종을 지키는 일을

남자가 꺼리며 하지 않을 때에는……

(바이런, 영국의 시인)

— 쇼펜하우어, 「여성에 대하여」에서 재인용

물고기들에게는 모성애가 없고 부성애만이 있다. 어머니는 산란
을 하자마자 떠나가버리고, 아버지가 혼신의 힘을 다하여 그 자식
들을 부화시키고 죽어간다.

가시고기같은 물고기들은 태어나자마자 아버지의 살점을 뜯어먹
으며 성장해나간다.

이에 반하여, 대부분의 포유동물들에게는 부성애가 없고, 모성
애만이 있다.

아버지는 발정기 때 씨앗을 뿌리고 떠나가고, 어머니가 혼신의 힘

을 다하여 그 자식을 먹여 살린다.

우리 인간들은 다른 포유동물과는 달리 부성애가 있으며, 한평생 처자식을 먹여 살리는 것을 자기 자신의 사명과 임무로 떠맡지 않으면 안 된다.

하지만, 그러나 어머니의 사랑은 조건이 없는 사랑이고, 아버지의 사랑은 조건이 있는 사랑이다. 어머니는 그의 아들이 중죄인이거나 그렇지 않거나 변함이 없지만, 아버지는 그 아들의 학업의 성취와 자기 자신의 대를 이을 수 있느냐, 아니냐에 따라서, 상과 벌이라는 양날의 채찍을 들게 된다.

어머니의 사랑은 바다와도 같고, 그의 아내 역시도 그 어머니의 대역에 지나지 않는다.

마피아 두목이나 어떤 폭군마저도 그의 어머니와 사랑하는 그의 아내를 생각할 때마다 하늘이 무너져내리고 가슴이 아픈 것도 다 그 때문인 것이다.

여성은 인생에 대한 빚을

　여성이 정신적으로나 육체적으로 중노동을 감당할 없음은 그들의 모습을 보기만 해도 알 수 있다. 여성은 인생에 대한 빚을 행동으로가 아니라 고통으로 갚는다. 즉 해산의 고통, 아기의 시중, 남편에 대한 복종으로 갚는 것이다. 아내는 남편에 대해 항상 참을성 있고 쾌활한 반려자가 되어야 한다. 지독한 고통과 희열, 그리고 노력은 여성에게는 맞지 않는다. 오히려 그 생활은 남성보다 훨씬 조용하고 눈에 띄지 않게 평온하게 살아가야만 한다. 그러나 본질적으로 남자의 생활보다 더 행복하다든지 불행한 것은 아니다.

　— 쇼펜하우어, 「여성에 대하여」에서

모든 것이 저절로 자라나고 그 어떤 것도 부족한 것이 없었던 에덴동산은 그야말로 인류의 지상낙원이었는지도 모른다. 이브가 뱀의 꾐에 빠져서 선악과를 따먹게 되고, 그 결과, 이브는 출산의 고통과 남편에 대한 복종을 그 벌로 받았던 것이다. 뱀은 그의 일생내내 땅바닥을 기어다녀야만 하는 고통을, 그리고 아담은 그의 일생내내 어렵고 힘든 일을 하지 않으면 안되었었다.

　원죄의 역사는 유구하고, 그 죄악의 형벌은 결코 끝날 수가 없다.

여성은 원죄의 장본이며, 그 죄의 대가를 고통으로 갚지 않으면 안 된다.

하지만, 그러나, 오늘날 모든 여성들에게 있어서의 기독교적인 원죄의 형벌은 다 말소되었다. 산아제한과 출산기피의 풍조는 출산의 고통에서 해방되었다는 것을 뜻하고, 모든 인류의 원죄는 단지 남성에게만 전가되었는데, 왜냐하면 아내를 다스리지 못한 치명적인 실수와 정치적 지배권의 약화 현상이 바로 그것을 증명해주고 있기 때문이다.

모든 남성은 여성의 노예가 되어가고 있으며, 이 노예적인 복종태도로서 모든 여성들이 할 수 없는 일들, 예컨대 육체적인 중노동과 사회적 치안의 담당과 백전백승의 전쟁을 담당하지 않으면 안 된다.

여성

여성이 우리들의 최초의 유년기에 없어서는 안될 유모나 교사로서 적합하다는 것은 그들 자신이 유치하고 어리석고 근시안적이기 때문이다. 한 마디로 말해서, 그들은 전생애를 통하여 큰 아이들이다. 왜냐하면 민간인 성인 남자와 어린이 사이의 중간단계이기 때문이다.

— 쇼펜하우어, 「여성에 대하여」에서

쇼펜하우어와 니체는 여성의 사회적 진출과 그것에 대한 염려를 가장 많이 했던 철학자들이었지만, 그러나 그것을 여성 차별이 아닌, 성적 차이로 이해할 때, 아직도 여전히 그 유효성을 지니고 있다고 하지 않을 수가 없다.

여자는 아직도 성인 남자와 어린이 사이의 중간단계에 머물러 있는 것인지도 모른다. 어린 아이에게 젖을 주고 인과법칙이 적용되는 사실들에 대한 가르침만이 유효할 뿐이지, 그 인과법칙을 초월하여, 사회 전체와 인류 전체를 가르칠 만한 지식이란 결코 습득할 수도 없을 것이기 때문이다.

여자는 유치원 교사와 초, 중고등학교의 교사의 역할이나 맡아야 하고, 그 이상의 진정한 학자와 철학자의 역할을 맡아서는 아니된다.

젊은 여자들은

    젊은 여자들은 가사家事나 직업적인 일은 한갓 장난으로밖에 여기지 않는다. 그들의 진지한 관심을 끄는 일은 사랑의 정복과 이에 관련된 모든 것이다. 예를 들면, 화장이나 춤 따위이다.

    — 쇼펜하우어, 「여성에 대하여」에서

젊은 여자들은 가사家事나 직업적인 일은 한갓 장난으로밖에 여기지 않는다.

    돈, 명예, 사랑, 화장, 미식美食, 춤 따위가 최고가 되고, 그 나머지에는 관심조차도 없다.

여성은 마음 속으로는

여성은 마음 속으로는 돈을 버는 것은 남성이 할 일이요, 될 수 있다면 남편이 살아 있는 동안에, 그렇지 않으면 죽은 후에 이것을 탕진해버리는 것이 자기의 일이라고 생각하고 있다.

— 쇼펜하우어, 「여성에 대하여」에서

남편이 최고의 부자가 되면 여성은 남편의 배후로 숨어버리고, 무조건 일부종사의 예를 다하게 된다. 돈 앞에, 권력 앞에, 명예 앞에, 철두철미하게 무릎을 꿇어버린다.

어쩌다가 이혼소송에서 위자료를 듬뿍 받아내게 되더라도 이내 제비족들의 사냥감이 되고, 곧바로 패가망신을 당하게 된다.

여성의 근본적인 결함은 부정不貞

그리고 여성의 근본적인 결함은 부정不貞이라고 말할 수 있다. 이 결함은 우선 위에서 언급한 바와 같이 이성과 숙고의 부족에서 생기며, 게다가 여자가 보다 약한 자로서 힘 대신에 무엇보다도 술책에 의지하도록 규정되어 있음으로써 더욱 심하다. 여성이 본능적으로 간직하고 있으며 고칠 수 없을만큼 거짓말을 잘하는 것도 여기에 기인한다. 즉 자연은 사자에게 발톱과 이빨을, 코끼리와 멧돼지에게 앞니를, 황소에게 뿔을, 오징어에게 먹물을 주었듯이 여성에게는 자기 방어를 위한 위장술을 주었다. 그러므로 성실하고 허위를 일삼지 않는 여성이란 아마도 없을 것이다. 이런 이유로 여성은 사람의 거짓을 쉽사리 간파하는 것이다. 여성 앞에서는 거짓말을 해도 별로 효과가 없다. 위에서 열거한 근본적 결함과 그것에 붙어다니는 결점에서 거짓, 부정不貞, 배신, 배은背恩 등이 생기는 것이다. 법정에서 위증을 하는 것은 남성보다 여성이 훨씬 많다. 여성에게 증언을 하게 한다는 것부터가 생각해 볼 문제다. 가끔은 부족한 것이 전혀 없는 숙녀들이 상점에서 남몰래 물건을 훔쳐가지고 도망가는 것을 도처에서 볼 수 있다

— 쇼펜하우어, 「여성에 대하여」에서

남성의 머리에는 악마가 살고 있고, 남성의 육체에는 성욕이 살고 있다.

이브를 타락시킨 것도 남자이고, 비너스를 겁탈한 것도 남자이다.

거짓말과 도둑질과 사기와 위증의 대명사인 남자—,

살인과 강도와 약탈의 대명사인 남자,

이 세상에서 이처럼 사악하고 교활한 남자들이 없다면 모두가 다 같이 행복하고 편안할 것이다.

남자는 빼앗고 여자는 훔친다. 남자는 이성, 숙고, 명료한 계산, 그리고 사나이다운 힘과 용기로 빼앗고, 여자는 치우친 감정, 비이성적인 불명료함, 깊이 있는 성찰, 반성의 부족, 그리고 여성다운 나약함과 용기부족으로 언제, 어느 때나 사탕발림의 말과 속임수로 훔친다.

Arthur Schopenhauer

젊고 건장하고 아름다운 남성은

젊고 건장하고 아름다운 남성은 인류의 번식을 위해 진력나도록 자연으로부터 명령을 받고 있다. 이래서 종족은 퇴화하는 것을 면한다. 이것이 자연의 뇌고牢固한 의지이며, 이 의지의 표현이 여성의 정열이다.
— 쇼펜하우어, 「여성에 대하여」에서

젊고 아름답고 건강하다는 것은 종족의 가장 이상적인 형태이며, 이러한 미남과 미녀들이 있다는 것만으로도 종족은 끊임없이 진화하게 된다.

젊고 아름답고 건강하다는 것은 뇌쇄적惱殺的이며, 어느 누구도 이성과 자기 자신을 잃어버리지 않을 수가 없다.

젊다는 것, 아름답다는 것, 건강하다는 것은 궁극적으로 종족의 목표이며, 그 의지라고 할 수가 있다.

여성의 아름다움은

키가 작고 어깨가 좁고 엉덩이가 넓고 다리가 짧은 이 여자라는 족속을 아름다운 성이라고 일컫는 성욕으로 말미암아 지성이 흐려진 것은 남자뿐이다. 왜냐하면 여성의 아름다움은 모두 이러한 성욕 충동으로 감싸여져 있기 때문이다. 여성을 아름다운 성이라 부르기보다는 오히려 비미학적인 성으로 부르는 편이 훨씬 정당할 것이다. 음악에 대해서도, 시에 대해서도, 조형미술에 대해서도 여자는 어떤 감각이나 감수성도 가지고 있지 않으며, 설령 그들이 아는 체하는 태도를 보일 때에도 그것은 남성의 마음에 들게 하기 위함이며 흉내내기에 불과하다.

— 쇼펜하우어, 「여성에 대하여」에서

여성의 아름다움만이 성적 충동으로 감싸여져 있는 것은 아니다.

남성의 아름다움 역시도 성적 충동으로 감싸여져 있으며, 지나치게 난폭하고, 화를 잘 내며, 너무나도 폭력적인 남성에 대해서도 비미학적인 성으로 부르는 편이 더 정당할 것이다.

진정으로 아는 것은 이미 사색해낸 것뿐

수량이 아무리 많더라도 정리가 되어 있지 않으면 장서藏書의 효용도 의문스러우며, 수량은 보잘 것 없어도 정리가 잘된 장서라면 훌륭한 효과를 거두는 것처럼 지식의 경우도 마찬가지이다. 아무리 많이 끌어 모아도 스스로 사색해낸 지식이 아니면, 그 가치는 의심스러우며, 양으로는 보잘 것 없어도 몇 번이고 골똘히 사색해낸 지식이라면 그 가치는 매우 크다. 무엇인가 한 가지 일을 알고 하나의 진리를 터득했다 하더라도 그것을 다른 여러 가지 지식이나 진리와 결합시키고 비교할 필요가 있다. 이 수속을 거친 후에야 비로소 자기 자신의 지식이 완전한 의미로 획득하고, 그 지식을 자유로이 구사할 수 있기 때문이다. 우리들이 철저하게 사색할 수 있는 것은 스스로 알고 있는 것뿐이다. 그러므로 알기 위해서는 배워야 한다. 그러나 안다고 하더라도 진정으로 아는 것은 이미 사색해낸 것뿐이다.

— 쇼펜하우어, 「사색에 대하여」에서

나는 내가 좋아하는 책들을 자그만 수첩에다가 수없이 필사筆寫를 해두었고, 이 수첩들을 늘, 항상 가지고 다니면서 수십 번씩, 수백 번씩 되풀이 읽은 적이 있었다.

되풀이 읽기는 모든 독서의 정도正道이며, 이 되풀이 읽기 속에서만이 최고의 사상과 이론이 싹터 나오게 된다.

'나는 신성모독을 범한다, 고로 존재한다'는 나의 존재론이고, '세계는 나의 범죄의 표상이다, 고로 행복하다'는 나의 행복론이다.

모든 사상은 낙천주의를 양식화시킨 것이다.

모든 배움은 궁극적으로 사상과 이론을 정립하기 위한 첫걸음에 지나지 않는 것이다.

사색한다는 것은

사색한다는 것은 마치 불이 공기의 유통에 따라 꺼지지 않고 타오르듯이 그 대상에 대한 어떠한 관찰에 따라 자극되고 보존될 필요가 있다. 이 관심은 순전히 객관적일 수도 있고, 혹은 주관적인 것에 지나지 않은 경우도 있을 것이다.

— 쇼펜하우어, 「사색에 대하여」에서

모든 것을 의심하고 비판하는 것이 사색인의 첫 번째 임무라고 할 수가 있다.

지구는 둥글다는 말도 주관적인 가설에 지나지 않았고, 만유인력 법칙도 주관적인 가설에 지나지 않았다.

모든 새로운 진리는 불온한 것인데, 왜냐하면 기존의 모든 가치관들을 부정하는 것이기 때문이다.

새롭다는 것은 낯설다는 것이고, 낯설다는 것은 그 가치를 객관적으로 증명할 수가 없다는 것이다.

가설은 주관적이고, 이론(진리)은 객관적이다.

모든 이론은 주관적이고 독단적이지만, 그 위험성에 대한 안전장치가 마련된 그런 진리에 지나지 않는 것이다.

그 옛날 노벨 시대의 다이나마이트처럼—.

사색과 독서의 차이

스스로 하는 사색이 정신에 미치는 영향과 독서가 정신에 미치는 영향 사이엔 믿어지지 않을 만큼 큰 차이가 있다.

— 쇼펜하우어, 「사색에 대하여」에서

기독교의 하나님은 자신의 형상대로 인간을 창조했고, 그리고 그것도 모자라서 요셉의 아내와 통정을 하여 예수를 낳았다고 한다.

전지전능하고 만물의 창조주인 하나님이 왜, 그처럼 어리석고 바보와도 같은 짓을 했던 것일까?

왜, 하나님은 예수 이후, 그 어떤 자식도 얻지 못했던 것일까?

주지육림酒池肉林 속에서 외도外道를 너무 즐긴 나머지 매독梅毒에 걸려 발기부전증에 걸렸던 것이 아닐까?

왜, 예수는 십자가에 못박혀 죽은 지 사흘만에 되살아나고도 지금까지 그 모습을 다시 드러내지 않고 있는 것일까?

왜, 예수는 자식이 없는 것이며, 예수 역시도 그의 아버지에게서 발기부전증을 물려받은 것은 아닐까?

『성경』을 진리라고 믿는 것과 『성경』을 단지 하나의 신화적인 허구라고 믿는 것은 이처럼 엄청난 차이가 있는 것이다.

사상가나 철학자는 인류의 눈을 뜨게 하고

"영원히 읽고 있을 뿐 읽혀진 적은 없었다."

학자란 많은 책을 읽은 사람을 말한다. 사상가나 철학자는 인류의 눈을 뜨게 하고 그 전진을 촉진시키는 자로서 범汎세계적인 책을 직접 읽은 사람을 말한다.

— 쇼펜하우어, 「사색에 대하여」에서

영원히 읽고 있었을 뿐 스스로 생각한 적이 없었다. 이것이 학문의 꽃인 사상과 이론을 정립하지 못한 우리 한국인들의 실상인 것이다.

우리 한국인들이 '모든 것은 변화한다'는 헤라클레이토스와 '모든 것은 변화하지 않는다'는 파르메니데스를 과연 제대로 설명할 수가 있을까? 우리 한국인들이 에피쿠로스 학파의 쾌락주의와 스토아 학파의 금욕주의를 과연 제대로 설명할 수가 있을까?

공산주의와 자본주의를, 낙천주의와 염세주의를, 이상주의와 현실주의를, 기독교와 불교를 우리 한국인들이 과연 제대로 설명할 수가 있을까?

우리 한국인들은 문자를 읽는 문맹인(백치)이며, 영원히 눈뜬 장님에 지나지 않는다.

　니체의 권력 욕망과 프로이트의 성적 욕망은 그들의 학문 분야와 세계관의 차이만큼이나 매우 다른 것이기는 하지만, 바로 그곳에서 하이데거와 사르트르를 비롯한 실존주의자들의 철학이 배태되었다고 해도 과언이 아니다. 나는 니체의 권력 욕망과 프로이트의 성적 욕망에도 공감을 하고 있고, 인간이 인간에게 늑대가 된다라는 실존주의자들의 목소리에도 공감을 하고 있다. 하지만 나는 돈, 명예, 권력 등, 그 모든 것이 비록, 무의미하고 부질 없는 것이라고 하더라도, 그것은 어디까지나 쓸데 없는 염세주의자의 산물일 뿐이라고 생각한다. 햄릿은 오딧세우스와는 대척적인 인물이며, 어디까지나 창백한 지식인의 전형일 뿐이다. 그에게는 어떠한 삶의 목표도 있을 수가 없고, 어떠한 의미도 있을 수가 없다. 아마도 그에게는 니체의 권력 욕망이나 프로이트의 성적 욕망 이전에, 어떠한 위기도 대처할 수 있는 능력이 거세되어 있었던 것인지도 모른다. 이 세상은 오딧세우스와도 같이 수많은 불행, 곤경, 위험 앞에서도 두 눈 하나 껌뻑하지 않았던 인물들이 살아가기에 알맞은 곳이지, 햄릿과도 같이 우유부단하고 창백한 지식인이 살아갈 수 있는 곳이 아니다. 우리들은 위대한 고전들을 수없이 되풀이 읽고, 또 읽어야 하지만, 마침내 자기 자신만의 새로운 해석을 제시해 놓지 않으면 안 된다. 우리는 이것을 창조적인 독서라고 부른다(반경환, 『행복의 깊이』 제3권 제1장 「독서에 대하여」).

자기의 근본 사상에만 진리와 생명이 깃든다

본래 자기의 근본 사상에만 진리와 생명이 깃든다. 왜냐하면 우리들은 오직 그것만을 진정한 의미로 충분히 이해할 수 있기 때문이다. 독서에서 얻은 남의 사상은 남이 먹다 남긴 음식 찌꺼기나 남이 벗어버린 헌옷에 불과하다. 우리들의 정신 속에 불타고 있는 사상과 책에서 읽은 남의 사상을 비교한다는 것은 마치 봄에 만발한 꽃과 화석이 되어버린 태고의 꽃을 비교하는 것과 같은 것이다.

— 쇼펜하우어, 「사색에 대하여」에서

나는 일찍이 『행복의 깊이』 제1권에서 이렇게 역설한 바가 있었다.

이 세상의 모든 지식인들에게 사상이란 최고의 목적이며, 그 모든 것이다. 세상의 모든 것이 변하고 이 세계의 종말이 온다고 하더라도 자기 자신과 자기 자신의 사상만은 영원하기를 바라는 것은 모든 지식인들의 한결같은 꿈이다. 사상은 새로운 세계의 개진이며, 행복에의 약속이다. 사상은 그 어떤 것보다도 고귀한 명예이며, 삶의 완성이며, 보다 완전한 인간의 표지이다. 우리는 그 사상가의 신전 앞에서 언제, 어느 때나 시를 짓고, 노래를 부르며, 찬양과 찬송을 하게 된다. 또한 우리는 그 신전 앞에서, 우리 인간들의 존엄성을 바치고, 가장 좋은 예물을 바치고, 하늘을 우러러 보며, 항상 자기 자신을 갈고 닦으면서, 그 사상의 위업을 이어나갈 것을 맹세를 하게 된다.

 대한민국 오천년의 역사에 있어서 이처럼 사상의 중요성을 역설하고, 그 사상을 정립한 사람은 이 반경환이 밖에는 없었다.

 인류의 역사상 가장 위대한 발명품이 문자인 것처럼, 그 문자(개념)에는 그것을 명명한 사람의 이름이 각인되어 있고, 그는 최초의 종족창시자로서 영원불멸의 삶을 살아가게 된다. "본래 자기의 근본 사상에만 진리와 생명이 깃든다." 독서에서 얻은 남의 사상은 남이 먹다 남긴 음식 찌꺼기나 남이 벗어버린 헌옷에 불과하다. 우리들의 정신 속에 불타고 있는 사상과 책에서 읽은 남의 사상을 비교한다는 것은 마치 봄에 만발한 꽃과 화석이 되어버린 태고의 꽃을 비교하는 것과 같은 것이다.

 인의예지仁義禮智는 공자의 사상이지, 나의 사상이 아니다. 대화혼大和魂은 일본인들의 사상이지, 우리 한국인들의 사상이 아니다. 불교는 부처의 사상이지, 우리 한국인들의 사상이 아니다. 기독교는 예수의 사상이지, 우리 한국인들의 사상이 아니다.

 우리 한국인들이 당나라의 노예, 원나라의 노예, 명나라의 노예, 청나라의 노예, 일본의 노예, 미국의 노예로서 살아온 것을 생각해 보면, 우리 한국인들은 후레자식들과 화냥년들의 후손에 지나지 않는다.

Arthur Schopenhauer

독서는 사색의 대용품

독서는 사색의 대용품에 지나지 않는다. 독서는 타인에게 사상을 유도해 내는 임무를 맡긴다. 대부분의 책은 그 지도를 받은 사람 앞에 얼마나 많은 미로가 있는가, 그 사람이 얼마나 엄청난 오류에 빠질 위험성이 있는가를 보여 줄 뿐이다. 그러나 자신의 타고난 재질에 의해 인도되는 사람, 다시 말해서 자발적으로 올바르게 사색하는 사람은 올바른 길을 발견하고는 나침반을 준비하고 있다. 그러므로 독서는 다만 자기의 사상의 샘이 고갈되었을 때에만 하는 것이다. 사실 가장 훌륭한 두뇌를 가진 사람이 부득이 독서를 하는 경우를 곧잘 볼 수 있다. 그러나 이와는 반대로 책을 읽을 목적으로 생생한 자기의 사상을 추방한다면 그것은 성스러운 정신에 대한 반역이다. 그러한 죄인은 식물도감을 보고 동판화의 아름다운 풍경을 보기 위해 넓은 자연으로부터 도피한 사람과 마찬가지이다.

— 쇼펜하우어, 「사색에 대하여」에서

모든 사상과 이론은 잠정적이고 일시적인 진리에 지나지 않으며, 그 시대와 환경이 바뀌면 곧바로 그 유효성이 소멸될 오류들에 지나지 않는다.

고전주의는 낭만주의의 도전 앞에서 무릎을 꿇었고, 낭만주의는 현실주의의 도전 앞에서 무릎을 꿇었다. 현실주의는 초현실주의의 도전 앞에서, 초현실주의는 실용주의의 도전 앞에서 무릎을 꿇었고, 자본주의는 공산주의의 도전 앞에서, 구조주의는 탈구조주의의 도전 앞에서 무릎을 꿇었다.

모든 사상과 이론은 그 외면적인 완벽함 속에서도 수많은 미로와 함정들을 거느리고 있다고 할 수가 있다. 그 사상과 이론의 함정들을 헤쳐나오지 못하는 사람은 유일신 앞에서 자기 자신의 주체성을 상실한 광신도(정신병자)와도 같으며, 그 수많은 미로와 함정들을 헤치고 자기 자신의 길을 걸어가는 사람은 독창적인 사상가와도 같다.

때로는 독서가 새로운 영감을 불러일으켜 주고, 새로운 삶의 의지와 그 목표를 제시해줄 수도 있지만, 그러나 자기 자신의 삶을 사는 것은 그의 사상과 이론 속에서일 뿐인 것이다.

대부분의 판단력의 어릿광대들은 책만을 읽을 뿐, 자기 자신의 두뇌로 살지 않는다. 이 사유의 운동이 없는 두뇌의 소유자는 자연의 아름다운 풍경을 모르는 판단력의 어릿광대이며, 타인의 사상과 이론만을 무자비하게 베껴먹는 표절자와도 같다.

표절이 출세의 보증수표가 되고, 뇌물이 국가성장의 원동력이 되는 우리 한국인들처럼—.

Arthur Schopenhauer

단지 남에게서 배워서 얻은 진리는

단지 남에게서 배워서 얻은 진리는 우리에게 부착되어 있을 뿐, 그것은 마치 의수義手, 의족義足, 의치義齒, 아니면 초로 만든 코, 다른 살을 이용하여 정형 수술한 코같은 것이다. 그러나 스스로 사색하여 얻은 진리는 산 수족과 같은 것으로 그것만이 정말로 우리 자신의 것이다. 사상가와 단순한 학자의 차이도 여기서 유래한다. 따라서 스스로 사색하는 사람의 정신적 작품은 정확한 빛과 그림자의 배합, 부드러운 색조, 색채의 완전한 조화로 생생하게 약동하는 한 장의 아름다운 그림처럼 보인다. 그러나, 이에 반하여 단순한 학자의 저작은 색채도 풍부할 뿐만 아니라 잘 배열되어 있다. 그러나 이것은 정신이 결여된 무의미한 팔레트와 같은 것이다.

　　—쇼펜하우어, 「사색에 대하여」에서

나의 『행복의 깊이』 제4권은 '사색인의 십계명'의 의미를 좀 더 설명하고, 그 실천철학의 차원에서 쓰게 되었다고 해도 과언이 아니다.

나는 일찍이 『행복의 깊이』 제3권, 제2장 「산책에 대하여」에서 나의 사색인의 십계명을 명명한 바가 있었다.

제1계: 깊이 있게 배운다.

제2계: 잘 질문한다.

제3계: 神의 권위도 인정하지 말라.

제4계: 사상의 신전을 짓고 모든 사람들을 초대하라.

제5계: 최고급의 인식의 제전을 펼쳐 보아라.

제6계: 언제나 '실패의 여신'께 감사의 기도를 드려라.

제7계: 역사의 감각이 마비되지 않도록 조심하고 또 조심하라.

제8계: 언제나 낙천적이어야 한다.

제9계: 더욱더 강력한 적을 찾아 나서라.

제10계: 언제나 성실하게 생활을 하라.

'모세의 십계명'은 우리 한국인들에게 의수義手, 의족義足, 의치義齒, 아니면 초로 만든 코, 다른 살을 이용하여 정형 수술한 코같은 것에 지나지 않는다. 사상가의 지식은 살아 있는 지식이지만, 학자의 지식은 다른 수족으로 움직이는 죽어 있는 지식에 불과하다.

모든 언어와 지식에도 생명이 있으며, 붉디 붉은 피가 흐르고 있다.

독서는 자기의 머리로 생각하는 대신에

　독서는 자기의 머리로 생각하는 대신에 다른 사람의 머리로 생각하는 것이다. 끊임없이 독서를 계속해 가면 다른 사람의 사상이 강하게 흘러 들어온다. 그런데 빈틈이 없을 만큼 완전한 체계에까지 가지 않더라도 언제나 정리된 사상을 스스로 창조하려고 하는 사색에 있어서는 이처럼 해로운 것도 없다. 왜냐하면 다른 사람의 사상은 하나하나가 모두 남의 정신에서 싹튼 것이며, 다른 체계에 속하고 다른 색채를 띠고 있어서 스스로의 사색과 지식, 식견과 확신과 하나의 총체를 이루도록 합류하지 못하고, 오히려 창세기의 비밀로서 나를 생각케 하는 언어에 혼란을 일으켜, 그런 것을 쌓아 넣은 정신으로부터 통찰력을 모두 빼앗아 버리고 유기적 조직의 대부분을 파괴해 버린다.
　── 쇼펜하우어, 「사색에 대하여」에서

　I.Q가 200이라도 둔재가 있는가 하면, I.Q가 120이라도 천재가 있다. 천재의 길은 I.Q의 높고 낮음의 문제가 아니라, 어느 분야를 막론하고 삶의 투신에의 문제이다. 이러한 투신은 모험이라고 부를 수가 있으며, 그 모험의 위험성만큼이나 열정의 강도가 그 천재성을 뒷받침해 준다. 이러한 자기 헌신과 자기 희생의 노력 없이는 어느

누구도 천재의 삶을 살아갈 수가 없다. 독자 여러분들을 위해서, 아니, 독서를 할 줄 모르고 공부를 할 줄을 모르는 우리 한국인들을 위해서, 내가 공개해야 될 또 하나의, 나의 재산목록1호가 있다. 나는, 틈틈히, 내가 읽고 좋아하는 책들을 자그만 수첩에 필사해두는 좋은 습관을 간직하고 있는 것이다(『행복의 깊이』 3).

모든 독서는 불손한 음모와 창조적 배반이 전제될 수밖에 없는데, 왜냐하면 그 독서의 에너지를 통하여 우리들의 육체와 정신을 유지해나가지 않으면 안 되게 되어있기 때문이다. 독서는 비옥한 텃밭이며, 우리는 이 텃밭을 통하여 수많은 자양분들을 섭취하며 살아가게 된다. 쌀이라는 지식, 콩이라는 지식, 보리와 밀이라는 지식, 배추와 무라는 지식, 상추와 당근이라는 지식, 사과와 배라는 지식, 소고기와 사슴고기라는 지식 등을 우리는 독서를 통하여 얻지 않으면 우리는 결코 사상가로서 살아갈 수가 없다.

아버지를 만나면 아버지를 죽이고, 스승을 만나면 스승을 죽인다. 친구를 만나면 친구를 죽이고, 적을 만나면 적을 죽인다. 애인을 만나면 애인을 죽이고, 아들을 만나면 아들을 죽인다. 독서라는 생존경쟁의 장은 적자생존의 장이며, 약육강식의 법칙이 근본법칙으로 되어 있다. 생명이 생명을 먹는다는 것은 피(에너지)에 굶주렸다는 것과도 같으며, 자기 자신의 목숨을 걸지 않으면 어느 누구도 승리할 수가 없다.

모든 사상과 이론은 천하무적의 이론이라고 할 수가 있다.

Arthur Schopenhauer

노벨상은 이 천하무적의 영웅들에게 씌워주는 월계관과도 같은 것이다.

독서로 일생을 보내고

독서로 일생을 보내고 여러 가지 책에서 지혜를 얻은 사람은 여행 안내서를 몇 권 읽고서 어느 지방에 정통한 것처럼 행세하는 사람과 다름없다.

— 쇼펜하우어, 「사색에 대하여」에서

책만을 읽고 사유하지 않으면 그는 어떠한 주특기도 없는 복싱선수와도 같게 된다. 이 복싱선수는 얻어터지기만 할 뿐, 상대방의 약점을 파고들어 일도필살의 철권을 날릴 수가 없다.

독서는 타인의 기술과 타인의 지혜를 훔쳐내오는 수단에 지나지 않으며, 바로 그렇기 때문에 독서에는 불손한 음모와 창조적 배반이 전제될 수밖에 없는 것이다.

산책은 불손한 음모와 창조적 배반을 구체화시키는 장이며, 자기 자신만의 비밀병기를 탄생시키는 장이라고 할 수가 있다.

산책이 전제되지 않은 독서는 죽은 독서이며, 글쓰기가 전제되지 않은 산책은 어느 공상가의 헛수고에 지나지 않는다.

Arthur Schopenhauer

사색하는 사람

평범한 서적 철학자와 스스로 사색하는 사람의 관계는 역사가와 목격자와의 관계가 있다. 사색하는 사람은 사물에 대해서 직접 파악한 바를 말한다.

— 쇼펜하우어, 「사색에 대하여」에서

천하의 명언이다.

사색하는 사람은 사물에 대하여 직접 파악한 바를 말한다.

아무리 뛰어난 두뇌의 소유자라고 하더라도

아무리 뛰어난 두뇌의 소유자라고 하더라도 언제나 스스로 생각하는 것이 가능한 것은 아니기 때문이다. 그래서 남은 시간을 독서에 이용하는 것은 좋은 일이다.

— 쇼펜하우어, 「사색에 대하여」에서

첫 번째, 나는 책을 읽을 때 그 책이 무슨 책인가를 생각하면서 자연스럽게 따라 읽고, 두 번째는 그 책의 장점만을 생각하면서 읽는다. 세 번째는 그 책의 단점이 무엇인가를 찾아내면서 읽고, 네 번째는 그 책(저자)을 발밑으로 깔아뭉개버리기 위해서 읽고, 마지막으로 다섯 번, 여섯 번, 백 번을 읽을 때는 그 책의 저자와 함께 영원히 살기 위해서 읽는다.

나는 내가 가장 좋아하고 아끼는 책들은 수십 번씩, 수백 번씩 되풀이 읽은 좋은 경험을 간직하고 있으며, 내가 좋아하는 책들은 대부분이 필사를 해둔 바가 있었다.

Arthur Schopenhauer

사상가의 특징

사상가의 특징은 진지하고 직접적, 근원적이며, 그 사상이나 표현, 모든 것에 독창성이 있다. 그러나 서적 철학자는 모든 것이 재탕이며, 개념도 남의 것을 그대로 받아 옮기는 것이고, 잡동사니를 사 모은 꼴이며, 복사한 것에 다시 복사한 것처럼 희미하고 확실하지 않다. 그리고 틀에 박힌 진부한 문구와 당세에 통용되는 유행어로 된 문제는 자기들 스스로 주조鑄造한 화폐가 없어서 외국 화폐만을 통용하고 있는 작은 나라와 비슷하다.

— 쇼펜하우어, 「사색에 대하여」에서

나는 학문의 양심이 자행하는 온갖 기괴하고 파렴치한 행태들을 볼 때마다 사기꾼적 민족의 터전인 대한민국은 위대한 문둥병 환자들의 천국이라고 하지 않을 수가 없다. 한국 학자들의 천재성은 그들이 하버드대 박사이든, 옥스퍼드대 박사이든, 소로본대학의 박사이든, 베를린대학의 박사이든 간에, 어떠한 명명의 힘도 무시하고 배척할 수 있는 대담성을 배워왔다는 것이며, 그 독창성을 토대로 하여 사색당파와도 같은 권력투쟁에 무시무시한 자질과 재능을 발휘하고 있다는 점에 있을는지도 모른다. 세계적인 지휘자인 정명훈

씨가 이탈리아로 쫓겨난 한국문화계의 경사를 생각해 보고, 미국이
나 일본의 TV 프로그램들을 아무런 양심의 가책도 없이 제멋대로
베껴먹으면서도 아주 저질적이고 야만적인 수준에서 시청률 경쟁이
나 벌이고 있는 한국문화계의 경사를 생각해 보라! 또 프로이트, 니
체, 쇼펜하우어, 루카치의 50%만 따라가는 학자만 있었어도 서울
대학교의 세계 대학 순위가 100위권 안에는 들었을 것이라는 사실
을 생각해 보고, 김 교수, 백 교수, 유 교수 앞에서는 비평하기보다
는 기꺼이 찬양하는 우리 젊은 학자들의 충성의 강도를 생각해 보
라! 우리 한국의 학자들의 천재성은 대학제도의 심장부인 서울대학
교에서도 서구의 유행사조(전위주의)만을 쫓아다닐 때, 더욱더 그
빛을 발하게 되고, 황지우, 이인성, 이성복, 최수철 등이 초현실주의
적인 기법, 로브 그리예의 기법, 제임스 조이스의 기법, 프란츠 카프
카의 기법, 새뮤엘 베케트의 기법 등을 제멋대로 베껴먹고 모사할
때, 더욱더 그 빛을 발하게 된다. 서구의 모델이 있는 전위주의는 그
독창성을 인정받게 되지만, 진정으로 새롭고 참신한 전위주의는 그
독창성을 인정받을 수가 없다. '아니다', '그렇지 않다'라고 이의를 제
기하면 문학비평의 낙제점이 되지만, 무조건 '네', '그렇다'라고 대답
하면 문학비평의 최우수 학점이 된다. 서울대학교 총장 이기준 박사
는 "한국 사회에서는 썩은 나무도 베기 어렵다"(《중앙일보》, 1998
년 12월 4일)라는 말로 한국 사회에서의 교육개혁의 어려움을 토로
했는데, 나는 그 말의 참뜻을 제대로 이해할 수가 없었다. 썩은 나
무도 베기 어려운 것이 한국 사회의 교육의 풍토라면, 그 썩은 나무

를 베어버리는 것이 서울대학교의 총장의 임무가 아니던가? 그만한 어려움을 서울대학교의 총장의 임무로 받아들이지 않았다면, 왜 애꿎은 아들의 병역 문제로 집안 망신을 당하고 서울대학교의 총장에 출마를 했단 말인가? 이기준 서울대학교 총장은 썩은 나무도 베기 어려운 것이 한국의 현실이라는 보호막을 통해서 대학제도의 개혁을 차일피일 미루고 돈과 명예와 그 모든 것을 즐기고 싶어하는 것이나 아닌지도 모르겠다. 빛나는 이씨 가문과 이기준 서울대학교 총장의 명예를 걸고 지켜 볼 수밖에 없다. 나는 우리 학자님들, 즉, 김 교수, 백 교수, 유 교수, 이 교수, 황 교수, 그리고 최 교수가 진정으로 전위주의를 이해하고 사랑하고 있다면 어느 한적한 마을의 양돈사육장을 찾아가 보라고 권하고 싶다. 바로 거기서, '도태'라는 낙인을 찍히고도 빙긋빙긋 웃는 문둥병 환자(돼지)들과 그대들의 그 잘난 얼굴이 얼마나 잘 일치하고 있는지를 살펴보기를 바란다.

우리 학자들은 학문적으로 '주제형'이 아니라 '소재형'인데, 왜냐하면 그들은 어떤 역사 철학도 정립하지 못하고 있기 때문이다. 머리에서 발끝까지 철저하게 짜맞춰지고 기워진 것이 그들의 학문의 특징이라고 하지 않을 수가 없다. 사색인의 십계명을 이해하고 실천하지 못하는 그들은 이미 거세를 당한 불임의 동물들에 불과하며, 종의 건강보다는 종의 약화에 기여하는 정신의 문둥병 환자들에 불과하다. 일본인도 문둥병 환자들이 아니고, 중국인도 문둥병 환자들이 아니다. 서양인도 문둥병 환자들이 아니고, 아프리카 검둥이도 문둥병 환자들이 아니다. 대산문학상이나 5.16 문화상, 그리고 대한민국예술원상을 수상하면 한국에서 살 수가 있지만—한국문학비평의 문학상이 제대로 공정하게, 문학작품을 대상으로 주어졌다면 나는 '대산문학상'을 비롯하여 모든 문학상을 휩쓸었을 것이다. 질보다는 양을 중요시하고, 양보다는 학연, 혈연, 지연을 더 중요시하는 이 땅의 문학상의 수상제도와 심사위원급들의 천박하고 유치한 수준은 아마도 후세의 史家들에 의해서 화형이나 중죄로 다스려질 것이다—, 노벨상이나 괴테상을 타면 한국에서 살 수가 없다. 남북분단 같은 민족분열을 유도하고 지역 차별주의를 강조하면 한국에서 살 수가 있지만, 모든 학문과 예술과 교육시장의 개방을 강조하면 한국에서 살 수가 없다. 또 서울대학교를 나오면 한국에서 살 수가 있지만, 하버드대학교나 옥스퍼드대학교를 나온 해외 석학들은 한국에서 살 수가 없다. 아아, 서양인들이여, 일본인들이여! 우리 한국인들에게 고귀하고 세련된 취미나 늠름하고 씩씩하고 진취적인 기상은 찾아보지도 말아라! 또한 우리 한국인들에게 사소한 이익을 버리고 전체의 이익을 생각하라고 충고를 하지도 말아라! 그대들이 그러면 그럴수록 우리 한국인들에게는 사소한 이익이 전체를 압도하게 되고, 그대들에게 무수한 욕설과 함께, 무차별적인 발길질을 해대게 되는지도 모른다. 이러한 한국 정신에 반대 의사를 갖고 있는 외국인들은 조건없이 금강산 구경도 식후경인 이 대한민국을 떠나가 주기를 바란다. 우리 한국의 학자들은 주제형이 아니라 소재형이며, 이미 거세를 당한 불임의 동물들에 불과하다. 우리 한국인들은 정신의 문둥병 환자들이며, 대한민국의 영토는 세계적

Arthur Schopenhauer

인 나환자촌에 불과하다. 이 땅의 소설가 이청준의 말을 비꼬아 본다면, '그것은 당신들의 천국이지, 우리 문둥이들의 천국이 아니오!'라는 말이 그 어느 때보다도 더욱더 절실하게 울려퍼지고 있다고 해도 과언이 아니다. 하루바삐 이 지구상에서 소멸해 가는 것이 지구촌의 정화사업에 도움이 될는지도 모르는 우리 한국인들, 머리에서 발끝까지 짜맞춰지고 기워진 것이 그 특징인 한국 사태의 주범들인 우리 학자님들─. 나는 그들의 무목표, 무의지, 동정, 연민, 지역 차별주의, 자기 비하, 염세주의, 패배주의 등을 위하여 원자폭탄과도 같은 대청댐의 수문들을 모조리 폭파하지 않을 수가 없었다(『행복의 깊이』 제3권, 「산책에 대하여」).

이 세계에서 가장 뛰어난 한글, 그러나 우리 한글은 아직도 자기 자신의 힘으로 살아 움직일 수가 없다.

한글은 일본어에 의해서, 영어에 의해서, 이제는 중국어에 의해서, 그 미약한 생명력까지도 박탈을 당할 백척간두의 위기에 봉착해 있다.

한국의 원화가 달러가치에 종속되어 있듯이, 우리 한국인들은 언어의 주권마저도 상실해가고 있는 것이다. 요컨대 화난 엄마를 앵그리 맘으로, 직장여성을 워킹맘으로, 치유를 힐링으로, 병간호를 케어로, 시장보기를 쇼핑으로, 장수만세를 행복한 시니어로, 희망을 비전으로, 꿈을 드림으로, 국가부도를 디폴트로, 채무불이행을 모라토리움으로, 흑색선전을 네거티브로, 정책선거를 포지티브로 불러야 고급문화인이 된다는 착각을 하고 있는 대한민국의 어중이 떠중이들, 즉, 최고급의 상류계급의 인사들이 언어의 주권을 자기 스스로 이민족에게 헌납하고 있는 것이다.

정말로 실력 있는 사람들의 작품이

정말로 실력 있는 사람들의 작품이 다른 사람들의 그것과 구별되는 특성은 단호하고 결단성 있는 것, 또 거기에서 유래하는 명석, 명백함인 것이다. 그들은 언제나 자신이 표현하려는 것을 확실하고도 명백하게 알고 있기 때문이다. 그것은 산문이나 시, 또는 음악도 마찬가지이다.

— 쇼펜하우어, 「사색에 대하여」에서

뜻을 얻으면 백성과 더불어 그것을 실천하고 뜻을 얻지 못하면 홀로 그것을 실천한다. 부귀도 음淫할 수 없고 가난도 뜻을 전향하게 할 수 없으며 위무威武도 굴屈케 하지 못한다.

— 맹자

짐은 지상의 많은 사람들 위에 군림하게 된 이 승리를 기념하기 위해, 지금까지 어느 누구도 엄두를 내지 못한 놀라운 기념물을 세우려 한다. 그것은 거대한 도시이다. 그 도시에는 짐의 이름을 기리기 위해 알렉산드리아라고 이름붙일 것이다. 그 도시를, 이집트의 나일강물이 지중해에 흘러드는 지점에 건설하여 전 세계의 모든 나라의 수도로 삼으리라!

— 알렉산더 대왕

시의 효과는 진정제 효과와 강장제 효과, 그리고 흥분제 효과와 영생불사의 효과가 있다는 것이 나의 주장이며, 나는 적어도 새로운 명명의 힘으로서 언어의 기원 자체를 정복하고 싶었던 것이지, 마치, 김현처럼 '감싸기 이론' 따위를 도용하거나, '불세출의 대형비평가'라는 가짜 꼬리표를 달고 싶었던 것은 아니다. 시의 진정제 효과가 강장제 효과로 그 허물을 벗지 못하면 파멸할 수밖에 없게 되고, 강장제 효과는 흥분제 효과로, 흥분제 효과는 진정제 효과로, 그리고 마지막으로 그 셋의 효과가 영생불사의 효과로 허물을 벗지 못하면 파멸할 수밖에 없게 된다.

— 반경환

낙천주의자는 죄를 짓고 죄악을 정당화할 수 있는 인간이며, 죄를 짓지 않는다는 것은 그의 존재를 포기하는 것과도 같다고 하지 않을 수가 없다. 낙천주의자에게 있어서 세계는 범죄의 표상이며, 그는 신성모독을 통해서 자기 자신의 존재의 정당성을 확보해 나가지 않으면 안 된다. 모든 낙천주의자는 '나는 신성모독을 범한다, 고로 존재한다'라고 외치지 않으면 안 되고, 또한 '세계는 나의 범죄의 표상이다, 고로 행복하다'라고 외치지 않으면 안 된다. 이것이 낙천주의자의 제일의 법칙이며, 자기 자신의 존재의 정당성을 확보해 나가는 방법인 것이다.

— 반경환

제일급의 정신에 어울리는 특징

제일급의 정신에 어울리는 특징은 그 판단을 모두 자신이 직접 내렸다는 것이다. 그들이 제시하는 의견은 모두 그들이 사색하여 얻은 결과이며, 그 말하는 솜씨만을 보아도 언제나 제일급의 사람임을 분명히 알 수 있다. 따라서 그들은 독일 제국의 제후처럼 정신의 제국에 직속되어 있다. 이에 반해서 범용한 우리들은 모두 배신(陪臣)이다. 이것은 독자적인 특징을 나타내지 않는 그 문체로 알 수 있다. 진정한 사색가는 이런 점에서 군주와 같다. 그는 누구의 힘도 빌지 않고 독자적인 지위를 유지하며, 자기 위에 아무도 인정하지 않는다. 그 판단은 군주가 결정할 때와 마찬가지로 자신의 절대적 권력으로서 행하며, 자기 자신에서 그 근거를 찾는다. 즉 군주가 타인의 명령을 승인하지 않는 것처럼 사색가는 권위를 인정하지 않으며, 그 자신이 시인한 것 이외에는 아무 것도 승인하지 않는다. 이에 반해서 유행하는 각종 의견, 권위, 편견에 사로잡힌 속된 두뇌의 소유자는 법이나 명령에 묵묵히 복종하는 민중과 비슷하다.

― 쇼펜하우어, 「사색에 대하여」에서

인간은 자신이 홀로 설 수 있는 능력과 스스로를 지배할 수 있는 능력을 타고 났는지 알기 위해 적절한 때를 골라 자신을 시험해 봐야 한다. 그 시험이 비록 가장 위험한 게임이고 종국에는 자기 자신 밖에는 증인이 돼주고 재판관이 돼 줄 사람이 없는 그런 시험일지라도 그것을 회피해서는 안 된다.

타인에게 매여서는 안 된다. 가장 사랑하는 사람일지라도. 모든 인간은 감옥이며 밀실密室이다. 조국에 매여서는 안 된다. 조국이 혹독한 시련에 처해 있고 절실히 도움을 필요로 한다 하더라도. 부강한 조국으로부터 마음을 떼어놓기란 그리 어려운 일이 아니다. 연민에 매여서는 안 된다. 우연히 고귀한 인간이 보기 드문 고통과 곤경에 처해 있는 것을 보게 됐을 지라도. 학문에 매여서는 안 된다. 그것이 바로 우리를 위해 쌓아 둔 듯한 가장 귀중한 발견들로 우리를 유혹한다 할지라도. 자기초월에 매여서는 안 된다. 눈 아래로 더 먼 곳을, 좀 더 새로운 것을 보기 위해 더 높이 비상하려는 욕심을 부리는 새처럼 비상의 함정에 빠져서는 안 된다. 자신의 미덕에 매여서는 안 된다. 훌륭하고 뛰어난 인간이 겪는 위험 중의 위험은 친절함이라는 부분적 미덕 때문에 자신의 전체를 희생하는 일이다. 그는 거의 아무렇게나 낭비하듯 스스로를 소모해 버리고 관용의 미덕을 지나치게 강조함으로써 악덕에 가까운 것으로 만들어 버린다. 인간은 스스로를 보존하는 법을 알아야 한다. 그것이 독립성에 대한 가장 어려운 시험이다.

— 니체

나는 천성적으로 호전적이고 전투적이지만, 나는 나의 싸움에 관한 실천 원칙을 갖고 있다. 나의 싸움은 '만인 대 일인의 싸움'이며, 이제까지의 그 싸움이 만인들의 횡포에 견디지 못한 일인의 싸움에 불과했다면, 나는 그 '원한 맺힌 저주 감정' 없이 만인들의 어리석음을 문제삼고, 그들 모두가 자기 자신들도 모르게, 나의 적이 될 수밖에 없도록 몰아 부쳤던 것이 그 특징적이다. 나의 욕망은 상승 욕망이며, 그 상승 욕망은 니체의 권력 욕망이나 프로이트의 성적 욕망을 하위 개념으로, 혹은 종속 개념으로 거느리게 되었다. 보다 나은 인간, 보다 완전한 인간, 그 신적인 인간이 나의 궁극적인 목표이며, 우리 인간들의 궁극적인 목표라고 내가 믿고 있기 때문이다. 이 세상의 어중이 떠중이들, 즉, 저 평범하고 보잘 것 없는 우리 학자들은 신문과 대중매체, 넋 잃은 독자와 그 옹호자들에 둘러싸여 매우 보잘 것 없고 아주 작은 승리에 도취되어 있기가 십상이지만, 나의 승리는 가장 처절하고 비참한 패배에 둘러싸여 그 승리의 의미도 퇴색해 버리고, 이내 그 몸 둘 곳을 몰라 한다. 그러나 그것은 어디까지나 외면적인 양상일 뿐, 그 깊은 곳에서는 언젠가는 새로운 태양처럼 떠오르게 될 에너지로 충만해 있는 것이다. 높이 높이 날아오른 새가 잘 보이지 않듯이, 깊이 깊이 내면으로 스며든 나의 승리가 이 세상의 어중이 떠중이들에게 보일 리가 없는 것이다. 나는 오늘도 '만인 대 일인의 싸움'을 수행하고 있으며, 그 궁극적인 목표는 낙천주의자의 신전의 건축이라고 해도 과언이 아니다.

사상은 그 어떤 것보다 고귀한 명예이며, 삶의 완성이며, 보다 완전한 인간의 표지이다.

― 반경환

모든 사상가는 전제군주이며, 모든 인류의 영원한 스승이다.
사상가만이 아름답고, 사상가만이 위대하다.
아아, 최초의 인간이자 최후의 인간인 우리들의 영원한 황제여!!

범인凡人들은

범인凡人들은 어려운 문제를 해결하는 데, 열의와 성급한 나머지 권위 있는 말을 인용하기를 좋아한다. 그들은 자기의 이해력이나 통찰력 대신에 타인의 것을 동원할 수 있을 경우에는 마음 속으로 기쁨을 느낀다. 물론 동원하고 싶지만, 원래 그러한 힘을 갖고 있지 않은 것이 그들이다. 그들의 수는 매우 많다. 세네카가 말한 것처럼 "누구나 복종을 택하고 명령하기를 거부한다"라고 한 것도 그러한 이유다. 따라서 그들이 논쟁하는 경우에 즐겨 쓰이는 무기는 권위다.

— 쇼펜하우어, 「사색에 대하여」에서

대한민국의 교육열은 세계 최고의 수준을 자랑하지만, 그러나 이 교육열은 정도를 벗어난 망국병에 지나지 않는 것이다. 왜냐하면 이 교육의 열기가 사물의 이치와 진리를 탐구하는 데 있는 것이 아니라, 오직 출세를 위한 필요악이 되어가고 있기 때문이다. 출세는 최고의 선이 되고, 교육은 필요악이 된다. 대한민국에서는 적어도 세계적인 사상가와 세계적인 작가가 결코 탄생할 수가 없다.

대한민국의 교육부는 반교육의 심장부, 즉, 망국병의 진원지에 지나지 않는데, 왜냐하면 학원지옥와 입시지옥으로 모든 학생들을 도

살시키고 있기 때문이다. 주입식 암기교육과 사지선다형의 입시제도가 만연하고 있는 한 독서중심의 글쓰기 교육은 영원히 이루어질 수가 없고, 그 결과, 대한민국의 교육부는 모든 독서의 시장을 싹쓸이 대청소를 하고 있는 것이다.

대한민국의 망국병은 독서를 하지 않는 병이며, 그 결과, 타인의 말과 사유 앞에서 노예적인 복종태도를 지니게 된다.

"표절을 하세요? 표절은 출세의 보증수표가 됩니다." "뇌물을 주고 받으세요? 뇌물은 국가성장의 원동력이 됩니다."

대한민국의 교육부는 이 망국병 속에서 오늘도 이렇게 부르짖고 있는 것이다.

아무리 훌륭한 사상이라도

아무리 훌륭한 사상이라도 적어 두지 않으면 두 번 다시 기억할 수 없을 정도로 잊어버릴 위험이 있고, 애인도 결혼하지 않으면 우리에게서 떠나가 버릴 위험이 있다.

— 쇼펜하우어, 「사색에 대하여」에서

아버지 살해는 죄를 짓고 죄악을 정당화하는 것이며, 모든 문화를 움직여 가는 근본적인 힘인 것이다.

나는 이 신성모독의 역사를 낙천주의로 이해한 최초의 사상가이거니와, 이 낙천주의를 쾌락원칙이 아닌, 영웅주의—고통을 받아들이고 고통을 극대화시키는 영웅주의—로 승화시킨 최초의 사상가이기도 하다.

낙천주의자는 새로운 미래의 인간과 우리 인간들의 지상낙원을 창출해내기 위하여, 헤라클레스와도 같은 노역을 감당해내지 않으면 안 된다.

메모는 기억이며, 불꽃이며, 거대한 활화산의 원동력이기도 한 것이다.

대부분의 사상은 사색의 결과

대부분의 사상은 사색의 결과, 그 사상에 다다른 사람에게만 그 가치가 있다. 다만 소수의 사상만이 독자의 반향을 일으킬 힘을 가지고 있다. 다시 말하면 글로 쓰여진 후에도 독자의 흥미를 끄는 힘을 갖는다.

— 쇼펜하우어, 「사색에 대하여」에서

제 아무리 체격 조건이 좋고 선천적인 힘을 가지고 태어났다고 하더라도, 자기 자신의 육체를 단련시키고 기술을 연마하지 않으면 그 어떠한 성과도 낼 수가 없듯이, 끊임없이 독서를 하고 산책을 하지 않으면 그는 결코 자기 자신만의 사상의 창시자가 될 수가 없다.

위험스러운 물음표와 불쾌한 바보처럼 살면서도 끊임없이 동시대를 비판하고 그 비판의 힘으로 자기 자신의 근거를 마련했던 쇼펜하우어와 니체처럼, 또는 이 반경환이처럼 모든 사상가는 사상가로서 태어나기 위하여 수없이 죽어가지 않으면 안 된다.

헤라클레스처럼, 테세우스처럼, 오딧세우스처럼, 오르페우스처럼, 언제, 어느 때나 죽음의 신인 하데스의 멱살을 움켜쥐고 그의 숨통을 끊어 놓지 않으면 안 된다.

소수의 신성모독자, 즉, 이 전과자들만이 자기 자신의 사상의 힘으로 만인들의 심금을 사로잡을 수가 있는 것이다.

Arthur Schopenhauer

자기를 위하여 사색하는 사람과

일반적으로 사상가를 특히 자기를 위하여 사색하는 사람과 우선 남을 위하여 사색하는 자로 분류할 수가 있는데, 첫 번째 타입에 해당되는 사람들이 참된 사상가이며, 두 가지 면에서 스스로 사색하는 사람이다. 즉 첫째는 그들만이 사물에 대하여 진지하게 생각하고, 둘째는 그들의 생활의 즐거움과 행복은 바로 사색에 있기 때문이다. 그것은 그들이 참된 철학자, 지혜를 사랑하는 사람이기 때문이다. 두 번째 타입의 사상가는 소피스트다. 그들은 세상으로부터 사상가라고 여겨지기를 염원하고, 즉 명성 속에서 행복을 찾는다.

— 쇼펜하우어, 「사색에 대하여」에서

돈과 명예는 같은 무대에 설 수가 없다라는 말이 있다. 돈을 앞세우면 명예를 버려야 하고, 명예를 앞세우면 돈에 대한 욕심을 버려야 한다.

데카르트는 자기 자신의 사상을 위하여 떠돌이 나그네의 삶을 살지 않으면 안 되었고, 스피노자는 자기 자신의 사상을 위하여 렌즈를 갈고 닦는 일과 가정교사 등으로 살아가지 않으면 안 되었다.

데카르트의 『방법서설』과 『성찰』, 스피노자의 『에티카』는 그 사상가의 삶의 대가이지만, 타인을 가르치며 그들 위에 군림을 하고 있었던 소피스트들은 그처럼 빛나는 사상의 업적을 생산해낼 수가 없었던 것이다.

심은 대로 싹이 나오고, 땀 흘린 만큼 수확을 거둔다.

Arthur Schopenhauer

4부

철학을 하려면

철학을 하려면 우선 세 가지 요건을 구비해야 한다. 첫째로 어떠한 문제라도 마음에 담아 두지 말고 물을 수 있는 용기를 가져야 한다. 그리고 둘째로는 자명한 것이라도 그것을 문제로 파악하기 위해서는 분명하게 의식해야 한다. 셋째로 본격적으로 철학을 하기 위해서는 정말로 정신이 한가하지 않으면 안 된다. 정신은 아무런 목적도 뒤쫓지 말고 의지에 유혹당하지 말아야 하며 직관적 세계와 자기의 의식이 그에게 알려주는 교시를 허심탄회하게 받아들이지 않으면 안 된다.

— 쇼펜하우어, 「철학과 지성에 대하여」에서

어떠한 문제라도 마음에 담아두지 않고 질문할 수 있는 용기와 어떠한 자명한 것이라도 그 자명성 자체를 문제로 파악할 수 있는 인식 능력과, 그리고 이 철학자의 삶을 위한 한가함이 세 가지의 요구조건이라고 우리들의 쇼펜하우어는 말한다.

이때의 한가함은 자기 자신과 철학자의 삶을 위한 한가함이지, 돈 주앙적인 한가함이 아니다. 이 한가함은 모든 잡음과 잡념을 제거한 한가함, 그 어떠한 외부의 압력이나 강제성마저도 침투할 수 없는 한가함, 오직 자기 자신의 사상을 위하여 정진하고 또 정진할 수 있

Arthur Schopenhauer

는 한가함이라고 할 수가 있다.

이 한가함, 이 생산적이며 창조적인 시간을 지닌 자만이 그 모든 것을 질문할 수 있는 용기와 그 어떠한 자명한 것의 단점을 알아차리고, 그것을 최후의 심판대에서 처형할 수가 있는 것이다.

모든 사상가는 전제군주이자 최후의 심판관이라고 할 수가 있다.

철학자는 정수精髓를 가져오는 사람

시인은 생활상과 인간의 성격, 상황을 상상력으로 그려 보이며 그 모든 것을 살아 움직이게 한다. 그리고는 이들 각자의 상像들에 있어서, 그들의 정신력이 미치는 한 상상력을 넓히도록 맡겨버린다. 이 때문에 시인은 아주 다른 능력을 가진 사람들, 즉 현자나 우자愚者에게 동시에 만족을 줄 수 있다. 이와 반대로 철학자는 시인과 같은 방법으로 인생 그자체를 보여주지 않고, 그로부터 이끌어 낸 완성된 사상을 보여준다. 그의 독자는 아주 적다. 시인은 꽃을 가져오는 사람에 비할 수 있고, 철학자는 정수精髓를 가져오는 사람에 비할 수 있다.

— 쇼펜하우어, 「철학과 지성에 대하여」에서

시인은 꽃을 가져오는 사람이고, 철학자는 사상(정수)을 가져오는 사람이다.

쇼펜하우어는 시와 철학의 상관관계를 매우 정확하게 알고 있었던 세계적인 사상가였다.

시인의 세계는 상상력의 세계이며, 그가 펼쳐 보이는 세계는 아름답고, 신비로우며, 환상적이다. 여기가 아닌 다른 곳, 그 다른 세계로 우리 인간들을 인도하며, 그의 시세계는 활짝 핀 꽃과도 같은 아름다움을 가져다가 준다.

사상은 그것이 염세주의이든, 공산주의이든, 낙천주의이든지간에, 수많은 싸움들과 만고풍상의 시련 끝에 황금들녘을 펼쳐보이는 오곡백과와도 같다.

사상은 오곡백과이며, 그 영양소와도 같다.

진리를 찾아내는 데 가장 방해가 되는 것은

진리를 찾아내는 데 가장 방해가 되는 것은 사물에 근거하여 사람을 오류로 유도하는 거짓된 가상假想이나 직접적인 지성의 나약함이 아니다. 그것은 선입견과 편견이다. 이것은 일종의 사이비 아 프리오리가 되어 진리를 방해한다. 이것은 마치 배를 육지가 있는 방향에서부터 다른 방향으로 밀어내는 역풍逆風과 같은 것이어서 이런 바람이 불 때에는 닻이나 돛을 쓸 데가 없어진다.

— 쇼펜하우어, 「철학과 지성에 대하여」에서

개인의 자유와 만인평등은 민주주의가 지니고 있는 선입견과 편견이고, 부의 공정한 분배와 만인평등은 공산주의가 지니고 있는 선입견과 편견이다.

자본주의가 지니고 있는 선입견과 편견은 어느 누구도 자유롭고, 어느 누구도 부자가 될 수 있다는 이념일 것이다.

한 사람의 자유는 타인의 자유를 짓밟고, 만인평등은 최소한도의 위계질서마저도 인정하지를 않는다. 모든 사회는 무리를 짓는 동물들의 계급사회이며, 이 계급사회는 절대적인 서열제도 위에 그 근거를 두게 된다. 민주주의도, 공산주의도, 자본주의도 다만, 이 세상

Arthur Schopenhauer

에 존재할 수 없는 환상이며, 이 환상들이 선입견과 편견의 기원이 되고 있는 것이다.

모든 진리는 경험과 상관이 없는 아 프리오리이며, 선입견과 편견에 지나지 않는 것이다.

생명은 하나의 연소 과정

좀 더 강하게 비유한다면, 생명은 주지하는 바와 같이 하나의 연소 과정이며, 연소 과정에서 생기는 빛의 발산이 지성이다.

— 쇼펜하우어, 「철학과 지성에 대하여」에서

생명은 에너지이며, 에너지는 생명이다.

모든 생명은 에너지이며, 그의 삶은 연소과정에 지나지 않는다.

희미한 불, 밝은 불, 이글이글 타오르는 불, 모든 천하를 다 밝히고 있는 불, 시들어가는 불, 어둠 속에 잠겨 가는 불, 새까만 잿더미만 남긴 불—.

당신의 생명의 불은 어떠한 불이며, 과연 그 무엇을 위한 불꽃이란 말인가?

오오, 불이여!

오오, 생명의 불이여!

생각이라는 것은

우리는 자신의 가치 있고 깊이 있는 생각을 가능한 한 빨리 기록해 놓아야 한다는 것을 잘 알고 있다. 왜냐하면 우리는 우리가 직접 체험한 사실뿐만 아니라, 우리가 생각했던 것을 더 잘 잊어버리기 때문이다. 생각이라는 것은 우리가 원할 때에 나는 것이 아니라, 제멋대로 나고 싶을 때 나는 것이다. 반대로 외부에서 받아들인 것, 그저 배운 것, 언제라도 책에서 다시 볼 수 있는 것 따위는 써두거나 스크랩해 둘 필요가 없다. 어떤 것을 쓴다는 것은 그것을 기억에게 넘겨 준다는 것을 말하기 때문이다.

　— 쇼펜하우어, 「철학과 지성에 대하여」에서

기억과 망각은 낮과 밤의 관계와도 같다. 기억이 없으면 어떠한 일의 연속성과 통일성도 기대할 수가 없으며, 문명과 문화의 발전도 가능하지가 않다. 문명과 문화의 발전이 가능하지 않으면 하늘을 찌를 듯한 환희에의 기쁨도 없어지고, 자기 자신의 존재의 근거도 마련할 수가 없다. 이에 반하여, 망각이 없으면 지난 날의 크나큰 사건과 그 상처의 아픔에서 헤어날 수가 없으며, 그 어떠한 새로운 일도 추진할 수가 없게 된다. 인간은 기억하는 동물이며, 기억이 중요하기 때문에 망각이 필요하다. 인간은 망각하는 동물이며, 망각이 중요하기 때문에 기억이 필요하다.

문자는 기억술의 극치이며, 이 문자가 있기 때문에 역사의 발전이 가능했다. 망각에는 한계가 없지만, 기억에는 한계가 있다. 마르크스와 칸트를 공부하는 데에는 최소한도 10여 년의 시간이 필요하지만, 그것을 잊어버리는 데는 단 몇 개월이면 족할 수도 있다.

산다는 것은 기억한다는 것이며, 기억한다는 것은 끊임없이 망각과 싸운다는 것이다.

이 싸움은 망각의 승리가 예정된 싸움이기도 하지만, 그러나 새로운 인간의 탄생에 의하여 기억의 승리도 예정되어 있다.

Arthur Schopenhauer

오류들 표

그러므로 오류 중에는 일반적으로 애호를 받으며 신임을 받고 또 무수한 사람들이 만족스럽게 추종하는 그런 오류들도 있다. 나는 이와 같은 오류들을 표로 만들어 놓았거니와 이런 오류를 계속 찾아내어 줄 것을 다른 분들께도 부탁하고 싶다.

1. 자살은 비겁한 행위이다.
2. 타인을 신뢰하지 않는 사람은 자기 자신이 정직하지 못하기 때문이다.
3. 공이 있는 사람과 재능이 있는 사람은 진실로 겸손하다.
4. 미친 사람은 극히 불행하다.
5. 철학은 학습할 수 없고 단지 철학하는 것을 학습할 수 있을 뿐이다 (그 반대이다).
6. 훌륭한 희극보다도 훌륭한 비극 쪽이 쓰기 쉽다.
7. 약간의 철학은 신으로부터 멀어지고 있고 대부분의 철학은 신에게 되돌아가고 있다. 이 말은 프란시스 베이컨이 한 말을 되풀이 한 것이다.
8. 아는 것은 힘이다. 당치도 않다!

이러한 오류들 때문에 이의를 제기하고 반박할 힘이 생기는 것이다.

이의를 제기하고 반박할 수 있는 힘은 홀로서기의 근본 조건이라고 할 수가 있다.

1. 자살은 용감한 행위이다.
2. 자기 자신을 정직하다고 생각하는 사람은 타인을 신뢰하지 않는다.
3. 공이 있는 사람과 재능이 있는 사람은 진실로 오만방자하다.
4. 미친 사람은 지극히 행복하다.
5. 철학은 학습할 수 있고, 철학하는 것은 학습할 수 없다(그 반대이다).
6. 훌륭한 비극보다도 훌륭한 희극 쪽이 더 쓰기 쉽다.
7. 약간의 철학은 신에게로 돌아가고 대부분의 철학은 신의 존재를 결코 인정하지를 않는다.
8. 아는 것은 힘이다. 영원한 진리이다!

많은 것을 알고 있으면서도

인간사 중에서 가장 고통스러운 것은 많은 것을 알고 있으면서도 아무 것도 할 수 없는 것이다(헤로도투스).

― 쇼펜하우어, 「철학과 지성에 대하여」에서

시진핑: 1953년생, 청화대학교 법학박사, 중국 국가주석.

아베 신조: 1954년 생, 서던캘리포니아대학교, 일본총리.

블라디미르 푸틴: 1952년 생, 상트 페테르부르크대학교, 러시아 대통령.

버락 오바마: 1961년 생, 하버드대학교 법학박사, 미국 대통령.

반경환: 1954년생, 낙천주의 사상가

아는 것이 힘이다.

앎을 소유한 자가 언제, 어느 때나 백전백승의 전략을 구사하고, 최고급의 월계관을 쓰게 된다.

사상가는 천하무적의 전략가이며, 인간 중의 인간이다.

사상가와 학자와의 차이는 인간과 짐승의 차이보다도 더 크다.

내가 대한민국의 대통령이라면, 시진핑, 아베 신조, 블라디미르 푸틴, 버락 오바마와도 힘—최고급의 인식의 전쟁—을 겨루고, 그들에게 나의 낙천주의 사상을 가르쳐주고, 우리 대한민국을 곧바로 문화선진국으로 인도해갈 수도 있었을 것이다.

천재의 길에는 우연이 없고, 천재는 언제, 어느 때나 최단의 행로를 선호한다.

불가능은 없다.

나는 우리 대한민국의 기초생활질서를 확립하고, 부정부패의 뿌리를 뽑고, 우리 한국인들을 사상가와 예술가의 민족(고급문화인)으로 인도해갈 만큼 충분한 실력을 길렀지만, 그러나 우리 한국인들은 나를 결코 선택하거나 중용해주지 않을 것이다.

대한민국 5천년의 역사 속에서 가장 뼈 아픈 대목이며, 내가 죽으면 이 반경환이와도 같은 천재는 과연, 언제, 어느 때 또다시 나타날 것이란 말인가?

우리 한국인들은 고귀하고 위대한 민족의 길—남북통일을 이룩할 수 있는 길—을 포기하고 끊임없이 자기 스스로 몰락과 쇠퇴의 길을 걸어가고 있는 것이다.

천재는 두 개의 지성을

천재는 두 개의 지성을 가지고 있다. 하나는 자신을 위한 것으로 자기의 의지에 대한 봉사를 위해 사용되는 것이며, 다른 하나는 세계를 위한 것으로 세계를 완전히 객관적으로 파악함으로써 세계에 대한 거울이 되는 것이다. 이러한 순수 객관적인 파악의 집약, 혹은 정수精髓는 기술적인 수련이 덧붙여짐에 따라 예술, 시, 그리고 철학의 작품 속에 재현되는 것이다. 반면에 평범한 사람이 가지고 있는 지성은 주관적 지성이라고 부를 수 있다. 이러한 주관적 지성은 예리함이 아무리 높은 정도에 도달하고 완전성을 갖추었다 해도 언제나 천재적인 두 개의 지성에 비하면 현격한 차이가 있음을 알 수 있다.

― 쇼펜하우어, 「철학과 지성에 대하여」에서

천재는 두 개의 지성을 가지고 있다. 하나는 자신을 위한 것이고, 다른 하나는 세계를 위한 것이다. 데카르트는 자기 자신을 신앙과 종교로부터 해방시켰으며, 이 싸움을 통해서 진정한 인간의 자기 발견을 이룩하게 되었다. '나는 생각한다, 고로 존재한다'라는 데카르트의 말 이전에는 진정한 인간이 없었던 것이고, 인간의 운명은 근대 이전의 사악한 신의 손아귀에서 빠져나올 수가 없었던 것이다.

데카르트는 자기 자신을 인간으로 끌어 올렸던 것이며, 그 인간의 힘을 통하여 인간 사회 전체와 문명과 문화의 길을 활짝 열어 놓았던 것이다.

　나는 나이며, 그 나로서 세계를 이끌어 나간다.

　나의 발전사가 세계의 형성사가 된 것이다.

천재의 사상을

천재의 사상을 타인의 머리 속에 주입시키려는 시도는 식물을 외국에 옮겨 놓는 것과 같아서 그 식물을 제대로 못 크게 하거나 점점 쇠약해지게 하는 결과를 초래한다. 마찬가지로 천재의 사상을 타인이 해석한 것은 항상 곡해된 것이거나 원래의 뜻이 제대로 다 나타나지 못한 경우가 대부분이다.

— 쇼펜하우어, 「철학과 지성에 대하여」에서

아는 것은 힘이다는 프란시스 베이컨의 나무이고, 너 자신을 알라는 소크라테스의 나무이다. 투쟁은 만물의 아버지이다는 헤라클레이토스의 나무이고, 세계는 범죄의 표상이다는 반경환의 나무이다.

이 나무들은 단 한 그루의 나무이며, 거목이고, 다른 곳, 다른 나라로의 이식 자체가 불가능하다.

천재의 사상은 만인이 공유할 수 있지만, 그러나 사상은 그 천재를 떠나서는 살 수가 없다.

위대한 것을 기획하는 사람은

자기가 살고 있는 시대에 명성을 얻고자 하는 사람은 마땅히 그 시대와 같은 보조를 취해야 한다. 그러나 이런 경우에는 결코 위대한 것이 산출되지 않는다. 그러므로 위대한 것을 기획하는 사람은 그의 시선을 후세에로 돌려서 확고한 신념을 갖고 후세를 위한 저작을 만들지 않으면 안 된다.

— 쇼펜하우어, 「철학과 지성에 대하여」에서

우리가 공부를 하는 것은 보이는 것과 안 보이는 것, 가능한 것과 가능하지 않은 것, 과거와 미래, 적과 동지, 남과 녀, 선과 악, 진리와 허위, 흑과 백, 물과 불 등을 탐구하고, 그 전체를 바라볼 수 있는 종합적인 시선을 소유하기 위한 것이다.

학자는 눈앞의 이익을 보고, 눈앞의 이익을 위하여 그 어떠한 비굴한 굴종과 수치심마저도 감내를 하게 된다. 비굴한 굴종과 수치심은 쓰디쓴 인고의 아픔일 수도 있겠지만, 그러나 그것의 결과는 황금도포와 황금왕관처럼 더욱더 아름답고 찬란할 수도 있다. 이 세상에서 가장 아름답고 찬란한 것은 허위(환영)이며, 그것은 허위이기 때문에, 마약과 술과도 같은 중독성을 띠게 된다.

Arthur Schopenhauer

사상가는 전체의 이익을 생각하고, 그 어떠한 비굴한 굴종과 수치심마저도 받아들이지 않는다. 그는 이 세상에서 가장 아름답고 찬란하다는 것은 허위라는 것을 알아차린 현자이며, 따라서 이 세상의 모든 명예와 명성을 거절하게 된다.

순수의 예감
윌리엄 블레이크

한 알의 모래 속에서 세계를 보고
한 송이 들꽃에서 천국을 본다
그대 손바닥 안에 무한을 쥐고
순간 속에서 영원을 보라

그의 사상의 신전 앞에서는 모든 명예와 명성이 쓰레기가 되고, 이 세상에서 가장 아름답고 찬란한 새로운 명예와 명성이 자라나게 된다.

사상가는 빛보다 더 빠른 속도로 날아갔다가, 어느 날 갑자기 머나먼 미래에서 새로운 진리의 날개를 타고 되돌아 오게 된다.

나쁜 두뇌를 가진 사람은

평범한 사람의 두뇌, 즉 나쁜 두뇌를 가진 사람은 자기에게 천거된 위대한 사상가의 저술을 즐긴다 해도 춤을 출 줄 모르는 것과 똑같다고 할 수가 있다. 다시 말하면, 범인은 위대한 저서를 읽어도 그 참뜻을 알지 못하면서 의례적으로 읽는 것이며, 천재의 경우는 뒤지지 않기 위해서 읽는 것이다.

라브뤼예르(프랑스의 모랄리스트)가 다음과 같이 말한 것은 참으로 타당하다.

"세계의 모든 정신도 정신이 없는 사람에게는 무용지물이다."

— 쇼펜하우어, 「철학과 지성에 대하여」에서

우리 학자는 자본가와도 같다. 우리 학자는 돈이 필요하지, 사상이 필요한 것이 아니다.

우리 학자는 사상을 개밥의 도토리처럼 여기며, 더욱더 탐욕스럽게 살코기만을 물어뜯게 된다.

우리 학자는 하늘을 날고 더 먼곳으로 날아갈 필요가 없다.

세계의 모든 정신도 집 지키는 개만도 못한 우리 학자들에게는 아무런 쓸모가 없다.

천재의 생활

우리는 천재적인 사람들이 대체적으로 비사교적이고 또 때로는 반항적이라고 해도 별로 놀랄 일이 아니다. 왜냐하면 이는 사교성의 결핍 때문이 아니라는 것을 알아야 하기 때문이다. 이 세계에 있어서 천재의 생활은 마치 아름다운 이른 아침에 산책을 나선 사람과 같다. 이때 그는 무아지경에 빠져서 온통 자연의 신선함과 찬란함에 넋을 잃고 자연을 바라보고 있는 것이다. 즉 자연에 얽매일 수밖에 없는 것이다. 이때에 사교가 있을 수 있겠는가? 눈에 뜨이는 사람이라고는 기껏해야 대지에 엎드려 밭을 가꾸는 농부뿐이리라. 그러므로 위대한 사상가들이 세계에서 보통 통용되는 대화보다 독백을 택하는 경우가 종종 있는 것이다.

— 쇼펜하우어, 「철학과 지성에 대하여」에서

에베레스트를 등정하려는 사람은 최소한 몇 개월을 세속과의 인연을 끊은 채 베이스 캠프에서 생활을 하며 그 최고봉의 등정 루트를 개척해야 하고, 마지막 최후의 날은 새벽 2~3시에 제4의 캠프에서 빠져나와 정상 정복에 나서게 된다.

천재의 생활도 이와 마찬가지이다. 그의 목표는 어느 누구도 가보지 못한 전인미답의 길 위에 있고, 그의 발걸음 하나 하나에 자기 자신의 목숨을 걸지 않으면 안 된다.

데카르트라는 고봉, 스피노자라는 고봉, 칸트라는 고봉, 헤겔이라는 고봉, 마르크스라는 고봉, 쇼펜하우어라는 고봉, 니체라는 고봉, 프로이트라는 고봉, 공자라는 고봉, 장자라는 고봉, 맹자라는 고봉, 노자라는 고봉 등, 그 어느 것 하나 어렵고 힘들지 않은 길은 없다.

나는 나의 『행복의 깊이』 1, 2, 3, 4권을 쓰는데 적어도 15-6년이 걸렸으며, 그 글을 쓰기 위하여 하루에 열 시간씩, 열두 시간씩 공부를 하지 않으면 안 되었고, 온몸의 피와 땀과 눈물을 짜내는 듯한 글쓰기로 밤을 지새울 수밖에 없었다.

나는 이 기간 동안 집을 나가서 이틀 이상을 잔 적이 거의 없으며, 단 한 번도 해외여행을 나간 적도 없었다. 분명한 목표를 세우고 공부를 하면 할수록 해야 할 공부와 그 과제들이 산더미처럼 쌓여 가는데, 어디를 가서 한가하게 여행 나부랭이나 즐기면서 놀 수가 있단 말인가?

천재는 선천적으로는 사교적일 수도 있지만, 그러나 그 천재의 길은 후천적으로 비사교적일 수밖에 없다. 천재의 길은 자연의 신선함과 찬란함에 넋을 잃고, 그 무아지경에 빠진 사람의 길이며, 그 아름다운 자연을 재창조해내는 천지창조주와도 같다.

천재의 언어는 독백의 언어이고, 상징의 언어이다. 이 혼잣말, 이 상징의 언어에는 그러나 최초의 종족창시자로서의 그 지혜가 담겨 있는 것이다.

Arthur Schopenhauer

위대한 정신을 가지고 있는 사람이

위대한 정신을 가지고 있는 사람이 겸손함까지 가지고 있다면 사람들은 이를 좋게 생각하겠지만, 유감스럽게도 천재의 겸손함이란 개념은 나무로 된 쇠, 차가운 불, 뜨거운 눈과 같은 형용모순이다. 왜냐하면 겸손한 천재가 있다면 그는 타인의 사상, 의견, 견해, 그밖에 무수한 타인의 태도, 행동에 대하여 자기 자신의 것 이상의 우위성을 인정하게 될 것이며, 그렇게 되면 자신의 사상으로 타인의 사상을 지배하려고 하지 못하고 언제나 자신의 사상을 억압하여 타인의 사상 지배하에 두지 않으면 안 되기 때문이다. 그러나 그렇게 되면, 그는 아무 것도 할 수 없는 무능한 사람이 되거나 다른 범인들도 할 수 있는 평범한 작품을 만들어 내는 데에 그칠 것이다. 결국 겸손한 천재는 결코 천재 구실을 할 수가 없는 것이다.

— 쇼펜하우어, 「철학과 지성에 대하여」에서

대한민국 사회는 가부장적인 계급사회이며, 장유유서長幼有序의 법칙에 따라서 늙은 스승만이 모든 발언권과 문화권력을 갖게 된다.

늙은 스승이 대학, 언론, 출판, 문학상, 학술상, 학술원, 예술원 등의 모든 자원을 배분할 권리를 가지며, 그들의 전가의 보도는 '인간이 되라'는 교훈과 함께, '겸손함과 예의'라는 채찍이라고 할 수가 있다.

'인간이 되라'는 교훈은 사상이나 이론의 정립보다도 더 중요하며, 그것은 언제, 어느 때나 늙은 스승에 대한 무조건의 존경과 경의를 표시하라는 정언명제로 이어지게 된다.

한국 사회는 근본적으로 이 늙은 스승들이라는 유령에 의해서 천재생산이 봉쇄된 사회이며, 이민족에 의해서 지배를 받는 사회에 지나지 않는다. 식량주권도 없고, 안보주권도 없다. 원자력이나 핵무기 주권도 없고, 통화주권도 없다. 환율주권도 없고, 외교주권도 없다. 학문주권도 없고, 남북통일을 이룩해낼 수 있는 주권도 없다.

천재의 겸손함과 겸손한 천재들—, 이 늙은 스승들의 겸손함과 예의를 채찍을 맞고 자라난 우리 한국인들은 인간이 아닌, 인간을 닮은 바보— 천치들에 지나지 않는다.

한없이 나태하고 게으르고, 어리석고 우둔하며, 거대한 제국의 건설보다는 서로간의 좀도둑질과 이전투구로 천년, 만년 동안이나 날밤을 새우게 된다.

위대한 인물

위대한 것, 고귀한 것, 비범한 것을 창조하기 위해서는 동시대인의 방법과 사상과 견해를 무시하고 동시대인들이 비난하는 것에 구애받지 말고 창작에 힘써야 할 것이며, 그들이 칭찬하고 좋아하는 것에 오히려 경멸하는 태도를 취해야 하는 것이다. 이같이 동시대인에 대한 불손함과 오만함이 없이는 위대한 인물도 있을 수가 없다.

　　— 쇼펜하우어, 「철학과 지성에 대하여」에서

너 자신을 알라!

부디 너 자신을 알고, 네가 너로서 설 수 있고, 네가 최초의 아버지가 되고, 인류의 조상이 될 수 있는 그런 곳에다가 삶의 둥지를 틀거라!

위대한 것, 고귀한 것, 비범한 것들은 만인들 속에 있지 않고, 만인들이 가장 싫어하고 혐오하는 것 속에서 찾아내지 않으면 안 된다.

살부와 근친상간을 범하고 외디프스가 될 수 있는 용기, 프로이트처럼 유아성욕이론을 주창할 수 있는 용기, 니체처럼 신은 죽었다라고 선언할 수 있는 용기, 마르크스처럼 공산당을 선언을 할 수 있는 용기, 반경환이처럼 신성모독을 주창하고 낙천주의의 신전을 세울 수 있는 용기를 갖고 너는 네 자신만의 길을 걸어가지 않으면 안 된다.

신경숙, 이문열, 유종호, 김윤식, 백낙청, 고은, 신경림, 김현, 정과리 등, 이 사이비 학자들을 발밑으로 깔아뭉개버리면서…….

대중은 인간처럼 보일 따름이며

대중은 인간처럼 보일 따름이며, 나는 아직 인간과 똑같은 이를 보지 못했다.

— 쇼펜하우어, 「철학과 지성에 대하여」에서

대중이란 우중愚衆이며, 우중이란 어리석은 인간을 말한다. 대중이란 대부분의 인간을 말하고, 이 대부분의 인간들의 지적 수준이 높아야, 진정한 천재가 천재로서 그의 삶을 살아가게 된다.

진정한 천재의 출현을 기뻐해주고, 천재의 목적과 그 의도를 알아주고, 그리하여 그 천재의 말에 무조건 복종할 수 있는 대중들이 많아야, 그 민족과 국가는 세계 제일의 그것으로 상승하게 된다.

하지만, 그러나 대중들은 대부분이 최초의 천재를 이해할 수 있는 안목을 지니지 못했으며, 그들은 알렉산더 대왕처럼 백전백승의 장군이 되었을 때, 바로 그때서야 비로소 알렉산더 대왕을 알아보고, 알렉산더 대왕에게 존경과 경의를 표하게 된다.

대중은 인간처럼 보일 따름이며, 그 대중을 인간으로 만들기 위해서는 오딧세우스처럼 지하(죽음)의 세계를 다녀오지 않으면 안 된다.

소위 천재라고 일컫는 사람은

소위 천재라고 일컫는 사람은 아주 드물게 나타난다. 그러므로 천재는 그밖의 사람들이 도저히 할 수 없는 일을 성취시킬 수 있다. 이에 따라서 천재들의 독창성은 아주 대단한 것이므로 범인과의 현저할 뿐만 아니라, 그들의 개성도 뚜렷하다. (……) 아리오스트가 "자연이 그를 주조鑄造하고 나서 그 틀을 깨뜨려 버렸다"라고 한 말은 아주 적절한 비유이며, 그것이 유명해진 것도 당연한 일이다.

— 쇼펜하우어, 「철학과 지성에 대하여」에서

천재와 둔재의 차이는 백지 한 장의 차이일 수도 있지만, 그러나 그 차이는 하늘과 땅 차이보다도 더 클 수가 있다.

악법도 법이다라고 죽어간 소크라테스와 그 악법을 피해서 해외로 도망을 간 어떤 정치인과의 차이가 그것을 말해준다. 소크라테스의 살신성인의 조국애는 만인들의 귀감이 되지만, 자기 자신의 목숨을 구걸한 어떤 정치인의 이기주의는 만인들의 조롱의 대상이 될 뿐이다.

빌 케이츠도 엄청난 말썽꾸러기였고, 스티브 잡스도 엄청난 말썽꾸러기였다. 그들의 공통점은 동시대의 반항아들로서 대학교육을 거절하고, 마이크로소프트사와 애플사를 창립한 데 있었다고 해도 과언이 아니다.

빌 케이츠는 인터넷 세상을 열었고, 스티브 잡스는 스마트폰 세상을 열었다.

그들은 그 새로운 세상을 위하여 자기 자신의 목숨을 걸었던 것이고, 더욱더 아름답고 멋진 죽음을 죽어가고 있었던 것이다.

"자연은 천재를 주조鑄造하고 나서 그 틀을 깨뜨려 버렸다."

천재란 "자, 모두 죽는 거요. 즐겁게 죽는 거요"라고 자기 자신의 목숨을 언제, 어느 때나 바칠 준비가 되어 있는 사람이다.

오늘날은 빌 케이츠가 창출해낸 인터넷 세상과 스티브 잡스가 창출해낸 스마트폰 세상이 우리 인간들의 삶을 지배하고 있다고 해도 과언이 아니다.

천재

탤런트는 돈과 명예를 위해서 일을 한다. 그와 반대로 천재를 움직여
그의 저술을 만들어 낸 동기를 밝혀내는 것은 쉽지 않다.

천재에게 있어서, 돈이 작품의 동기가 되는 경우는 극히 드물다. 명예
는 동기가 안 된다.

― 쇼펜하우어, 「철학과 지성에 대하여」에서

"사막이 아름다운 것은 어딘가에 우물을 숨기고 있기 때문이야",
"네가 네 시에 온다면, 세 시부터 난 행복해지기 시작할 거야"라고
어린 왕자가 말할 때, 이 세상은 더없이 아름답고 풍요로워질 수밖
에 없게 된다. 어딘가에 우물이 숨어 있다는 것만으로도 불모지대
의 사막은 살만한 곳이 되고, 어디에선가 찾아올 친구가 있다는 것
만으로도 이 세상은 아름답고 행복한 곳이 된다.

생텍쥐페리가 돈을 바라고 글을 썼다면 그의 『어린 왕자』는 술 취
한 바보가 되고, 모든 인간들의 조롱과 묵살의 대상이 되었을 것이
다.

탤런트는 자기 자신의 얼굴이 없는 광대이다. 그의 얼굴은 가면
일 뿐이고, 따라서 그들은 더욱더 뻔뻔스럽고 파렴치하게 돈을 밝

히게 된다.

　"현대는 비판의 시대이며, 모든 것은 비판받지 않을 수가 없다"라고 비판철학의 장을 열었던 임마뉴엘 칸트가 과연 어떻게 돈을 바라고 글을 쓸 수가 있었단 말인가?

고대인은 친절과 용기를 덕으로 삼고

고대인은 친절과 용기를 덕으로 삼고 비겁을 악덕으로 인정하였다. 용기는 미래의 큰 악을 예방하기 위하여 현재의 악을 피하지 않고 맞아들이는 데도 사용된다. 비겁한 자는 이 경우, 현재의 악을 피함으로써 미래의 더 큰 곤경을 맞을 것이다.

— 쇼펜하우어, 「윤리에 대하여」에서

오딧세우스는 요정 칼립소와의 영생불사의 삶도 거절했고, 테세우스는 아테네의 시민들을 구원하기 위하여 미노타우르스와의 싸움도 마다하지를 않았다.

헤라클레스는 옴팔레 여왕의 열두 가지의 노역도 마다하지를 않았고, 아킬레스는 그의 친구인 파트로클로스의 원수를 갚기 위하여, 트로이 전쟁에서 장렬하게 전사를 할 수밖에 없었다.

용기는 구원의 힘이 되고, 비겁은 절망의 힘이 된다.

용기 앞에서는 악이 꼬리를 내리고, 비겁 앞에서는 악이 사나운 발톱과 이빨을 드러낸다.

낭비하는 사람은 사탄의 형제이다

낭비하는 사람은 사탄—악마—의 형제이다.(코란)
— 쇼펜하우어, 「윤리 대하여」에서

이 낭비하는 자에 의해서 모든 살인, 강도, 강간, 약탈, 사기, 절도, 전쟁 등의 절반이 일어나고, 그 나머지 절반은 인색한 자들, 즉, 탐욕스러운 자들에 의해서 일어나게 된다.

낭비하는 자들은 더없이 게으르고 나태한 자들이며, 자기 자신과 타인의 부를 좀먹는 기생충과도 같은 존재에 지나지 않는다.

"낭비는 동물적으로 현재에만 집착하고 미래를 전혀 생각하지 않을 때에 생기는 현상이다. 낭비하는 자는 헛된 일시적 만족과 때로는 공상적인 만족을 누린 끝에 미래의 궁핍을 사게 되며, 속으로 그를 비웃는 식객의 굽실거림이나 자신의 영화를 시기하는 사람들과 천민의 악의에 찬 감탄을 지각없이 즐긴 끝에 불행한 앞날을 맞이하게 된다(쇼펜하우어)."

인색한 사람과 낭비하는 사람

많은 사람들과 마찬가지로 대개의 인색한 사람들은 결국에는 돈 자체를 사랑하고 돈 자체를 목적으로 하는 반면에 대부분의 낭비자들은 분명히 지출과 낭비 행위 자체를 즐기는 것이다. 그러므로 인색한 사람과 우정을 교환하거나 친족 관계를 맺는다는 것은 위험 부담이 없을 뿐만 아니라 유익한 것이기도 하다. 왜냐하면 이런 관계는 손해를 주는 것이 아니라, 이익을 가져올 수 있기 때문이다.

스페인 속담에 "발가벗은 사람보다는 구두쇠 영감 쪽이 남에게 더 많이 줄 수 있다"라는 말이 있다. 이상 말한 모든 것에 따라서 인생은 악덕이 아니다.

— 쇼펜하우어, 「윤리에 대하여」에서

인색한 사람들은 돈 자체를 사랑하지, 인간을 사랑하지 않는다. 인색한 사람은 자기 자신을 사랑하지, 그가 살고 있는 사회를 사랑하지 않는다. 인색한 사람은 흡혈귀와도 같은 이기주의의 화신이며, 이 사회 전체를 '부익부와 빈익빈'이라는 양극화의 구조로 갈라놓게 된다.

이에 반하여, 대부분의 낭비자들은 내일이 없는 자들에 지나지 않으며, 모든 역사와 전통을 무시하는 세기말적인 퇴폐주의자들에 불과하다. 이 낭비자들은 자기 자신도, 인간도 사랑하지 않으며, 이 우주도, 자기가 속한 국가도 사랑하지 않는다.

인색한 자는 타인을 믿지 않고 있으며, 그의 자본가와도 같은 탐욕 때문에, 그 어떤 우정의 교류도 가능하지가 않다. 낭비하는 자역시도 타인을 믿고 있지 않으며, 돈 주앙과도 같은 그의 소비 욕망 때문에, 그 어떤 우정의 교류도 가능하지가 않다.

인색한 자와 낭비하는 자는 다같이 사악한 자들이며, 영원한 인류의 공적이라고 할 수가 있다.

인색은 악덕의 정수精髓

인색은 악덕의 정수精髓이다. 인색은 현세의 향락에 대한 집요하고 끈질긴 애착심이며, 정신이 완전히 변형되어 승화된 정욕이다. 즉 인색한 사람이 추구하는 돈은 모든 욕망이 집약된 초점이며, 이에 대한 욕망의 관계는 개별적인 사물에 대한 보편적인 개념과의 관계와 같다. 낭비가 젊은이들의 악덕인 것과 마찬가지로 인색은 노인들의 악덕이 되는 것이다.

— 쇼펜하우어, 「윤리에 대하여」에서

낭비는 젊은이들의 악덕일 수도 있고, 인색은 노인들의 악덕일 수도 있다. 왜냐하면 젊은이들의 앞날은 창창하고, 노인들의 앞날은 꽉 막혀 있기 때문이다.

인색은 악덕의 정수이다. 인색은 개인과 가정과 국가와 사회의 암적인 종양과도 같고, 그것이 부의 흐름과 기회균등의 원칙을 끊임없이 가로막게 된다.

인색은 돈에 대한 사랑의 결과이지, 인간에 대한 사랑의 결과가 아니다. 인색은 타인의 부와 명예와 권력을 가로채 가고, 또 그것을 지키려는 노력의 결과이지, 그 사랑의 실천의 결과가 아니다.

인색한 자만이 돈을 모을 수가 있고, 돈을 가진 자만이 힘(권력)을 행사할 수가 있다.

부의 대물림은 인색의 결과이며, 그것은 악덕의 정수(만악의 근거)라고 할 수가 있다.

가장무도회

　우리의 개화된 문명 세계도 단지 하나의 커다란 가장무도회에 지나지 않는다. 우리는 이 세계에서 기사, 승려, 군인, 의사, 변호사, 목사, 철학자 등을 만날 수 있다. 그러나 실은 그들의 참모습이 아니다.

　그들은 가면에 불과하며, 그 가면 뒤에는 돈벌이에 미친 사람이 숨어 있는 것이 보통이다. 변호사란 이름 속에 자신을 숨기고 있는 사람, 즉 정의의 가면을 택하는 사람은 단순히 타자와의 대결에서 유리하게 상대를 공격할 수 있도록 하기 위한 것이다. 공공복리와 애국심의 가면을 택하는 사람도 목적은 한 가지이다. 종교의 가면, 즉 신앙의 순결성이란 가면을 택하는 사람들도 목적은 똑같다. 여러 가지 목적을 위하여 많은 사람들이 철학이나 박애주의라는 가면을 쓰고 다녔다. 여자들의 가면 선택은 비교적 단조롭다. 여자들은 대개 예의바름, 수줍음, 가정적, 검소함의 가면을 쓰고 다닌다. 그 다음에 특징을 가지지 않은 일반적인 가면이 있는데, 이것은 우리가 어디서나 흔히 볼 수 있는 가면으로서 여기에 해당되는 것은 정직함, 공손함, 동정, 우정 등이다.

　── 쇼펜하우어, 「윤리에 대하여」에서

개인이 먼저일까? 사회가 먼저일까?

내가 있고 세계가 있는 것이지, 세계가 있고 내가 있는 것이 아니다.

세계가 있고 내가 있는 것이지, 내가 있고 세계가 있는 것이 아니다.

개인과 사회는 그 우선순위를 정할 수 없을 만큼 매우 중요한 문제이지만, 그러나 우리 인간들이 사회적 동물인 한 '개인'보다는 '사회'가 더 중요할 수밖에 없다.

사회는 개인보다 더 크고, 개인은 사회 없이는 살아갈 수가 없는 나약한 존재에 지나지 않는다. 부모형제에 대한 사랑, 고향에 대한 사랑, 학교와 직장과 국가에 대한 사랑이 바로 그것이며, 이 사랑은 자기 자신을 희생시키는 이타적인 사랑이 된다.

조국애는 임전무퇴의 사랑이며, 살신성인의 사랑이다.

하지만, 그러나 이 천사적인 얼굴은 자기 자신의 진짜 얼굴을 숨긴 가면일 뿐, 그의 진짜 얼굴은 어느 누구도 알 수가 없다.

기사, 승려, 군인, 의사, 변호사, 목사, 철학자 등, 이 고귀하고 위대한 사람들마저도 너무나도 뻔뻔스럽고 파렴치한 악마들에 지나지 않는다. 그들은 그들의 가면으로 자기 자신의 더럽고 추한 얼굴을 감추고 다니며, 그리하여 끝끝내는 자기가 자기 자신의 얼굴마저도 잃어버리고 다닌다.

천사는 넘쳐나지만, 만인평등과 아름답고 행복한 삶은 이루어지지도 않는다.

천사는 태어나고 또 태어나지만, 그 천사는 악마가 얼굴을 바꾼 천사일 뿐, 그 천사들이 살고 있는 에덴동산은 결코 나타나지도 않는다.

모든 구원의 손길이 끊긴 가장무도회—. 이 가장무도회의 연출자는 우리의 천사들이라고 할 수가 있는 것이다.

인간은 본디 무서운 야수

인간은 본디 무서운 야수다. 이러한 야수가 이른바 문명에 길들여졌고, 또 그 문명의 제재를 받고 있는 것이다. 그러므로 그의 본성이 순간적으로 나타나게 될 때 우리는 놀라지 않을 수가 없다. 그리고 법률적인 질서의 쇠사슬과 빗장이 풀려 무정부 상태가 되면 그때는 인간은 본색을 드러내게 된다.

— 쇼펜하우어, 「윤리에 대하여」에서

인간은 본디 무서운 야수이며, 이 야수의 얼굴을 감추기 위하여 전지전능한 신을 창출해냈다.

이제 인간의 행동은 전지전능한 신의 명령에 따른 것이 되고, 인간의 모든 행동은 신의 은총 속에서 진행되었다는 것을 뜻하게 된다.

이교도들을 대청소한 것도, 특정민족을 정복하고 몰살한 것도 하나님의 뜻이며, 대량살상무기와 원자폭탄을 개발한 것도 하나님의 뜻이고, 온갖 이종교배를 자행하고 유전자를 조작해낸 것도 하나님의 뜻이다.

하나님은 자기 모습대로 우리 인간들을 창조했고, 그것도 모자라서 요셉의 아내의 뱃속을 빌려서 예수라는 괴물을 생산해냈다. 하나님과 예수는 부자지간이 아닌 일심동체이며, 우리 인간들은 인간의 형제에 불과한 예수를 하나님처럼 받들어 모시지 않으면 안 된다.

하나님과 예수가 있는 한, 우리 인간들의 사악한 행위는 다같이 성화되고 찬양을 받게 된다.

하나님과 예수는 결코 그 모습을 드러내서는 안 되며, 이 가짜 신들은 우리 인간들의 꼭두각시에 지나지 않게 된다.

도덕과 법률의 질서가 자리를 잡게 되면 종교가 그 야수성을 발산시키는 하수구가 되고, 도덕과 법률의 질서가 무너지게 되면 제2차 세계대전과도 같은 전쟁이 일어나게 된다.

인간은 월등하게 악질적인 동물

인간은 월등하게 악질적인 동물이다라고 고비노는 말한 바가 있었다. 다른 동물들은 배고픔을 면하기 위해서나 싸울 때의 분노에 의해서가 아니면 결코 다른 것을 괴롭히는 일이 없다. 단순히 고통을 주기 위하여 남을 괴롭히는 동물은 일찍이 하나도 없었다.

인간의 본성 중에서 가장 나쁜 것은 남이 괴로워하는 것을 보고 즐거워하는 마음이다.

— 쇼펜하우어, 「윤리에 대하여」에서

인간은 월등하게 악질적인 동물이다.

인간은 평생 먹고도 남을 만큼의 재산을 쌓아 놓고도 타인의 재산을 가로채 가고, 그의 말과 행동이 마음에 들지 않는다고 그를 죽인다.

너무나도 심심한 나머지 타인에게 고통을 가하며 즐거워 하고, 너무나도 심심한 나머지 동물사냥을 즐기며 그 씨를 말린다.

먹고 살 걱정도 없다. 어느 누구도 그에게 해를 끼친 적도 없다.

그런데도 그의 지배욕 때문에 민족청소와 인종청소를 단행하고, 황금도포를 입고 영원한 황제를 자칭하게 된다.

국가는 본질적으로 방위기관일 뿐

　나의 『의지와 표상으로서의 세계』 속편 제47장에서 설명한 것처럼 국가는 본질적으로 방위기관일 뿐이다. 대외적으로는 나라 전체를 적의 공격으로부터 막고, 대내적으로는 개인이 서로 공격하는 것을 막기 위한 기관이다. 이상에서 결론을 내릴 수 있는 것은 국가의 필요성은 인간의 부정에 있다는 것이다. 인간이 부정한 일을 행하지 않으면 국가는 생각할 수 없을 것이다. 이렇게 되면 자기의 권리가 침해되지 않을까 하고 생각하는 사람도 없어질 것이며, 단지 짐승의 공격을 막는다든지 천재天災를 피하기 위한 단체라고 한다면 국가란 약하기 짝이 없는 것이 될 것이다. 굉장한 미사여구를 사용하여 국가야말로 인간 존재의 최고 목적이며 정화라고 말하고 속물근성인 찬미를 해대는 사이비 철학자들의 어리석음과 졸렬함은 이 관점에서 보면 확실히 알 수 있다.

　— 쇼펜하우어, 「법률과 정치에 대하여」에서

　국가는 인간 존재의 궁극적인 목적이며, 만인들의 행복이 약속되어 있는 지상낙원이라고 할 수가 있다. 국가는 전투체제로 편성되어 있으며, 이 전투체제는 외적을 물리치거나 국가의 영토를 넓힐 수 있는 수단이 되기도 한다. 다른 한편, 국가는 경찰체제와 함께 행정체제로 편성되어 있으며, 경찰체제는 내부질서를 담당하고, 행정체제는 국가의 목표를 추구할 수 있는 정책을 담당한다.

인간은 사회적 동물이며, 국가라는 조직 속에서만 그 능력을 극대화시킬 수가 있는 것이다. 국가는 외부의 적을 물리치는 방어기관만도 아니고, 내부의 질서를 담당하는 수동적인 기관만도 아니다. 국가는 국가의 영토를 넓히는 최선의 공격기관이며, 국민의 번영과 행복을 이끌어내는 매우 능동적인 정책을 수행하는 기관이다. 국가를 형성하지 못한 민족은 야만의 민족에 지나지 않으며, 이 야만의 민족은 어떠한 행복도, 평화도 없는 민족에 지나지 않는다.

오딧세우스의 이타카에 대한 조국애, 소크라테스의 아테네에 대한 조국애, 나폴레옹과 잔 다르크의 프랑스에 대한 조국애, 알렉산더 대왕의 그리스에 대한 조국애—. 이 조국애의 정점은 영원한 제국이고, 이 제국을 다스리는 자는 천자天子, 즉 알렉산더 대왕과도 같은 황제라고 할 수가 있는 것이다.

쇼펜하우어의 국가관은 매우 졸렬하며 하찮고, 그것은 그의 국가에 대한 전면적인 무지에서 비롯된 것이라고 하지 않을 수가 없다.

만약 이 세상에 정의가 행해진다면,

만약 이 세상에 정의가 행해진다면, 집을 지었다면 그것으로 충분할 뿐 명백한 소유권 이외에 별반 방위를 필요로 하지 않을 것이다. 그런데 불법이 횡행하고 있기 때문에 집을 세운 사람은 그것을 보호할 만한 힘을 가지는 것이 요구된다. 힘이 없으면 그 사람의 권리는 사실상 불완전한 것이 되어 버린다. 침입자는 강자의 권리를 갖고 있기 때문이다. 강한 자는 폭력을 행할 권리를 가지고 있다는 것이 다름 아닌 스피노자의 법 개념이다. 그는 다른 권리를 인정하지 않고 『정치론』 제2장에서 "각자는 그가 가지고 있는 힘의 양에 따라 그만큼의 권리를 가진다."

― 쇼펜하우어, 「법률과 정치에 대하여」에서

모든 법은 성선설性善說이 아닌 성악설性惡說에 그 근거를 두고 있다. 인간은 본디 사악하기 때문에 타인의 재산과 생명을 빼앗는다는 것이 모든 법률의 근본적인 전제가 된다. 법과 정의는 소극적인 개념이고, 불법과 부정은 적극적인 개념인데, 왜냐하면 법은 불법과 부정의 토대 위에서만이 존재의 근거를 마련하기 때문이다.

만일, 모든 사람들이 법이 없어도 행복하게 살아갈 수가 있다면, 사유재산이나 소유의 개념 자체가 성립될 수가 없을 것이다. 사유재

Arthur Schopenhauer

산과 소유권은 '네 것과 내 것'에 대한 분쟁의 산물이며, 이 분쟁의 산물이 없어진다면 대부분의 경찰과 국가공무원들은 또다른 일자리를 찾아 나서지 않으면 안될 것이다.

하지만, 그러나 작은 정부를 표방하는 국가일수록 실제로는 더 큰 정부를 지향하고 있으며, 이 관료주의 체제가 번성을 하고 있는 한, 우리 공무원들의 일자리는 결코 줄어들지는 않을 것이다. 강한 자는 폭력을 행사할 권리를 갖고 있다. 이 말은 스피노자의 말도 아니고, 인류의 역사와 함께 실천되어온 금언金言이라고 할 수가 있다. 힘 있는 자가 힘 없는 자를 잡아먹는 것은 자연의 법칙이며, 이 자연의 법칙의 폭력성을 근절시키기 위하여 법률이 등장하게 된 것이다.

하지만, 그러나 이 법률마저도 강자의 이익을 대변하게 되고, '유전무죄/ 무전유죄'라는 말이 밤하늘의 불꽃놀이처럼 타오르게 된다.

정복 민족

동물계 전체를 통해 먼저 초식동물이 나타난 뒤에 이것을 먹이로 먹고 사는 육식 맹수족이 동물 부문에서 마지막으로 출현한 것은 당연하다. 이와 마찬가지로 인간 세계에서도 이마에 땀을 흘려 정직하게 국민의 생계에 필요한 것을 대지에서 얻고 있던 사람들 뒤에 대지를 경작하고 그 수확으로 먹고 사는 것보다 오히려 당을 짜고 모험을 하고 자기의 생명과 건강, 자유를 걸어 정직하게 번 사람들을 습격하여 그 노동의 성과를 얻는 쪽을 택하는 인종이 나타난다. 이런 인간 중의 맹수야말로 정복 민족인 것이며, 고대 시대로부터 최근에 이르기까지 도처에 모습을 나타내어 행, 불행에 의해 그 성공과 실패는 세계사의 재료가 되고 있다. 그러므로 볼테르가 "모든 전쟁의 목적은 훔치는 것이다"라고 말한 것도 당연한 것이다.

— 쇼펜하우어, 「법률과 정치에 대하여」에서

모든 법률의 기원은 전쟁이다. 전쟁은 필요한 것을 빼앗고 약탈하는 수단이지만, 그러나 전쟁은 그 약탈마저도 합리화시킨다. 하나님의 나라로 인도해준다는 것, 너희들을 사악한 전제군주로부터 해방시켜주고 문명과 문화의 나라로 인도하여 준다는 것, 바로 이처럼

Arthur Schopenhauer

터무니 없고 허무맹랑한 궤변으로 승자의 이념을 강요하고, 그리고 그 이념을 통하여 법률을 제정하게 된다.

농경민은 초식동물이고, 유목민은 육식동물이다. 이 맹수 중의 맹수인 유목민들이 전세계를 식민화하고, 모든 부와 번영과 행복을 독점하게 된다.

모든 전쟁의 목적은 약탈하는 것이다.

아니다.

모든 전쟁의 목적은 강자의 법을 선포하는 것이다.

정복자들은 약탈 그 자체보다도

정복자들은 약탈 그 자체보다도 훨씬 더 분노를 금할 수 없는 예의 공식적인 거짓말로 사태를 얼버무리지 않고, 오히려 당당하고 뻔뻔스럽게 마키아벨리의 학설을 인용할 것이다.

— 쇼펜하우어, 「법률과 정치에 대하여」에서

마키아벨리는 '여우의 간지와 사자의 용맹성'을 강조했고, 그는 이 강자의 법칙을 통하여 전제군주제를 옹호했던 철학자라고 할 수가 있다. 여우는 인간의 함정은 곧잘 피하지만 늑대에게는 약하고, 사자는 늑대를 단번에 죽여버릴 수도 있지만, 인간의 함정에 곧잘 빠져든다. 따라서 여우의 간지와 사자의 용맹함을 통하여 그 어떠한 무자비한 폭력도 서슴없이 행사해야 된다고 마키아벨리는 역설한 바가 있었다.

명나라와 청나라의 황제는 천자天子이고, 일본의 황제도, 미국의 대통령도 천자天子이다. 요컨대 약소국민은 우리 한국인들처럼 자기 민족의 언어와 자기 영토를 다 빼앗기고도 그 이민족의 황제들의 은총에 의해서 살아가고 있는 것이다.

정복자들은 침략자도 아니고, 약탈자도 아니며, 더, 더군다나 좀

도둑도 아니다. 그들은 하나님의 은총을 입은 자들이고, 이 어리석고 무지몽매한 야만인들을 구원하기 위하여 몸소 내려온 예수 그리스도(천사)라고 할 수가 있는 것이다.

이 천사들은 '네 이웃을 내 몸처럼 사랑하라'고 말하면서도 타인들의 인권을 유린하고, '황금을 돌처럼 여기라'고 말하면서도 그 황금을 다 빼앗아 간다.

얼씨구, 절씨구, 지화자 좋구나!

굴복하는 것이 싫으면

굴복하는 것이 싫으면 기회를 보아서, 즉 상대방의 약점을 이용하여 이웃을 정복하라. 왜냐하면 만약 당신이 그 기회를 놓치면 언젠가는 그 기회는 도리어 적의 진영과 손을 잡게 되어 당신이 정복당하는 처지가 되기 때문이다. 물론 좋은 기회를 놓친 지금 세대의 대가는 다음 세대가 지는 결과가 된다. 이 마키아벨리적 원칙은 대통령 연설에서 빤히 들여다보이는 거짓말의 트릭보다 약탈을 위한 덮개로는 훨씬 점잖다. 하물며 토끼 쪽에서 개를 습격했다는 유명한 말에 귀착할 거짓말보다는 예절에 맞는다. 요컨대 모든 국가는 다른 나라의 좋은 기회를 잡아 곧 쳐들어가는 강도의 집단으로 보고 있다.

— 쇼펜하우어, 「법률과 정치에 대하여」에서

모든 국가는 다른 나라의 좋은 기회를 잡아 곧 쳐들어가는 강도의 집단에 지나지 않는다. 나는 마키아벨리의 신봉자이며, 그의 권력에의 의지에 늘, 항상 입을 맞추게 된다.

이성계의 위화도 회군은 대한민국의 오천년의 역사 속에서 가장 커다란 대역죄라고 하지 않을 수가 없다. 첫 번째는 요동정벌을 통하여 대중국을 비롯하여 세계를 정복할 수 있는 가능성을 원천봉

쇄한 것이고, 두 번째는 그 전쟁에서, 비록 패배를 하게 되었을지라도 영원한 중국인으로서 살아갈 수 있는 가능성을 원천봉쇄해버린 것이다. 요동정벌은 넓게 바라보자면 백전백승의 길이었으며, 영원한 제국의 길이었던 것이다.

하지만, 그러나 이성계가 위화도 회군을 한 결과, 우리 대한민국은 명나라의 속국이 되었고, 우리 한국인들은 영원한 노예민족이 되었던 것이다.

영원한 제국을 건설하지 못한 우리 선조들의 죄는 이처럼 노예민족이라는 가시면류관으로 작용을 하고 있었던 것이다.

노예근성

자유의 몸으로 초라하고 비참하게 지내느니 보다 좋은 주인에게 몸을 기대어 사는 것이 훨씬 좋다(메난드로스).
— 쇼펜하우어, 「법률과 정치에 대하여」에서

배부른 노예보다는 배고픈 자유인이 더 낫다.

자유인은 제멋대로 자기 자신의 삶을 경영하고, 그 성실함의 대가로 천하의 지상낙원을 건설할 수도 있다.

마르크스의 공산주의, 쇼펜하우어의 염세주의, 반경환의 낙천주의—.

스티브 잡스의 스마트폰 세상, 빌 케이츠의 인터넷 세상—.

노예에게는 자유가 없고, 자유가 없으면 개같은 학대와 수모를 견딜 수밖에 없다.

자유는 무한한 가능성이며, 이 세상에서 가장 커다란 날개를 자랑한다.

노예와 프롤레타리아의 기본적 차이

　도시 인구의 대부분은 이런 사치품 생산에 종사하는 노동자로 이루어져 있고, 농민은 이 도시 노동자나 또 이런 사치품을 주문하는 사람들을 대신하여 밭을 갈고 씨를 뿌리고 방목을 해야 하며, 결국 자연이 원래 그들에게 부여한 이상의 일을 하게 된다. 그러므로 그는 자기의 힘과 토지를 곡물, 감자, 목축에 사용하는 대신 포도, 생사, 담배, 아스파라거스 등의 재배에 할애해야 한다. 또한 설탕, 코오피, 차를 수입하기 위해 조선업이나 항해에 종사하는 요원을 갖추기 위해 많은 사람들이 경작에서 빼돌려진다. 이런 쓸데없는 물품의 생산은 몇 백만 흑인노예의 비참의 원인이 된다. 그들이 조국으로부터 강제로 납치당해 가는 것도 그들의 땀과 고역에 의해 향락품을 생산하기 위함이다. 한편에서 사치가 성행하고 있는 한, 또 한편에서는 프롤레타리아의 빈곤이라는 이름하에서든지 노예제도의 종이라는 이름하에서든지간에 필연적으로 중노동과 비참한 생활이 존속하게 된다. 노예와 프롤레타리아의 기본적 차이는 노예 쪽이 폭력에 그 발생 원인이 있는데 반해 가난한 사람은 책략에 그 원인이 있는 것이다.

　― 쇼펜하우어, 「법률과 정치에 대하여」에서

나는 셰익스피어의 「리어왕」의 한 대목을 떠올려 본다. 리어왕이 그의 두 딸들에게 왕권을 물려주자마자, 그의 두 딸들이 리어왕에게 그의 시종들을 줄이라고 강요한다. 바로 이때, 리어왕이 이렇게 반박을 하게 된다.

오 필요를 논하지 말아라! 아무리 비천한 거지도 아주 하찮은 물건일망정 약간의 여분은 가지고 있는 법이란다. 자연이 필요 이상의 것을 인간에게 허용하지 않는다면, 사람의 생활은 짐승과도 다를 것이 없단다. 너는 귀부인이지. 헌데, 옷을 따뜻하게 하려고만 입는 것이라면 별로 따뜻하지도 않은 데 네가 입고 있는 그런 사치스러운 옷은 무슨 필요가 있단 말이냐?

대부분의 문화인들은 사치의 아이들에 지나지 않는다. 사치를 하지 않으면 인간과 짐승의 차이가 없게 된다.

대저택도 필요가 없고, 자가용 비행기도 필요가 없다. 실내 수영장도 필요가 없고, 고급승용차도 필요가 없다. 골프도 필요가 없고, 사냥도 필요가 없다. 커피도 필요가 없고, 고급양주도 필요가 없다. 값비싼 미술품도 필요가 없고, 고급 오디오 세트도 필요가 없다. 값비싼 옷과 향수도 필요가 없고, 다이아몬드와 시계와 명품가방도 필요가 없다.

하지만, 그러나 이 필요없는 사치품들이 가장 좋아하는 물건이 되고, 우리 인간들은 이 사치품을 소유하기 위하여 그토록 어렵고 힘든 싸움을 하고 있는 것인지도 모른다.

인간은 모든 동물 중에서 가장 불행한 동물인데, 왜냐하면 이 사치품 때문에, 모든 인간 관계와 이 세계를 파괴시키고 있기 때문이다.

사치품은 악마의 선물이며, 지옥의 보증수표라고 하지 않을 수가 없다.

사치

사회의 아주 부자연한 상태, 비참한 상태를 모면하려는 일반적 싸움, 많은 사람의 생명을 희생으로 하는 상업상의 이해 관계 등, 이상 모든 것이 동기가 되어 일어나는 전쟁…… 이런 모든 것의 유일한 발생처는 사치다. 그런데 사치는 이것을 향유하는 사람을 절대적으로 행복하게 하지 못할 뿐만 아니라 오히려 병적으로 그리고 더 변덕스럽게 만든다. 따라서 인간의 비참을 경감할 수 있는 가장 효과적인 수단은 사치를 줄이든지, 사치를 버리든지 하는 것이다.

— 쇼펜하우어, 「법률과 정치에 대하여」에서

로빈슨 크루소처럼 혼자 살고 있는 인간에게는 생활필수품만 있으면 되는 것이지, 사치품이 필요한 것이 아니다. 그에게는 다이아몬드 광산도 필요가 없고, 백만 평이나 천만 평의 문전옥답도 필요가 없다. 돈은 휴지조각에 불과하며, 한없이 남아도는 잉여생산물은 아무런 소용도 없는 두엄더미에 지나지 않는다.

부와 빈곤은 인간 관계의 산물이며, 그것은 어디까지나 부의 분배가 아주 잘못되어 있다는 것을 뜻하게 된다. 사치는 '빈익빈/ 부익부'의 산물이며, 사치는 그것이 한낱 장식품에 지나지 않는다는 점에서 우리 인간들의 지배욕과 관련되어 있게 된다. 지배욕은 타인들을 짓밟고 만인들 위에 군림하고 싶은 욕망이며, 자기 자신의 손 하나 까딱하지 않고, 그 모든 것을 해결하고 싶은 욕망이다. 사랑하는 아내와 아이들을 무한히 즐겁고 기쁘게 해주고 싶은 욕망, 사랑하는 애첩들에게 금은보화와 함께 아주 예쁘고 화려한 옷을 선물해주고 싶은 욕망, 사랑하는 충신들에게 넓고 넓은 영지와 대저택을 하사해주고 싶은 욕망 등―, 이처럼 전제군주가 되고 싶은 욕망이 사치의 기원이며, 노란색이 번쩍이는 황금왕관은 그 사치의 상징이라고 할 수가 있다.

이성적으로는 만인평등이 가능한 것처럼, 사치를 줄이거나 사치를 없애는 것은 얼마든지 가능하다.

하지만, 그러나 사치를 줄이면 인간과 인간에 대한 차이가 없어지게 되고, 그 모든 서열제도와 함께, 사회와 국가라는 모습이 사라지게 될 것이다.

사치는 필요악이면서도, 필요악으로서의 생활필수품이라고 하지 않을 수가 없다.

오오, 과연 어떻게 사치를 줄이고, 만인평등에 가까운 사회를 건설할 수 있을 것인가, 우리 인간들의 영원한 과제라고 하지 않을 수가 없는 것이다.

예술이나 과학은 사치의 아이들

농부만 모이면 발견이나 발명을 할 수 없다. 손이 놀고 있으면 머리가 활동하게 된다. 예술이나 과학은 원래 사치의 아이들이며, 사치라는 물주에게 꾼 돈을 갚고 있는 것이다.

— 쇼펜하우어, 「법률과 정치에 대하여」에서

농부나 노동자만 있으면 발견이나 발명을 할 수가 없다. 발견이나 발명을 할 수가 없다면 문명과 문화의 발전은 더 이상 가능하지가 않다.

예술이나 과학은 원래 사치의 아이들이다.

이 사치의 아이들을 더 이상 방치해두면, 생태환경의 파괴와 함께, 모든 생명들이 다같이 공멸을 하게 될 것이다.

하루바삐 인간수명제를 실시하여 70세 이상의 노인들을 대청소하지 않으면 안 되고, 사유재산제도를 아주 엄격하게 제한하는 것과 함께, 더 이상의 자연과학의 연구를 중단시키지 않으면 안 된다.

주권재민主權在民의 문제

주권재민主權在民의 문제는 결국 누군가가 근원적으로 어떤 국민을 그 의지와는 반대로 지배하는 권리를 가질 수 있는가 하는 점에 귀착된다. 이것이 합리적으로 주장되리라고 생각하지 않는다. 아무튼 주권은 국민에게 있다. 그러나 이 주권자는 영원히 미성년의 주권자로 계속적인 후견을 받을 필요가 있다. 자기 스스로 자신의 권리를 행사하게 되면 반드시 무한한 위험을 초래한다. 특히 이 주권자는 모든 미성년자들과 마찬가지로 선동 정치가로 불리는 간사한 사기꾼의 장난에 빠져 들어간다.

— 쇼펜하우어, 「법률과 정치에 대하여」에서

하늘 아래 두 개의 태양이 존재할 수가 없듯이, 어떤 국가에 두 명의 왕이 동시에 존재할 수는 없다. 권력은 한 명의 왕에게 집중되어야 하고, 그 왕이 모든 권한을 가지고 다양한 국리민복國利民福의 정책을 펼쳐나가지 않으면 안 된다.

사회적 동물들에게 있어서의 서열의 파괴는 전쟁과도 같은 사회적 혼란을 불러 일으키게 되고, 그 사회는 끊임없이 몰락과 쇠퇴의 길을 걸어가게 된다.

주권재민, 즉 민주주의는 세습군주제의 병폐와 함께, 아주 사악하고 무능한 왕을 제거할 수 있는 최선의 제도임에는 틀림이 없지만, 그러나 민주주의는 하나의 신기루이며, 공허한 환상에 지나지 않는다. 주권은 국민에게 있고, 왕(대통령)은 그 국민들의 명령을 수행하는 충복에 지나지 않는다. 모든 지도자들은 국민들의 충복에 지나지 않지만, 그러나 그 충복들에게 모든 자본—문화자본, 경제자본, 상징자본 등—을 배분할 수 있는 권리가 집중된다. 이러한 권력과 권한이 있기 때문에, 상류 사회의 엘리트 계층이 그처럼 선거라는 사생결단식의 혈투를 벌이게 되는 것이다.

주권은 국민에게 있다.

그러나 그 주권자는 그들의 노예에 불과한 선량들의 지도를 받지 않으면 안 된다. 바로 이 지점에서 모든 것이 전도되고, 주권재민과 민주주의라는 말이 공허한 말장난에 지나지 않는다는 것이 드러나게 된다.

주권은 소수의 선량들에게 있고, 다수의 국민들은 그 주권을 빼앗긴 충복에 지나지 않게 된다.

국민은 영원한 미성년자에 지나지 않으며, 언제, 어느 때나 그들을 가르치고 인도해야 할 스승(지도자)이 필요한 것이다.

대통령은 천하무적의 장군이며, 영원한 국민의 스승이다.

모든 군주는 상승장군

원래 모든 군주는 상승장군이었다. 그리고 이 특성을 살려 오랫동안 지배해 왔다. 상비군을 가지게 되면 자기 국민을 자기와 그 병사들을 부양하는 수단으로 보았다. 즉 부양하고 있는 것은 털, 밀크, 고기를 제공하도록 하기 위한 일종의 가축의 무리라고 보았다.

　— 쇼펜하우어, 「법률과 정치에 대하여」에서

헤라클레이토스의 말대로, 투쟁은 만물의 아버지이다. 인간 사회에 있어서의 이 아버지는 절대군주이고, 그는 백전백승의 상승장군이었던 것이다.

절대군주만이 합법적으로 폭력을 행사할 수가 있고, 이 폭력에 맞서는 자는 강제추방을 당하거나 이 세상을 하직하지 않으면 안 되었다.

모든 국민은 일벌들에 불과하며, 절대군주와 그 가족(병사)들을 먹여 살리는 충복들에 지나지 않는다.

모든 군주는 사나운 야수이며, 최악의 인간 말종이기도 했던 것이다.

폭군 아닌 국부라는 개념

　그러므로 군주는 말한다.

　"나는 너희들을 지배한다. 권력에 의해서 말이다. 나의 권력은 다른 모든 권력을 배격한다. 왜냐하면 나는 나의 권력과 대등한 어떤 권력도 참을 수가 없다. 외부에서 오는 권력이든 국내에서 갑이 을에게 대해 가지는 권력이든지간에 나는 감수할 수 없다. 너희들은 권력이 이런 것이라고 납득하라."

　이것이 이루어지면 시간이 경과됨에 따라 왕권은 전혀 다른 것이 되어버린다. 폭력적 권력이라는 개념은 배후로 물러가고 이따금 그것이 어른거리면 망령처럼 보이기에 이른다. 폭군이라는 이미지에 대신하여 국부라는 개념이 나타난다. 이리하여 국왕은 모든 사람들의 권리가 법적 질서에 의존함으로써 존속할 수 있다는 것을 깨닫게 된다.

　　— 쇼펜하우어, 「법률과 정치에 대하여」에서

　왕은 모든 것을 강탈하는 사람이지, 훔치는 사람이 아니다. 왕은 생사여탈권을 움켜쥐고 있는 사람이지, 구걸하는 사람이 아니다.

　왕은 전쟁광이며, 그는 언제, 어느 때나 백전백승의 상승장군이기를 원한다.

권력은 폭력을 행사할 수 있는 권리이며, 이 권력이 모든 정의의 기원이 된다.

왕은 어질고 인자하며, 언제, 어느 때나 그의 신민들을 위해서 살신성인하는 성자이기도 하다.

정의는 권력이며, 이 권력을 가지고 있는 한, 그는 어질고 인자한 성자가 될 수밖에 없다.

정의正義 자체는 무력하다

정의正義 자체는 무력하다. 본래부터 폭력적 권력이 지배적이다. 그런데 이 권력을 정의로 인도하고 이 권력 수단에 의해서 정의가 행해지도록 하는 일이 바로 통치술, 즉 정치 문제인 것이다. 이것은 확실히 어려운 문제이다.

— 쇼펜하우어, 「법률과 정치에 대하여」에서

정의 자체는 무력하다. 왜냐하면 본래는 폭력만이 있고, 정의와 불의는 없기 때문이다.

정의와 불의는 최종적인 승리를 거둔 폭력이 자기 입맛대로 정하는 것이며, 모든 패배자는 아무런 대꾸도 하지 못한 채, 그의 말에 면종복배하지 않으면 안 된다.

권불십년權不十年이라는 말이 있듯이, 이 사나운 폭력이 그 권력을 유지하기 위한 것이 통치술이며, 이 통치술의 극치가 사회적인 법률과 제도인 것이다.

정치의 문제는 모든 국민들이 언제, 어느 때나 불평과 불만없이 자발적인 충성을 하도록 하는 것이다. 그는 국부國父이며, 영원한 아버지(신)가 되고자 한다.

부정이 흔적도 없이 사라진다는 것은

　국가 공동체에는 될 수 있으면 부정이 적게 머물 수 있도록 통치술이 이상의 과제를 해결한다면 그것만으로도 대단한 것이다. 왜냐하면 부정이 흔적도 없이 사라진다는 것은 그저 대충으로밖에 달성할 수 없는 이상적 목표이기 때문이다. 왜냐하면 부정은 한쪽에서 추방해 버리면 또 한쪽으로 다시 살짝 기어 들어오기 때문이다. 또한 불법이라는 것은 인간의 본성에 숨어 있기 때문이다. 우리는 헌법의 인위적 형식과 입법의 완비로 그 목적에 도달하려고 하지만, 이것은 100퍼센트 접근할 수 없는 일종의 접근선에 머물 수밖에 없다.
　── 쇼펜하우어, 「법률과 정치에 대하여」에서

　정의와 부정의 경계선도 애매모호하고, 합법과 불법의 경계선도 애매모호하다. 왜냐하면 모든 사람들이 저마다의 개성과 취향이 다르듯이, 그 사람의 위치, 입장, 환경에 따라서 그 가치기준표가 다르게 되어 있기 때문이다. 모든 것은 다원적이며, 상대적인 것이다.
　스피노자의 말대로, 자기가 좋아하는 것은 선이고, 자기가 싫어하는 것은 악이다. 이처럼 선악의 개념이 다원적이고 상대적이기 때문에, '만인 대 만인의 투쟁'이 일어나고, 이 사회적 혼란을 방지하기 위한 장치가 근대 사회의 법과 제도인 것이다. 법과 제도는 개인의 개성과 취향 등에는 아무런 관심도 없으며, 오직 그 구성원들의 공동선만을 대충 가정한 것에 지나지 않는다.

인간의 욕망은 법과 제도를 무시하려고 하고, 법과 제도는 인간의 욕망을 찍어누르려고 한다. 인간의 욕망은 결코 제거할 수 없는 것이며, 그 욕망을 어느 정도 합법적으로 길들이는가가 모든 법치국가의 과제일 수밖에 없는 것이다.

욕망이 없으면 인간이 살아갈 수가 없는 것처럼, 어느 정도의 불법이 일어나지 않으면 그 사회는 유지될 수가 없다.

요컨대 어느 정도의 불법은 합법과 마찬가지로 국가 성장의 원동력이기도 한 것이다.

Arthur Schopenhauer

출판의 자유

더욱이 정치에 있어서 모든 실험은 위험한 것이다. 대체로 상대방은 취급하기 어려운 소재, 즉 인간이며 그것은 폭발하는 뇌금雷金을 취급하는 것과 거의 마찬가지로 위험한 것이기 때문이다. 이 점에서 출판의 자유가 국가 기구에 대해서 갖는 의미는 안전판이 증기 기관에 갖는 역할과 마찬가지이다. 왜냐하면 어떤 불평 불만도 출판의 자유가 있기만 하면 곧 말로 발산할 수 있고, 재료가 별로 없을 경우에는 말만으로 그치기 때문이다.

    — 쇼펜하우어, 「법률과 정치에 대하여」에서

쇼펜하우어는 19세기적인 인물이며, 그는 새로운 사회의 대두와 함께, 모든 국민이 주인이 되는 민주주의 제도를 매우 불길하고 위험스러운 어떤 것으로 생각하지 않을 수가 없었던 것이다. 소수의 지배원칙에 위배되는 민주주의는 위험한 것이고, 그것은 이 세상의 어중이 떠중이들에게 출판의 자유를 허용하는 것이나 마찬가지였던 것이다.

이 점에 있어서 민주주의가 국가 기구에 대해서 갖는 의미는 안전핀이 증기 기관에 갖는 역할과 마찬가지이다. 왜냐하면 어떤 불평과 불만도 민주주의 사회에서는 곧 말로 표현할 수가 있기 때문이다.

'고귀하고 위대한 것은 고귀하고 위대한 인물에게, 더럽고 추한 것은 더럽고 추한 인물에게'가 귀족들의 근본신조였고, 영원한 미성년이자 사회적 천민에 불과한 이 세상의 어중이 떠중이들에게 민주주의와 출판의 자유를 허용한다는 것은 도저히 용납할 수가 없었던 것이다.

소위 신의 은총을 받고 있는 지배자

단지 추상적인 법만이 구체화되어 있는 것 같은 헌법은 훌륭하긴 해도 어딘지 인간 이외의 존재를 위한 것일 거다. 왜냐하면 인간의 대다수는 아주 이기주의적이고, 옳지 못하고, 분별심도 없고, 거짓말을 하고, 때로는 사악하기까지 하고, 지성 같은 것을 갖추고 있지 않기 때문이다. 이리하여 한몸에 권력을 집중하는 인간, 법이나 규칙에 초연하고 아무런 책임도 지지 않는 권위, 모든 것이 그의 앞에 굴복하는 권력, 한층 더 높은 존재로 간주되는 소위 신의 은총을 받고 있는 지배자가 필요하게 되는 것이다. 이렇게 하여 비로소 인류는 장기간에 걸쳐 통제, 지배받을 수 있는 것이다.
— 쇼펜하우어, 「법률과 정치에 대하여」에서

인간 위에 인간이 있고, 법률 위에 전제군주가 있다.
도덕, 법률, 제도, 풍습 등은 그의 신민들을 관리하고 구속하기 위해 있는 것이지, 전제군주의 말과 행동을 규제하기 위해 있는 것이 아니다.
전제군주는 자유인이며, 그 자유인의 힘으로 만인들을 다스리고 있는 것이다.

왕은 국가

어디서나 왕은 하나로 정해져 있고, 일반적으로 왕위는 세습적으로 계승된다. 말하자면 왕은 전 국민의 인격화 또는 머리글자이고, 국민은 왕에게서 개성을 얻게 되는 것이다. 이런 의미에서 "왕은 국가, 그것은 나다"라고 말한 것은 당연하다. 그러므로 셰익스피어의 역사극에 있어서 영국 왕과 프랑스 왕이 서로 '프랑스', 또는 '영국'이라고 부르고 오스트리아 공에게 '오스트리아'라는 한 마디로 말하는 것을 볼 수 있는데, 말하자면 서로 자기를 그 국민의 화신으로 보고 있는 것이다.

— 쇼펜하우어, 「법률과 정치에 대하여」에서

오늘날 민주주의 체제도 따지고 보면 전제군주체제의 변형에 지나지 않는다. 다만, 국민투표에 의하여 최고의 권력자를 교체할 수 있을 뿐, 최고의 권력자, 즉, 대통령의 권한은 천상천하 유아독존적일 수밖에 없는 것이다.

모든 사회는 최고의 권력자를 필요로 하고, 그의 권력이 안정되어 있기를 바란다.

최고의 권력이 안정되어 있으면 그 시민들의 행복이 약속되어 있는 것이고, 최고의 권력이 안정되어 있지 않으면 그 시민들의 불행이

Arthur Schopenhauer

약속되어 있는 것이다.

전제군주와 대통령은 서로의 가면만을 바꾼 동일한 인물에 지나지 않는다.

신앙과 신용

옛날에는 왕관을 떠받치는 주된 지주는 신앙이었다. 그러나 오늘날에는 신용이다. 교황 자신까지도 그의 채권자가 자기를 신용해 주는 것이 그의 신자가 자기를 신용해주는 것보다 더 낫다고 생각한다. 옛날에는 세상의 죄를 한탄했지만, 오늘에는 세상의 차용금에 눈을 돌리고 전전긍긍한다. 옛날에는 세계 최후 심판이라는 예언이 있었지만, 오늘날에는 대규모 채무 면제, 일반적인 국가 재정의 파산이라는 예언을 한다. 그러나 자기만은 그런 변을 당하지 않을 것이라는 희망을 갖는 것은 앞서의 경우와 같다.

— 쇼펜하우어, 「법률과 정치에 대하여」에서

옛날에는 왕관을 떠받치는 주된 지주는 신앙이었고, 오늘날에는 그 왕관을 떠받치는 주된 지주는 신용이 되었다. 왕관은 돈이 되었고, 돈은 왕이 되었다.

고리대금업이 신용대부업이 되었고, 모든 신용대부업의 금리는 싸지만, 그러나 그 싸다는 것 자체가 더욱더 커다란 함정이 되고 있었다.

저금리는 차용금이 무섭다는 것을 모르는 신용불량자들을 양산하게 되고, 이 신용불량자들이 국가의 경제를 디폴트, 즉, 채무불이행의 사태로 몰고 가고 있는 것이다.

개인이나 국가는 빚지고 살 수가 없다.

세계은행과 국제통화기금은 최후의 심판을 주재하는 채권자가 되었고, 대부분의 빚쟁이들은 신용이 없으면 파산을 하게 되었다.

돈이 있으면 신용이 있는 것이고, 돈이 없으면 신용이 없는 것이다. 신용이 없으면 파산을 하게 되고, 이 파산자들은—개인이나 국가나—하루살이의 노예계급으로 전락하지 않을 수가 없게 된다.

소유권과 생득권

소유권은 윤리적으로나 합법적으로나 생득권과는 비교가 안 될 만큼 기초가 잘 다져져 있다고 해도, 사실 이 두 가지는 유사하며 서로 유착되어 있어 이것을 떼어 놓으면 소유권이 위험에 빠지게 된다. 왜냐하면 소유권을 상속하여 받은 것으로 일종의 생득권이 있기 때문이다. 현재 옛날 귀족은 그 세습지의 이름으로 가지고 있었다. 즉 이름으로 그 소유를 나타냈던 것이다. 그러므로 소유는 생득권을 가지고 있는 사람을 부러워하지 말고 생득권을 지지해야 현명할 것이다. 한편으로는 소유권을, 또 한편으로는 왕의 생득권을 지지하도록 돕고 있는 것이 귀족이 행하고 있는 이중 효용이다. 왜냐하면 왕은 그 나라에 있어서 귀족의 우두머리이므로 귀족들을 신분이 낮은 자기의 친척으로 취급하고 있고 아주 신임이 두터운 평민과는 전혀 다른 취급을 하고 있다.

— 쇼펜하우어, 「법률과 정치에 대하여」에서

소유권도 자연법에 속하고 생득권도 자연법에 속한다. 자연법이란 자유와 생명과 함께 신이 인간에게 부여한 것이며, 그 어떤 경우에도 신성불가침의 성역에 속하게 된다.

하지만, 그러나 소유권과 생득권은 이기주의의 극단적인 형태이며, 그 옛날부터의 부의 대물림 현상을 찬양하고 옹호한 것에 지나지 않는다. 귀족과 부자로 태어난 사람은 영원히 귀족과 부자로서의 자격이 있고, 천민과 빈자로 태어난 사람은 영원히 천민과 빈자로서만 살아가지 않으면 안 된다. 소위 이 대물림 현상은 '부익부/ 빈익빈'이라는 양극화의 구조를 더욱더 심화시키게 되는 것이고, 사회적인 신분의 이동을 전혀 불가능하게 하고 있는 것이다.

쇼펜하우어는 프랑스의 시민혁명기에 태어난 사람이지만, 한평생 그의 아버지가 물려준 유산으로 살다가 갔기 때문에, 이처럼 생득권에 집착을 하게 되었던 것이다. 생득권은 소유권보다도 더욱더 나쁜데, 왜냐하면 소유권은 그 주체자가 손수 획득한 것일 수도 있지만, 생득권은 전적으로 그의 부모로부터 물려받은 것에 지나지 않기 때문이다.

어떤 사람은 태어나는 순간부터 수십 조원의 부자가 되고, 어떤 사람은 태어나는 순간부터 빵 한 조각과 라면 한 그릇을 걱정하지 않으면 안 된다. 민주주의와 만인평등 시대에 그 옛날처럼 사회적 신분이 대물림 되는 것은 아니지만, 그러나 현대 사회의 자본—상징자본, 문화자본, 경제자본 등—의 대물림 현상과 승자 독식의 구조는 전혀 그 옛날의 귀족 사회의 모순을 벗어나지 못하고 있는 것이다.

돈 자체가 생득권과 소유권을 하사하고, 모든 성직자들마저도 그 돈을 숭배하게 된다.

돈이 밤하늘의 수많은 별들을 탄생시키고, 동방박사(자본가)들

이 이 돈의 힘을 빌어서 그 신도들의 순결마저도 독점(강탈)을 하게
된다.

여자는 대체적으로 낭비벽이 있다

　예외가 있기는 하지만 여자는 대체적으로 낭비벽이 있다. 그러므로 여자들이 스스로 버는 경우는 예외지만, 모든 현재 재산은 여자들이 어리석은 행동을 못하도록 안전하게 해 둘 필요가 있다. 그러므로 나는 여자는 완전히 성년에 이르는 일 없이 언제나 남자의 감독을 받아야 한다고 생각한다.

　현재 인도에서는 그 남자가 아버지이든 남편이든 아들이든 국가이든 지간에 이렇게 하고 있다. 따라서 여자는 스스로 번 것이 아닌 재산은 절대로 자기 마음대로 처리해서는 안 된다. 아버지가 자식들에게 남긴 재산의 관리역, 후견역을 어머니에게 맡긴다는 것은 용서할 수 없는 파멸적 우행이라고 나는 본다. 아버지가 자식들을 생각하고 일생 동안 열심히 일해 번 것을 대개의 경우, 어머니는 자기의 정부와 함께 탕진하여 버릴 것이다. 그 정부하고 결혼하든, 안 하든 마찬가지이다.

　― 쇼펜하우어, 「법률과 정치에 대하여」에서

　쇼펜하우어의 어머니는 유명한 여류 작가였고, 세계적인 대작가인 괴테와도 매우 가까운 사이였다. 그녀는 매우 자유분방한 유한 마담(바람둥이)이었고, 그녀의 남편이 이 세상을 떠나버리자마자

(자살), 쇼펜하우어를 계모처럼 학대를 하기 시작했다고 한다. 괴테가 쇼펜하우어의 천재성을 인정을 하자마자, 그의 어머니는 그의 아들에게 등을 돌려버렸던 것이다. 왜냐하면 한 집안에 두 명의 천재가 공존할 수는 없었기 때문이었다.

쇼펜하우어는 학자로서 매우 근검절약하며 살아갔지만, 그러나 그의 어머니는 그 막대한 유산을 그녀의 정부情夫와 함께 다 탕진해버렸던 모양이었다. 가난한 집안에서는 대체로 아버지가 무능하고 어머니가 근검절약의 상징이 되지만, 부유한 집안에서는 오히려, 거꾸로 어머니가 사교계의 여왕으로서 그 모든 가산을 다 탕진해버릴 수도 있다.

유한마담, 아니 사교계의 여왕은 대체로 낭비벽이 있으며, 모든 천재들, 즉, 음악가들, 화가들, 문인들, 학자들의 뒤를 돌보아주는 자비로운 여신들의 역할마저도 마다하지를 않는다. 따라서, "아버지가 자식들에게 남긴 재산의 관리역, 후견역을 어머니에게 맡긴다는 것은 용서할 수 없는 파멸적 우행이라고 나는 본다. 아버지가 자식들을 생각하고 일생 동안 열심히 일해 번 것을 대개의 경우, 어머니는 자기의 정부와 함께 탕진하여 버릴 것이다. 그 정부하고 결혼하든, 안 하든 마찬가지이다"라는 쇼펜하우어의 말이 그 타당성을 얻게 되는 것이다.

쇼펜하우어의 아버지는 근검절약의 화신이었고, 그의 어머니는 소위 사교계의 여왕이었다. 쇼펜하우어와 그의 어머니는 영원히 화해할 수 없는 불구대천의 원수였던 것이다.

「악의 꽃」의 시인인 보들레르와 그의 어머니의 관계처럼—.

Arthur Schopenhauer

5부

영원한 유태인인 아하스 페루스

영원한 유태인인 아하스 페루스는 유대 민족 전체의 인격화에 지나지 않는다. 그는 구세주, 세계의 구제자에 대해 괘씸한 일을 했기 때문에 이 지상의 생활과 그 무거운 짐에서 벗어나지 못하고 고향도 없이 타향에서 헤매게 되었다. 사실 이 작은 유대민족이 정말 이상하게도 그 주거지로부터 쫓겨나 2천 년을 여전히 존속하며 고향도 없이 방황한다는 것은 그들의 잘못이며, 운명이기도 하다. 그런데 이런 한 구석에 못된 민족과는 비교가 안될 만큼 훨씬 위대하고 영광에 찬 민족들, 즉 앗시리아인, 메디아인, 페르시아인, 페니키아인, 이집트인, 에트투리아인들은 영원한 휴식에 들어가 사라져 버렸다. 이렇게 오늘날 이 토지 없는 민족, 여러 민족 가운데서 나라도 없이 여호와의 사랑만 받고 있는 이 민족은 아무 곳도 집으로 택하지 못하고 이방인으로서 전 지구상에서 볼 수 있으며, 유래를 볼 수 없을 만큼 완고하게 그 국민성을 주장하고, 심지어는 가나안 땅에 이방인으로 살고 있었지만, 신이 그에게 약속한 것처럼 이 토지 전체의 주인이 된 아브라함을 잊어버리는 일 없이 어디엔가에 정착을 하려고 하고 있다. 왜냐하면 토지 없는 민족이란 허공에 떠 있는 공과 같기 때문이다.

— 쇼펜하우어, 「법률과 정치에 대하여」에서

아하스 페르츠Ahas Pertz는 유태의 재봉사였지만, 예수가 골고다 언덕으로 십자가를 짊어지고 끌려갈 때 그의 쉬어감—그 집앞에서—을 거절했다고 한다. 따라서 아하스 페르츠는 예수의 저주를 받게 되었고, 그 결과, 유태민족은 그들의 조국을 잃어버린 채 영원히 전세계를 떠돌아 다니지 않으면 안 되게 되어 있었던 것이다. 조국이 없는 민족은 뿌리가 없는 민족이고, 영원히 허공에 떠 있는 민족에 지나지 않는다. 유태민족은 공기와도 같은 민족이며, 언제, 어느때나 개와도 같은 학대를 받으며, 2천년 동안이나 전세계를 떠돌아 다니지 않으면 안 되었다.

하지만, 그러나 아하스 페르츠의 후예로서 유태인의 위대성은 첫 번째로 그들의 언어와 종교를 잊지 않았던 것이고, 그 두 번째로는 남녀노소할 것 없이 일체동심一體同心의 정체성을 갖게 되었던 것이다. 하나님께 선택받았다는 자긍심 하나로 그의 적대자들마저도 불쌍히 여기며 용서를 할 수가 있었던 것이고, 우리는 모두가 다같이 한 형제라는 믿음 하나로, 상하의 계급차별(신분차별)을 없앨 수가 있었던 것이다.

유태인들은 유태인이라는 이유 하나만으로도 서로 믿고 의지하며, 그들은 그들의 학문에 대한 열정 하나만으로도 그 모든 민족적 차별과 수많은 장애물들을 극복해나갔던 것이라고 하지 않을 수가 없다. 제일의 천성은 그의 타고난 능력을 말하고 제이의 천성은 교육의 효과에 의하여 그가 새로 태어나게 된 것을 말한다. 유태인들은 지식을 위해 살고 지식으로 밥을 먹으며, 그 지식의 힘으로 이 세계를 정복하게 되었던 것이다.

조국없는 민족, 즉, 뿌리 없는 민족의 승리는 이 교육의 승리이기도 했던 것이다.

전 세계의 석유시장을 장악한 것도 유태인들이고, 금융시장을 장악한 것도 유태인들이다. 전 세계의 곡물시장을 장악한 것도 유태인들이고, 교육시장을 장악한 것도 유태인들이다. 요컨대 방위산업도, 언론산업도, 생명공학도, 이 소수의 유태인들이 장악을 했고, 그 결과, 유태민족은 선택받은 민족이라는 사실이 입증되었던 것이다.

앎 앞에서는 만인 평등이 없다.

아는 자만이 모든 인간과 이 세계를 지배할 수가 있다.

아아, 이 표절왕국의 추한 한국인들이여!!

유대 민족

유대 민족은 오늘날에도 다른 민족의 땅에서 기생하고 있음에도 불구하고 자기 국민에 대해 왕성한 애국심을 가지고 있다. 한 사람의 유대인들은 모든 유대인을 대신하고 있으며, 모든 사람이 또한 한 사람에 해당한다는 아주 굳센 단결로 세상에 그것을 과시하고 있다. 따라서 이 조국 없는 애국심을 다른 어떤 애국심보다도 열광적으로 작용하고 있다. 유대인의 조국은 다른 유대인 전부인 것이다. 그러므로 그는 유대인 전체를 위해 제단과 난도가를 위해, 즉 그들의 종교와 조국을 위해 싸우는 것이며, 이 지상의 어떤 공동체도 그 단결에 있어 그들을 능가할 수는 없다. 이 사실에서 판명되는 것은 어떤 국가의 정부 또는 행정에 유대인을 참여시키려는 것은 얼마나 부조리한 일이겠는가 하는 말이다.

— 쇼펜하우어, 「법률과 정치에 대하여」에서

오늘날 유대인들이 이 세계를 지배하게 된 것은 그들의 언어와 종교 때문이라고 할 수가 있다. 언어는 세계적이고 보편적인 것이 아니라, 그 민족의 역사와 도덕과 풍토의 산물이며, 따라서 그 언어를 가장 잘 가꾼 민족이 가장 우수한 민족이라고 할 수가 있다. 타인(이민족)의 말과 사유를 경청하지 않고 모든 사건과 사물들을 독자적으로 판단한 것이 언어이며, 이 언어를 통해서 그 민족의 정체성과 우수성을 드러내게 된다. 종교는 최고급의 지혜의 저장소이며, 수많은 사상과 이념과 진리들이 살아 있는 것이다. 유대인들이 수천 년 동안이나 나라를 잃고 이 나라에서 저 나라로 떠돌아 다녔으면서도 그들만의 언어와 종교를 통해서 그들의 민족성과 역사성을 결집시켜 왔던 것이다.

유대인은 단 한 명도 개인이 아니며, 그 민족의 전체를 대표하게 된다. 예루살렘이 로마에게 포위되었을 때, 매파와 비둘기파가 있었고, 그 비둘기파를 대표하는 랍비 한 사람이 예루살렘을 빠져나가 항복조건을 제시한 적이 있었다. 단 하나의 학교와 단 하나의 교회만은 파괴하지 말라고 간청을 했던 것이 바로 그것이었다. 왜냐하면 학교를 통해서 그들의 언어를 가르치고, 교회를 통해서 유대인들의 선민사상을 고취시킬 수가 있었기 때문이다. 로마 총독이 이 미끼를 덥썩 물었고, 그 결과, 로마마저도 기독교의 국가로 전락할 수밖에 없었던 것이다. 로마의 승리는 군사적 승리였고, 유대민족의 승리는 정신적 승리였다.

유대인들은 그들이 살고 있는 국가에 결코 동화되지를 않았고, 그들의 성경은 그들의 조국이 되었던 것이다. 유대인 박해의 기원이 바로 여기에 있었던 것이다.

유대인에게는 종파라는 것이 없다

유대인에게는 종파라는 것이 없다. 일신론은 그들의 국민성과 국가 헌법의 일부분이며 유대인에게는 자명한 사실이다.

— 쇼펜하우어, 「법률과 정치에 대하여」에서

맞는 말이다. 유대인들은 언제, 어느 때나 하나가 되지, 둘이 되지를 않는다.

유대인에게는 종파라는 것이 없다. 일신론은 그들의 국민성과 국가 헌법의 일부분이며 유대인에게는 자명한 사실이다.

유대인의 문제

그러나 유대인 해방을 극단적으로 밀고 나가 그들이 그리스도교국의 행정에 참여하게 되면, 이 소망스러운 결과도 수포로 돌아가게 될 것이다. 왜냐하면 그렇게 되면 그들은 더 한층 애착을 갖고 계속 유대인이 될 것이다. 그들이 다른 사람과 마찬가지로 같은 시민권을 가져야 하는 것은 정의가 요구하는 바이다. 그러나 그들에게 국정에 참여하는 것을 허락하는 것은 어리석은 일이다. 그들은 언제까지나 이질적인 동양 민족인 것이며, 언제나 정주하고 있는 외국인으로 간주해야 한다. 약 25년 전 영국의회에서 유대인 해방 문제가 논의되었을 때 어떤 국회의원은 다음과 같은 가설적 경우를 들어 말했다.

"어떤 영국계 유대인이 리스본에 와서 두 남자가 심한 곤궁에 빠져 있는 것을 보았다. 그러나 그에게는 두 사람 중 한 사람만 도울 수밖에 없다고 하고, 개인적으로는 두 사람 다 그와 관계없는 사람이라고 하자. 그러나 한 사람은 영국인이고 그리스도교도이고, 다른 한 사람은 포르투갈인이고 유대인이었다고 하면 그는 어느 쪽을 도울 것인가 하는 것이다. 어떤 대답이 나올 것인지는 분별력이 풍부한 그리스도교도나 정직한 유대인이라도 의심할 여지가 없다"라고 나는 생각했다.

— 쇼펜하우어, 「법률과 정치에 대하여」에서

유대인들에게는 너무나도 당연하게 시민권을 주어야 하지만, 그들을 국정에 참여시켜서는 안 된다는 것이 세계적인 사상가인 쇼펜하우어의 주장이었던 것이다.

유대인은 외국인이며, 그들을 국정에 참여시킨다는 것은 민족분열의 서곡에 지나지 않는다. 아니, 오늘날의 미국처럼, 또하나의 유대국가가 되지 않을 수가 없었기 때문이다.

유대인의 삶은 지혜를 연구하고, 지혜를 창출해내며, 그 지혜를 통해서, 오늘날의 미국을 유대화시켰던 것이다. 미국은 불과 600만의 유대인이 대주주인 국가에 불과하고, 대다수의 국민들은 유대인들에게 고용된 일꾼들에 지나지 않는다.

아름다운 것은

대체로 모든 사물은 우리들의 이해 관계를 떠날수록 아름다운 것이다. 그러나 인생자체가 아름다운 것은 결코 아니다. 아름다운 것은 시의 거울에 비쳐서 반사된 인생의 그림뿐이며, 이 그림이 유난히 아름답게 보이는 것은 우리가 살아가는 것이 무엇인지 미처 모르는 청년 시대의 일이다.

삶이 영감에 의해 시의 형태를 이룬 것이 이른바 서정이다. 그리하여 참된 서정 시인이 보여주는 것은 인간의 완성된 모습과 그 깊은 내면 세계이며, 과거와 현재와 미래의 세대에 속한 무수한 인간들이 비슷한 환경에서 경험하는 느낌은 한 편의 시 속에 생생하고 성실하게 표현된다. 시간은 세계적, 보편적인 것이며 인간의 마음 속에 복받치는 모든 것과 인간이 환경 속에서 경험하는 모든 것, 인간이라는 허망한 생물에 숨어서 발동하는 모든 것이 시의 대상이 되므로 그 범위는 자연 전체다.

— 쇼펜하우어, 「예술에 대하여」에서

예술에 이권利權이 개입하면 그 예술 자체의 아름다움은 종적을 감추게 된다.

몇 십억, 또는 몇 백억이라는 그림의 가격이 그림 자체를 압도하게 되고, 돈이 그 아름다움을 장악하게 된다.

예술은 순수미, 즉 무관심하게 즐거움을 준다는 것이 칸트의 제자로서의 쇼펜하우어의 미학이다.

쇼펜하우어는 그의 학문 자체를 목적으로 삼았고, 그는 한평생 그 학문의 즐거움 속에서 살다가 갔다. 그의 철학 자체가 예술이었던 것이다.

서정은 세계적이며 보편적인 것이다. 인간의 정서를 파고들어가 그의 심금을 울리게 하는 것이 서정시이며, 따라서 시인의 삶과 그 아름다움에 넋을 잃고 자아를 상실하게 된다.

모든 사건과 사고, 모든 자연이 서정시의 대상이며, 만일, 서정시가 없었다면 우리 인간들은 만물의 영장이 될 수가 없었던 것이다.

시의 종교적 기능과 교육적 기능, 그리고 시의 축제적 기능이 있었기 때문에 우리 인간들은 다양한 신들과 종교를 안출해낼 수가 있었던 것이다.

인간의 승리는 서정시의 승리이다.

비극의 성격과 목적

비극의 성격과 목적은 인간을 체념으로 인도하여 생존의 의지를 포기하는 데 있지만, 반대로 희극은 우리를 사주하여 생존을 욕구하게 하려는 것이다.

— 쇼펜하우어, 「예술에 대하여」에서

인류의 역사에 있어서 가장 위대하고 고귀한 인물들은 과연 누구라고 손꼽아 말할 수가 있는 것일까? 제우스 신을 창출해낸 호머일 수도 있고, 알라신을 창출해낸 마호메트일 수도 있다. 자기 스스로 신이 되어간 부처일 수도 있고, 전지전능한 하나님의 아들을 자처한 예수일 수도 있다.

호머, 마호메트, 부처, 예수는 가장 어렵고 위험하고 더러운 천역을 가장 고귀하고 위대한 일들로 이끌어 올리고, 그리하여 자기 자신의 단 하나뿐인 목숨까지도 희생시킴으로써 전인류를 구원할 수가 있었던 것이다.

호머는 눈 먼 소경이자 귀머거리였고, 마호메트는 유복자로서 어느 과부의 마부馬夫에 지나지 않았다. 부처는 히말라야 산기슭의 작은 왕가를 뛰쳐나온 떠돌이 탁발승이었고, 예수는 마구간에서 태어난 목수의 아들에 지나지 않았다. 호머, 마호메트, 부처, 예수는 사실 그대로의 역사적 인물들이 아니며, 그의 제자들과 후세의 역사가들이 제멋대로 미화하고 성화시킨 가상의 인물들에 지나지 않는다. 그들의 업적은 인간의 한계를 뛰어넘은 것이었고, 우리 인간들은 그러한 대사기극이 없었다면 잠시도 살아갈 수가 없었던 나약한 동물들에 지나지 않았던 것이다.

비극의 주인공들은 문화적 영웅들이며, 자기 민족과 수많은 인류들을 구원하고, 가장 처절하고 비참하게 죽어간 사람들이라고 할 수가 있다. 마피아 두목이나 조직폭력배의 두목, 그리고 스탈린이나 히틀러같은 독재자들이 문화적 영웅의 음화라면, 비극의 주인공들은 정말로 손톱만큼도 사심이 없었던 도덕군자들이었다고 할 수가 있다.

비극은 삶의 의지를 고양하고, 비극은 그 위대한 문화적 영웅들의 뜻을 쫓아서 자기 자신을 희생시킬 것을 명령한다. 쇼펜하우어는 이 세상의 삶의 의미를 부정하고 이러한 문화적 영웅들의 위대함을 제대로 이해하지 못한 염세주의자에 불과하다. 염세주의자는 때때로 최후의 발악과도 같은 이빨을 드러내며, 그 모든 것, 즉, 예술, 철학, 역사, 문화, 경제, 전쟁, 연애 등을 물어 뜯는다. 가히 흉조의 시선이며, 저승사자의 웃음소리라고 생각하지 않을 수가 없다. 지난 수천 년 동안 호머, 마호메트, 부처, 예수 앞에서 온갖 금은보화와 함께 산해진미의 음식을 바치고, 그토록 헌신적으로 그들의 생애를 찬양하고 존경해온 우리 인간들을 과연 염세주의자라고 할 수가 있는 것일까? 그들은 삶의 본능의 옹호자들이며, 끊임없이 아름답고 행복한 삶을 찬양하는 낙천주의자들이다. 그들은 낙천주의자들이고, 그들 앞에서는 그 모든 것이 아침 해처럼 떠오르고 있었던 것이다.

이에 반하여, 희극은 아리스토텔레스의 말대로, 평균 이하의 주인공들이 이 세상의 속물적인 삶을 미화시킨 것에 지나지 않는다. 희극의 세계는 어렵고 힘든 생활을 강요했던 인간들이, 셰익스피어의 「베니스 상인」이나 「말괄량이 길들이기」에서처럼, 혹은 아리스토파네스의 「구름」이나 「류시스트라테」에서처럼 권선징악의 칼로 무장한 주인공에게 쫓겨나게 되고, 마침내 모두가 다같이 잘 살 수 있는 평화의 세계로 그 대미를 장식하게 된다. 희극의 주인공은 살신殺身을 모르고 성인聖人을 모른다. 그는 고귀하고 위대한 것을 모르고, 언제, 어느 때나 자기 자신의 목숨만은 희생시키지를 않는다. 희극은 비록 유쾌하고 흥미진진할 수 있지만, 그러나 때로는 더없이 가볍고 천박하다.

언제, 어느 때나 자기 자신을 희생시키지 않고 살아 남는다는 것, 그것은 속물의 세계에서나 가능하지, 비극의 세계에서는 가능하지가 않다.

흥미는 시의 육체요, 아름다움은 혼魂이다

흥미는 시의 육체요, 아름다움은 혼魂이다. 서사시나 희곡의 사건과 행위에서 자연히 일어나는 흥미를 물질이라고 본다면, 아름다움은 형상이라고 볼 수도 있을 것이다. 다시 말해서, 아름다움이 존재하려면 전자가 필요한 것이다.

— 쇼펜하우어, 「예술에 대하여」에서

언어는 시의 육체요, 시는 언어의 영혼이다.

언어는 모든 것을 보고, 듣고, 냄새 맡으며, 그 모든 사건과 현상들을 기록한다. 언어는 그것이 보고, 듣고, 냄새 맡은 대로 기록하는 것을 넘어서, 그것의 본질을 파악하고 새로운 의미(이름)를 명명하게 된다. 시는 언어의 활동과 역사를 살아 움직이게 하고, 그 언어에다가 영원한 생명력을 불어 넣어 준다.

시는 언어에게 그 아름다움과 생명력을 부여해주고 있는 것이다.

사당祠堂, 교회 사원寺院, 가람伽藍

어느 시대를 불문하고 건축미의 극치로서 세워진 사당祠堂이나 교회 사원寺院, 가람伽藍 등은 인간이 형이상학적인 욕구를 갖고 있다는 것을 보여주는 증거물이며, 이 욕구는 물질적인 욕구에 뒤를 이어서 나란히 나타나게 된다. 다만, 형이상학적 욕구는 물질적인 그것이 미약하여 어느 정도만 제공되면 만족하게 여긴다고 말해도 무방할 것이다.

— 쇼펜하우어, 「종교에 대하여」에서

불교의 사원과 이슬람교의 사원, 그리고 기독교와 힌두교의 사원은 경건함과 성스러움의 극치를 이룬다.

신은 눈에 보이지 않는 세계에 존재하고, 이 신의 존재 영역은 형이상학의 세계에 속하게 된다.

눈에 보이지 않는 세계가 눈에 보이는 세계를 지배하고, 부재하는 존재(신)가 인간 존재를 지배한다. 이 비인과성의 세계가 형이상학의 세계이고, 전지전능한 신이 우리 인간들을 자유자재로 조종을 하게 된다. 오래 살고 싶다는 욕망, 돈, 명예, 권력에 대한 욕망 등이 전지전능한 신들을 창조하게 된 것이고, 그것이 그토록 아름답고 찬란한 사원들로 나타나게 된 것이다.

우리 인간들은 전지전능한 신의 꼭두각시이며, 전지전능한 신이 아니었다면 아무 것도 아닌 그런 인간에 지나지 않았던 것이다.

하지만, 그러나 르네상스 이후, 우리 인간들은 교회와 신의 속박으로부터 벗어났고, 이제는 전지전능한 그 신들의 목숨을 손에 쥐고 제 마음대로 조종을 하게 되었다. 달나라를 가고 별나라를 간다는 것, 대량살상의 무기를 개발하고 이종교배마저도 마다하지 않는다는 것, 돈이 돈을 낳고 돈이 신이 되는 자본주의를 연출해냈다는 것, 스와핑 같은 집단 섹스를 즐기고 마약이나 알콜을 남용한다는 것은 신이 죽었다는 것이고, 더 이상 사제계급들이 그 설 자리가 없어졌다는 것을 뜻하게 된다.

오늘날 서양의 교회들은 다 텅텅 비어가고, 정치, 경제, 사회 등의 문화적 후진국에서만이 그 종교들이 번성을 하고 있는 것이다.

돈이 모든 사원들을 다 불태워버리고, 돈이 전지전능한 신이 되었다.

기독교와 야만적인 참극

한편 기독교로 말미암아 일어난 야만적인 참극을 열거하면 매우 긴 도표가 된다. 부정한 십자군은 미국 대륙과 아프리카에 침입하여 많은 원주민을 학살하고, 부당하게 그들의 정든 고향을 빼앗아 식민지로 만들고, 그들의 재물을 약탈했으며, 그것도 모자라 그들 일족을 사방에 흩어지게 만들어 죄수와 같은 노예 생활을 강요하였다. 그리고 이교도에 대한 무자비한 박해, 하늘나라의 죄악인 종교재판소, '상팔레비의 밤', 알브흐의 1만 8천 명의 네덜란드인의 처형 사건 등 헤아릴 수 없이 많다. 이런 사건으로 미루어 보더라도 기독교가 다른 종교에 비해 훌륭하다고 보기는 어렵다.

― 쇼펜하우어, 「종교에 대하여」에서

종교의 잔혹성은 자기 조상도, 부모형제도 몰라보고, 전혀 터무니 없고 허무맹랑한 언어로 끊임없이 자기 희생을 강요한다.

모두가 그 신도들을 '아버지 하나님'을 믿는 광신도로 몰아가면서, 그 사이에 그 신도들의 돈주머니를 다 가로채 간다.

교회의 주업은 사기이며, 그 주력상품은 천당과 지옥이다. '아버지 하나님'을 믿고 귀의하면 천당엘 가고, '아버지 하나님'을 믿지 않으면 지옥엘 간다.

천당은 당근이 되고 지옥은 채찍이 된다. 이 당근과 채찍에 길들여진 제 정신이 없는 자들과 부녀자들 등, 그 모든 어리석고 무식한 철부지들은 목사의 사기술에 걸려든 한 마리의 희생양들에 지나지 않는다.

그들은 아침과 저녁마다 예배를 드리고, 백일기도와 천일기도를 하면서, 날마다 흐느끼고 날마다 고해성사를 하면서, 날마다 하나님 아버지를 찬양한다.

모든 노동력을 다 빼앗겼는데도 감사하고, 끊임없는 모욕과 협박을 받고 있는데도 감사하다. 부모형제와 민족과 역사와 전통과 사상과 이념을 다 빼앗겼는데도 감사하고, 자기 자신의 영혼과 순결을 유린당하고, 모든 재산을 다 빼앗겼는데도 감사하다.

모든 사제들은 끊임없이 사기 치는 기술의 대가이며, 따라서 그의 신도들은 그토록 교활하고 끔찍한 사기를 당하고서도 그 사제들을 향한 존경의 마음을 버리지 않고 있는 것이다.

모든 종교의 잔혹성은 사제들의 사기 치는 기술에서 나온 것이며, 그것이 그토록 잔인한 민족청소와 인종청소, 그리고 그 모든 고문과 감금과 십자군 전쟁 등으로 나타났던 것이다.

대한민국은 건국기념일(개천절)이 국경일이 아닌 유일한 나라입니다. 건국기념일이 없다면 3·1절과 광복절과 제헌절이 무슨 필요가 있고, 또한 석탄일과 예수 탄생일이 무슨 필요가 있을까요? 어쩌다가 대한민국은 최고의 국경일이어야 할 개천절이 없어진 불구의 국가가 되어야만 했던 것일까요? 단군 할아버님이 이민족의 신인 하나님 아버지에게 잡혀 먹었기 때문이 아니던가요?

대한민국은 노예민족의 국가이며, 이 노예민족의 주체로서 우리 한국인들이 하는 일은 모든 일들마다 너무나도 자랑스럽고 눈물이 다 나올 지경입니다. 기독교의 『성경』은 유태인들이 들고 다니는 또 하나의 조국이었던 것입니다. 그들은 이 『성경』이라는 조국이 있었기 때문에, 수많은 어려움과 고통들을 다 극복하고 오늘날 전세계를 지배할 수가 있었던 것입니다.

오늘날의 미국은 유태인들이 주인이고, 그 나머지는 유태인들에게 고용된 머슴들에 지나지 않습니다. 우리 한국인들은 노예민족이기 때문에, 이 지구상에서 가장 사악한 강도집단에 불과한 미국에게(유태인들에게) 더 잘 지배해주고 더 잘 대한민국을 유린해달라고 애걸하는 국가가 되었던 것입니다. 전시작전권은 우리 대한민국이 하늘이 무너져내려도 지켜야 할 권리이며, 미군은 하루바삐 철수해야 할 외국군대에 지나지 않는 것입니다.

대한민국은 통화주권, 환율주권, 외교주권, 군사주권, 식량주권, 핵주권 등, 그 모든 주권을 잃어버린 나라이며, 표절이 출세의 보증수표가 되고, 뇌물이 국가성장의 원동력이 되는 더 이상 이 세상에서 존재해야 할 필요가 없는 나라이기도 합니다.

건국기념일이 없는 나라, 대한민국을 건국한 단군 할아버님이 우상이 되는 그런 나라가 어떻게 노예국가의 신세를 면하고 문화선진국가가 될 수 있는 것일까요?

미국, 일본, 프랑스, 독일, 영국 등에서는 자그만 중소기업의 연구원이 노벨상을 수상하지만, 세계적인 명문대학교인 서울대학교에서는 날이면 날마다 학문연구로 수많은 밤들을 지새우고 있으면서도 노벨상을 수상하지 못하는 그 까닭이 어디에 있던 것일까요? 서울대학교 교수들은 날마다 논문의 조작과 표절로 밤을 새우는 표절의 장본인이 아닐까요?

대한민국, 이제는 그 국호를 닫고 미국이나 중화민국으로 예속될 때가 되었습니다.

우리 스스로 정치를 하기보다는 차라리 미국인이나 중국인으로 살아가는 것이 더 나을 것입니다.

가톨릭

가톨릭은 천국에 들어가기가 매우 어려워 그것을 구걸하는 종교다. 사제들은 이런 걸인이 천국에 들어가는 중개 역할을 담당하고 있다.

신부 앞에서 고해를 한다는 것은 대단히 재미 있는 발상이다. 왜냐하면 우리는 누구나 정의를 분명히 판별하여 훌륭히 도덕적인 재판관이 될 수 있기 때문이다. 성자도 선을 사랑하고 악을 미워하는 한 그런 역할을 할 수 있다. 그런데 여기 한 가지 조건이 있다. 즉 이 재판의 심문은 자기 자신에 대한 것이 아니라 타인에 대한 것이며, 자기는 다만 가부를 분간할 뿐 재판의 결과는 타인의 부담이 된다는 것이다. 그러므로 지나가는 아무나 붙잡고 시켜도 참회승으로서 신의 대리 역할을 훌륭히 할 수 있다.

— 쇼펜하우어, 「종교에 대하여」에서

모든 생명체는 태어나면 이윽고 죽는다. 이 생명체들이 지녔던 에너지들은 다양한 생명체들의 영양분이 되고, 따라서 자연은 종의 보존과 그 균형을 이루어 나가게 된다. 자연의 법칙에 따르면 모든 종들은 서로서로 견제하고 협력하며 균형을 이루어 나가도록 예정 조화되어 있는 것이다.

하지만, 그러나 만물의 영장이라고 자처하는 인간만이 이 자연의 법칙을 비웃으며, 자기 자신만은 자연의 법칙을 떠나서 영원히 살겠다고 생떼를 쓰고 있는 것이다.

신도 없고, 영혼도 없다. 천국도 없고, 지옥도 없다. 우리가 이 세상을 살아갈 때 다양한 생명체들을 먹고 살아가듯이 우리는 죽어갈 때 다양한 생명체들의 먹잇감이 되어감으로써 그 부채를 갚게 된다. 우리 사제와 신도들을 바라보면 영원히 부채를 갚지 않겠다고 생떼를 쓰는 악마와도 같다.

모든 기독교도와 가톨릭교도들은 천국에 들어가기가 어려워 그것을 구걸하는 종교가 아니라, 자연으로 돌아가기를 거부하는 반자연주의자(악마)들에 지나지 않는다.

종교는 대중들의 필수품

　종교는 대중에게 많은 혜택을 주는 필수품이다. 그러므로 그것이 진리의 인식을 배격하여 인류의 발전을 가로막는 일이 있다고 하더라도 종교에 대한 비난은 되도록 삼가해야 한다. 그러나 괴테나 셰익스피어와 같은 위대한 정신의 소유자에게 어떤 종교 교리를 문자 그대로 믿기를 바란다면, 그것은 마치 거인에게 난장이의 구두를 신으라고 하는 것과 다름없다.

　— 쇼펜하우어, 「종교에 대하여」에서

기독교는 수많은 신도들에게 그토록 엄청나게 많은 혜택을 주고 있는 것 같지만, 그러나 기독교가 지니고 있는 미덕보다는 그 악덕이 더 크다고 할 수밖에 없다.

대량살생과 자연을 파괴하게 만든 것도 기독교이고, 신과 천국을 팔아서 사제들의 배만을 살찌운 것도 기독교이다. 가난한 자들을 더욱더 가난하게 만들고, 부유한 자들을 더욱더 부유하게 만들어 준 것도 기독교이다.

목사, 장로, 권사, 집사는 우리 한국 사회의 매관 매직의 상징이며, 기독교의 성채는 암적인 종양의 그것과도 같다.

괴테와 셰익스피어가 이 대사기꾼들, 즉, 이 악마들의 흑주술에
넘어갈 리가 없었던 것이다.

종교는 하나의 필요악

모든 기성 종교는 철학이라는 왕좌를 빼앗으려고 한다. 그래서 철학자는 종교를 하나의 필요악, 대다수 인간의 빈약하고 병적인 정신을 돕기 위한 지팡이로 보며, 언제나 적대시 하며 싸워야 한다.

— 쇼펜하우어, 「종교에 대하여」에서

종교의 힘이 더 셀까? 철학(사상)의 힘이 더 셀까?

이 질문은 그 근본부터가 잘못된 질문인데, 왜냐하면 종교 자체가 철학(사상)의 산물이기 때문이다.

종교는 약이면서도 독약이다.

하지만, 그러나 이 종교는 매우 독성이 강하기 때문에, 자칫 잘못하면 오늘날의 기독교와 이슬람교처럼 집단적 광기로 발작을 하게 된다.

종교의 지혜는 필요하지만, 이 집단적 광기를 철저하게 제거하지 않으면 안 된다.

직관이 개념보다 먼저 있어야 한다

모든 개념은 우리 지성적 본성에 따른 구체적 견문인 직관을 추상화함으로써 성립되는 것이다. 그러므로 직관이 개념보다 먼저 있어야 한다. 실제로 이런 길을 취하는 경우, 즉 자기 자신의 경험을 스승과 책으로 섬기는 사람의 경우에는 어떤 직관이 자기가 품고 있는 개념의 어떤 것에 상응하며 또 그 개념에 의해 나타나는 것은 어떤 직관인지를 잘 이해하고 있는 것이 된다. 그런 사람은 직관과 개념의 양쪽을 정확하게 알고 있으며, 자기 앞에 나타나는 모든 것을 적절하게 취급한다. 우리는 이런 길을 자연적 교육이라고 부른다.

이와는 반대로 인위적 교육의 경우에는 넓게 현실 세계에 친숙하기 전부터 설교와 가르침, 그리고 책읽기를 통해 많은 개념이 머릿속에 채워진다. 이런 개념 모두에 대한 구체적인 지식은 나중에 경험에 의해 주어지는 것으로 되어 있지만, 그때까지는 이런 개념은 잘못 사용되는 것이 된다. 따라서 여러 가지 사물이나 인간은 그릇된 판단, 그릇된 견해, 그릇된 취급을 받는다. 이렇듯 교육은 비뚤어진 머리를 만들게 되고 따라서 젊었을 때 장기간에 걸쳐 학습을 하고 독서를 하는 데도 우리가 세상에 나갈 때에는 어리석어지지 않으면 비뚤어지는 일이 일어나서 처세하는 데에 겁을 먹는다든지 불손해지게 된다. 왜냐하면 머릿속에는 개념들이 잔뜩 채워져 있긴 하지만 이것을 실제로 적용하려고 노력을 해도 그 적용 방법이 반대로 되기 때문이다. 이것은 우리 정신의 순조로운 발달 과정과는 정반대로 처음에 개념을 얻고 나중에 직관을 받아들인다는 예의 본말전도의 결과이기 때문이다. 교육자들은 어린 아이들에게 스스로 인식하고 판단, 사고하는 능력을 신장하는 일은 하지 않고 느닷없이 다른 사람의 기성 사상을 어린 아이의 머릿속에 주입시키려고 한다. 이렇게 되면 나중에 오랜 경험에 의해 그릇된 개념의 적용에서 생기는 판단을 수정하지 않으면 안 된다. 이런 수정이 성공하는 일은 드물다.

　— 쇼펜하우어, 「교육에 대하여」에서

대상을 인식하는 것은 직관(감성)이고, 대상을 사유하는 것은 오성이다. 어떤 사건과 사물을 바라보는 것은 직관(감성)이고, 그 대상에 이름—돌, 나무, 풀 등—을 부여하는 것은 오성이다.

쇼펜하우어는 칸트의 제자로서 이 직관과 오성의 기능을 받아들였고, 그 결과, "교육자들은 어린 아이들에게 스스로 인식하고 판단, 사고하는 능력을 신장하는 일은 하지 않고 느닷없이 다른 사람의 기성 사상을 어린 아이의 머릿속에 주입시키려고 한다. 이렇게 되면 나중에 오랜 경험에 의해 그릇된 개념의 적용에서 생기는 판단을 수정하지 않으면 안 된다. 이런 수정이 성공하는 일은 드물다"라고 역설하게 되었던 것이다.

대한민국의 학문은 서양의 학문보다 3,000년 이상이나 뒤처져 있고, 타인의 손장난에 의해서 움직이는 아기 인형들과도 같다.

입만 열면 개성과 창의성을 부르짖으면서도 좀처럼 스스로 생각하고 사유할 줄을 모른다. 서양(동양)의 사상과 이론만을 무자비하게 베껴먹으며, 그토록 지긋지긋한 주입식 암기교육을 연출해낸다.

전세계에서 가장 뜨거운 교육 열기가 너무나도 자랑스럽게 표절공화국의 오명으로 꽃 피어나고 있는 것이다.

스스로 사물을 관찰하고 체험하면서 '자연의 학교'에서 공부를 하는 것과 세계적인 학자들의 저서를 읽는 것, 이것이 제일 화급한 과제이기도 한 것이다.

원전보다 먼저 복사품에서

일반적으로 어린 아이들이 인생을 알게 됨에 있어서 원전보다 먼저 복사품에서 알게 되는 일이 있어서는 안 된다. 그러므로 쓸데없이 그들에게 책을 주는 일을 서두르지 말고 단계적으로 실물과 인간과의 관계를 알려 주도록 해야 한다. 특히 주의할 것은 현실을 순수하게 파악하도록 그들을 인도할 것, 그 개념을 언제나 현실 세계에서 직접 퍼내고, 현실에 따라 개념을 만들도록 하는 마음가짐을 길러야 한다.

— 쇼펜하우어, 「교육에 대하여」에서

공자, 맹자, 노자, 장자, 플라톤, 데카르트, 칸트, 헤겔, 마르크스, 니체, 쇼펜하우어 등—, 세계적인 사상가들의 사상을 배울 때에는 반드시 그 해설서보다는 원전을 읽지 않으면 안 된다.

해설서는 해설자의 주관적 편견과 오류가 내포되어 있을 수밖에 없기 때문에, 그 원전의 진가를 제대로 알아볼 수가 없다. 해설서를 읽고 세계적인 대사상가들을 정면으로 비판할 수도 없고, 그 어떤 진검승부를 펼쳐보일 수도 없다.

원전은 진검승부를 가르쳐 주고, 해설서는 뒷통수를 치는 꼼수를 가르쳐 준다.

어떤 사건과 사물을 최초로 발견하고 그것에 자기 자신의 이름(개념)을 부여하는 것, 이 명명의 힘이 모든 학문의 최종 목표라고 할 수가 있다.

　우리는 이 최초의 진리, 즉, 새로운 이론과 사상의 창시자가 되지 않으면 안 된다.

교사들은 돈을 벌기 위해

가르치고 배우는 갖가지 시선이 많이 있고, 거기다가 또 학생과 교사들이 몰려들고 있는 것을 보면 인간에게 있어서 견식이나 진리가 제일 중대한 문제로구나 하고 생각하는 사람이 있을는지도 모른다. 그러나 여기서도 외관은 우리를 속인다. 교사들은 돈을 벌기 위해 가르치고 있으며, 그들이 얻고자 하는 것은 지혜가 아니라 지혜의 외관과 평판에 지나지 않는다.

또 학생은 지식이나 견식을 얻고자 배우고 있는 것이 아니라, 지껄일 수 있고 다른 사람에게 잘 보이기 위해 배운다. 이렇게 하여 30년마다 새로운 세대가 나타나는데 그들은 아무 것도 모르면서 몇 천 년을 통해 집대성된 지식의 성과를 대략만 빨리 삼켜버리고 자기야말로 이때까지의 어떤 사람보다도 똑똑하다고 자부한다. 이런 목적으로 그들은 대학에 다니면서 책에 손을 대지만 그것도 동시대와 동연배의 최신간 서적에 한정되어 있다. 그들 자신이 신참자이기에 모든 것은 간단 명료하고 새로워야 한다. 더욱이 그들은 엉터리없는 판단을 내린다. 나는 여기서는 빵을 위한 학문 같은 것은 고려에 넣지 않았다.

— 쇼펜하우어, 「학자에 대하여」에서

교사는 돈을 벌기 위해 가르치고 있으며, 그들이 얻고자 하는 것은 지혜가 아니라 지혜의 외관과 평판에 지나지 않는다.

맞는 말이다.

교사가 모든 사상과 이론을 연구하고 새로운 사상과 이론의 창시자가 된다는 것은 밤 하늘에서 별이 떨어지기를 기다리는 것처럼 거의 가능성이 없는 일이다.

하지만, 그러나 교사는 끊임없이 타인들의 사상과 이론, 즉, 모든 관련 분야의 저서들을 이해하고, 우리 학생들이 그들의 미래를 개척할 수 있도록 도와주는 인도자의 역할을 다 하지 않으면 안 된다.

쇼펜하우어의 교사에 대한 요구는 우리 학자들에 대한 요구에 지나지 않으며, 그 문제의 핵심을 잘못 파악한 오류에 지나지 않는다.

그처럼 많이 읽었으니

  대학에서 공부하고 있는 사람이든 공부를 끝마친 사람이든지간에 그 전공이나 연령에 관계없이 목표로 하는 것은 보통 학식이지 견식이 아니다. 그들은 어느 일에서나 학식을 갖는 데에 그 명예를 건다. 즉 돌이든, 식물이든, 전쟁이든, 실험이든지간에 특히 책이라는 책은 무엇이든지 알려고 한다. 학식은 견식에 도달하는 수단에 그치고 그 자체만으로는 거의 또는 전혀 무가치하다는 것에 그들은 생각이 미치지 못한다. 그런데 이런 생각이야말로 철학적 두뇌의 특성이다. 나는 예의 사물을 많이 알고 있는 사람들의 위압적인 박식에 접하면, 이따금 혼잣말을 하게 된다.

  "그처럼 많이 읽었으니 전혀 생각할 수가 없었을 것이다!"

  노老 플리니우스는 쉬지 않고 책을 읽고 있었다. 식사, 여행, 심지어는 목욕할 때에도 다른 사람에게 낭독시켰다는데 그 말을 들으면 나는 곧 반문하고 싶어진다. 도대체 이 사나이에게는 자기 자신의 생각이 그처럼 부족하였던 것일까? 폐병을 앓는 사람에게 수프를 먹여 생명을 보존하게 하는 것과 마찬가지로 쉬지 않고 다른 사람의 사상을 주입할 필요가 있었을까 하고. 그리고 이 사나이가 다른 사람이 말한 것을 무엇이든 무비판적으로 일일이 신용했다는 것이라든지, 딱 잘라 말할 수 없을 만큼 모순되고 전혀 알아차릴 수 없는 그의 문제, 종이를 절약하는 표본 같은 발췌 문제 같은 것을 보면 웬일인지 나는 그가 스스로 생각한 것을 존경할 기분이 나지 않는다.

— 쇼펜하우어, 「학자에 대하여」에서

수많은 지식으로 무장을 하고 있지만, 자기 자신의 생각이 단 하나도 없는 사람들이 있다. 김현, 정과리, 김윤식, 김우창, 이문열, 신경숙, 황석영, 고은, 신경림, 백낙청, 김사인, 황우석 등과도 같은 우리 학자들이다. 폴리페서, 텔레페서, 커미션페서, 참으로 '반개혁의 영원한 슈퍼 갑'이며, 자랑스러운 우리 학자들의 훈장들이라고 아니 할 수가 없다.

"그처럼 많이 읽었으니 전혀 생각할 수가 없었을 것이다!"

아니다.

그처럼 많이 글도둑질(표절)을 했으니, 대한민국이 표절왕국으로 우뚝서게 된 것이 너무나도 기쁘고 자랑스러웠을 것이다.

깊이 있게 공부하고 잘 질문할 줄 몰랐던 우리 한국인들, 하나의 사상과 이론이 어떠한 과정을 거쳐서 정립되는가를 따져보지도 않았던 우리 한국인들, 단기檀紀를 서기西紀로 바꾸고 예수가 단군 할아버지의 목을 비틀었어도 행복했던 우리 한국인들, 자기 할머니, 할아버지, 아버지, 어머니에게 침을 뱉고 예수를 우리 한국인들의 민족시조로 바꾼 우리 한국인들—.

아아, 크리스마스, 즉, 성탄절을 우리 대한민국의 건국기념일로 바꾸어 놓은 이적異蹟을 연출해 놓은 우리 한국인들―.

　오오, 영원한 유대인의 후예, 영원한 기독교 국가인 대한민국이여!!

훌륭한 저술가이면

많이 읽는다든지 배우는 것이 스스로 생각하는 것을 해치는 것처럼 많이 쓴다든지 가르치게 되면 지식이나 이해력이 혼란해져서 철저하게 대처하는 것을 잊지 않을까 하는 염려가 생긴다. 왜냐하면 명백과 철저에로 이르는 시간이 부족해지기 때문이다. 이렇게 되면 자기의 강의 속에 나오는 확실히 인식할 수 없는 공백을 메우기 위해 미사여구를 사용하지 않으면 안 된다.

어떤 책이든지 지루하게 느껴지는 것은 이 때문이지, 테마가 무미건조하기 때문이 아니다. 왜냐하면 솜씨 좋은 요리사는 낡은 구두의 밑가죽을 가지고도 얼마든지 맛있게 조리할 수 있기 때문이다. 이와 마찬가지로 훌륭한 저술가이면 아무리 무미건조한 테마라도 흥미진진하게 쓸 수 있는 것이다.

— 쇼펜하우어, 「학자에 대하여」에서

매번 새로운 주제로 매번 새로운 소재와 그 이야기를 꾸려나갈 수가 있다면 얼마나 좋을까? 그러나 인간은 전지전능한 신이 아니고, 그가 그의 일생동안 스스로 겪고 체험할 수 있는 것도 지극히 한정되어 있다. 따라서 그가 진정한 천재라면 그가 가장 좋아하고 가장 잘 할 수 있는 것으로 그 학문의 범위를 좁히고 그 깊이 있는 공부를 통하여 인접학문으로 자기 자신의 지식을 넓혀가지 않으면 안 된다. 일개 정신분석의로 출발하여 세계적인 사상가가 되었던 프로이트, 일개 고전문학도에서 출발하여 세계적인 사상가가 되었던 니체, 일개 철학도에 지나지 않았지만 공산주의 사상을 창출해냈던 마르크스가 바로 그것을 말해준다.

많이 읽고 많이 배우는 것보다는 스스로 생각하고 그 무엇이든지 새롭게 바라볼 줄 아는 명명의 힘이 필요하다. 깊이 있게 배우고 잘 질문할 줄 아는 것, 바로 이것이 무모순의 원리로서 사상과 이론을 정립하는 첫걸음이기도 한 것이다. 많이 읽고 배우는 것도 중요하지만, 그러나 이 다독多讀의 폐해는 자기 자신의 개성과 창의성을 죽이게 된다. 이 다독의 폐해에서 헤어나오지 못하는 사람의 특징은 전혀 쓸모없는 미사여구만 잔뜩 늘어놓는 사람과도 같다. 속 빈 강정과도 같은 '내용 없는 아름다움'은 우리 인간들의 호주머니나 노리는 지적 사기꾼의 그것에 지나지 않는다.

"솜씨 좋은 요리사는 낡은 구두의 밑가죽을 가지고도 얼마든지 맛있게 조리할 수" 있다.

깊이 있게 배운 사람만이 무모순의 원리로서 다양성과 일관성을 지닐 수가 있는 것이다.

학문은 인간의 목적이며

학문은 수단이지 목적이 아니라고 생각하는 학자가 아주 많다. 이 때문에 그들은 학계에서 큰 성공을 거둘 수 없다. 왜냐하면 큰 성공을 거두려면 학문은 학문에 종사하는 인간의 목적이며, 학문 이외의 모든 것은 그 자신의 생존, 그 자체까지도 한낱 수단에 지나지 않는다고 생각해야 하기 때문이다. 어떠한 일도 그 자체를 위해 하지 않으면 절반밖에 되지 않기 때문이다. 어떤 종류의 일도 참으로 훌륭하다고 할 수 있는 것은 오로지 그것 자체를 위해 생산된 것이며, 이외의 다른 목적 달성의 수단으로 생산된 것은 아니기 때문이다. 이와 마찬가지로 다른 사람의 인식 같은 것은 개의치 않고 자신의 독자적 인식을 획득하는 것을 연구의 직접 목적으로 삼는 사람만이 새롭고 위대한 근본적 통찰에 도달할 수 있다. 그러나 보통 볼 수 있는 학자는 가르치고 집필하는 목적을 위해 공부를 한다. 그러므로 그들의 머리는 먹은 것이 소화되지 않은 채 배설되는 위나 장과 같다. 또 그들이 가르치는 것, 쓰는 것도 별로 도움이 되지 않는다. 왜냐하면 다른 사람에게 자양분이 되는 것은 소화되지 않은 배설물이 아니라 자신의 피에서 분비된 젖뿐이기 때문이다.

— 쇼펜하우어, 「학자에 대하여」에서

데카르트, 스피노자, 라이프니츠, 칸트, 헤겔, 마르크스, 쇼펜하우어, 니체 등도 모든 돈과 명예와 권력을 거절하고 학문을 위해서 출가를 했던 사람들이고, 반 고흐, 폴 고갱, 보들레르, 랭보 등도 모든 돈과 명예와 권력을 거절하고 예술을 위하여 출가를 했던 사람들이다.

학문 자체를 목적으로 생각하고 묵묵히 정진해갔던 사람들이 인류의 삶과 행복을 진전시켰던 스승들이지, 학문을 오직 출세의 수단으로 생각하고 돈과 명예와 권력을 쫓아갔던 사람들이 진정한 인류의 스승은 아니었던 것이다. 학생들을 가르치고 그 책을 팔아먹기 위하여 글을 쓰는 사람들은 그들이 살아 있는 동안 돈과 명예와 권력을 얻고 잘 살아갈 수가 있지만, 그러나 그뿐, 그들은 그들의 죽음과 함께 한 잎의 낙엽처럼 사라져가게 된다.

참된 인류의 양식이 되고 그들의 성장과 행복에 기여할 수 있는 것은 자기 자신의 피와 땀과 눈물로 쓴 진정한 스승들의 저서들 뿐이며, 우리는 이 스승들의 저서를 영원불멸의 고전으로 부르게 된다.

Arthur Schopenhauer

자기의 지혜 1온스는

가발假髮은 스스로 생각하지 않는 순수학자들의 상징이다. 자기의 머리털이 없을 때 다른 사람의 머리털을 마음껏 차용하여 머리를 장식하는 것이 가발인데, 학자 선생의 장식도 수많은 다른 사람들의 사상으로 성립되어 있다. 그러나 다른 사람의 사상인 그런 차용물이 자기 몸에 맞을 리가 없기 때문에 보기 좋거나 자연스럽게 보이지 않는다. 어떤 경우나 목적에도 사용될 수 없고 굳건하게 뿌리가 박혀 있는 것도 아니다. 만약 다 써 버리게 되면, 또 하나의 다른 사상으로 곧 메울 수도 없다. 자기 자신의 원천에서 나온 사상이면, 물론 그렇게 할 수가 있다. 그러므로 스터언은『트리스트럼 샌디』에서 대담하게 이렇게 주장한다.

"자기의 지혜 1온스는 다른 사람의 정신 1톤 분의 가치가 있다."

사실 아무리 완전무결한 학자라 해도 한번 참된 천재와 비교해 보면, 표본식물은 언제나 새로운 자기를 생산하고 영원히 신선하고 변하지 않는 진짜 식물의 세계와 대조되는 것과 같다.

박식을 자랑하는 주석가와 어린 아이처럼 소박했던 고대인, 이 양자 이상으로 세상에 더 큰 대조는 찾아볼 수 없다.

— 쇼펜하우어, 「학자에 대하여」에서

머리털이 없는 사람은 대머리이고, 대머리는 그 콤플렉스 때문에 가발을 필요로 한다. 하지만, 그러나 가발이 머리털을 대신할 수는 없고, 그 때문에 대머리는 그 서러움과 한을 품고 살아갈 수밖에 없게 된다.

사상과 이론은 학자의 머리털과도 같다. 모든 것을 자기 스스로 명명하고, 이 명명의 힘으로 이 세상을 살아가게 된다.

"만국의 노동자여, 단결하라"고 마르크스가 외쳤을 때, "모든 인간의 욕망은 성적 욕망이다"라고 프로이트가 외쳤을 때, 모든 전세계인들은 그만큼 놀라움과 충격에 사로잡혔으면서도, 그들의 말을 아주 굴욕적으로 받아 들이지 않으면 안 되었다.

나의 지혜 한 움큼은 타인의 지혜 천만 톤보다도 낫다.

학자는 평범한 인간에 지나지 않지만, 천재는 새로운 미래형의 인간이라고 하지 않을 수가 없다.

학문이나 예술을 사랑하는 기쁨

학문이나 예술을 사랑하고 거기에서 기쁨을 느끼고 행하는 사람은 돈을 모으기 위해 일하는 사람들로부터 딜레탕트라고 멸시받는다. 전문가인 그들의 기쁨은 학문과 예술에서 버는 금전뿐이다. 이런 멸시는 빈곤, 굶주림 이외의 다른 욕망의 자극 없이는 어떤 일에도 본심으로 일에 착수할 수 없다는 천한 신념에 그 기초를 두고 있다. 세상 사람들은 이것과 비슷한 심정이기 때문에 그들의 생각도 이것과 조금도 다를 것이 없다. 일반 사람들이 소위 전문가에게 경의를 표시하고 비전문가를 사용하지 않는 원인은 여기에 있다.

그러나 사실은 어떤 일을 목적으로 하는 것이 비전문가이고, 그것을 한낱 수단으로 하는 것이 전문가이다. 또 어떤 일을 본격적으로 행하는 것은 직접 그것에 몸을 바치고 좋아서 행하는 사람뿐인 것이다. 가장 위대한 일을 시작하는 것은 언제나 이와 같은 사람들이지 결코 돈을 위해 일하는 사람들이 아니다.

— 쇼펜하우어, 「학자에 대하여」에서

아는 것은 좋아하는 것만 못하고, 좋아하는 것은 즐기는 것만 못하다.

공자의 유교사상은 시대착오적이고 그만큼 퇴행적이기도 하지만, 그러나 그는 진정으로 학문의 즐거움을 아는 대사상가였다.

학문을 좋아하는 것을 넘어서 학문을 즐긴다는 것은 그가 그 학문을 위하여 돈과 명예와 권력에 대한 욕망을 초극했다는 것을 뜻하게 된다. 비록, 어렵고 힘들고 위험하지만, 자기가 꼭 하고 싶은 공부를 한다는 것은 그 어느 누가 알아주든, 알아주지 않든지간에, 10년, 20년, 30년, 아니 그의 한평생 동안 오직 자기 자신의 길만을 걸어가겠다는 것을 뜻한다.

명예와 명성은 어떠한 타협도 불허하지만, 그러나 눈앞의 이익은 그 어떠한 굴욕도 마다하지를 않게 된다. 학문과 예술을 사랑하고 거기에서 기쁨을 느끼는 사람은 돈과 명예와 권력과는 아무런 상관도 없는 사람들이며, 바로 그렇기 때문에, 돈과 명예는 같은 무대에 설 수 없다는 말이 그 정당성을 얻게 되었다.

나는 쇼펜하우어와는 반대로, 전문가는 학문을 즐기는 사람이고, 비전문가는 학문을 수단으로 여기는 사람이라고 생각한다. 전문가는 모든 이해관계를 떠나서 그것이 철학이든, 음악이든, 조각이든, 문학이든, 사회학이든지간에, 그 분야에서 최고의 실력을 쌓은 사람을 말하고, 비전문가는 눈앞의 이익을 위해서 그야말로 허울뿐인 명예와 명성을 얻은 사람을 말한다. 전문가는 그 깊이 있는 지식으로 인하여 더욱더 많은 인접학문을 섭렵하고 우리 인간들의 삶의 행복과 역사의 발전에 기여를 하게 되지만, 비전문가는 그 천박한 싸구려 지식으로 인하여, 우리 인간들을 더욱더 큰 절망과 역사의 진창 속으로 몰아가게 된다.

주입식 암기교육을 통하여 학원지옥과 입시지옥으로 우리의 젊은이들을 모조리 수장水葬시키고 있는 우리 학자들이 바로 그것을 증명해준다.

우리 젊은이들은 우리 학자들의 희생양에 지나지 않으며, 대한민국의 교육제도는 우리 학자들, 즉, 소위 밀렵사냥꾼들의 사냥터에 지나지 않는다.

우리 학자들에게는 밥그릇이 더 소중하지, 학문이 소중한 것이 아니다.

중대하고 새로운 진리가 학술원에서……

디드로는 그의 소설 『라모의 조카』에서 "학문을 다른 사람에게 가르치는 사람과 그것을 위해 열중하는 사람은 같은 인간이 아니다. 후자는 다른 사람에게 학문을 가르칠 시간 여유가 없다. 그러나 전자는 오로지 학문으로 살아가기 때문에 학문은 이 사람들에게는 버터를 공급하여 주는 훌륭한 암소"라고 말했다. 어떤 국민의 가장 훌륭한 인간이 어떤 문제를 자기 일생을 건 연구 제목으로 정했는데—괴테가 색채론을 택한 것처럼—그 문제가 일반적으로 보급되지 않는다면 정부가 경비를 지급하여 주고 있는 학술원에 위임하여 위원회를 개최하여 이 문제를 연구시켜야 한다. 프랑스에서는 보잘 것 없는 많은 문제에 대해서도 이런 식으로 하고 있다. 그렇지 않으면 학술원이란 도대체 무엇 때문에 존재하는 것인가. 그토록 많은 바보들을 회원으로 두고 거만을 떨게 내버려 두고 있는 것은 무엇 때문인가? 중대하고 새로운 진리가 학술원에서 나온 적은 아주 드물다. 그러므로 적어도 중요한 다른 사람의 업적을 비판할 능력이 있어야 되며 직책상으로도 말할 필요가 있는 것이다.

— 쇼펜하우어, 「학자에 대하여」에서

진정한 학자에게는 다음과 같은 두 가지가 가장 소중하다. 첫 번째는 책을 읽고 글쓰기를 하는 시간이고, 두 번째는 건강에 이로운 숲을 거닐며 자기 자신과 인류 전체의 문제를 성찰하는 산책의 시간이다. 독서와 글쓰기의 시간은 타인의 사상과 이론을 공부하고 자기 자신의 글을 쓰는 시간이고, 산책의 시간은 타인의 사상과 이론의 장, 단점을 따져보며 자기 자신만의 사상과 이론의 정립을 모색하는 시간이다. 밥을 먹는 것, 화장실을 가는 것, 영화감상이나 음악을 듣는 것, 잠시 잠깐동안 여행을 떠나거나 잠을 자는 것은 진정한 학자를 위한 보조적인 시간이지, 그의 주된 시간이 될 수가 없다.

학문의 세계는 넓고 할 일도 많다. 오직 정진하고, 또 정진하지 않으면 진정한 학자의 길은 열리지도 않고, 따라서 그는 다른 사람들을 가르칠 수가 없다.

진정한 학자는 저주받은 사람이며, 이 저주의 징표가 한 덩어리의 다이아몬드처럼 영원불멸의 사상으로 그 광채를 발휘하게 된다.

대한민국의 학술원이나 예술원은 표절왕국의 기생충들의 터전과도 같다.

표절을 하라! 좀 더 표절을 잘 하라!

그러면 당신도 예술원이나 학술원의 회원이 될 수가 있다.

오오, 어쩌다가 우리 대한민국이 표절왕국의 기생충들의 터전이 되었단 말인가?

독일 철학계에서는 불성실이

독일 학자는 또 아주 가난하기 때문에 성실할 수 없고 결백할 수도 없다. 그러므로 억지로 이론을 붙이고 비틀어 대고 순응을 하여 자기의 신념을 바꾸고, 자기도 믿고 있지 않은 것을 가르치고 쓰고 기어다니면서 아첨을 떨고, 작당을 하여 친구를 만들고, 장관, 권세가, 동료, 학생, 서적상, 비평가, 요컨대 진리 및 다른 사람의 공적을 제외한 모든 것을 고려한다는 것이 그들이 걸어가는 길이고 방식이다. 이렇게 하여 그들은 대부분 다른 사람의 눈치만 보는 룸펜으로 전락한다. 그 때문에 독일 문학 전체, 특히 독일 철학계에서는 불성실이 크게 활개치기에 이르렀지만, 조만간 속아 넘어가는 사람이 없어지고 불성실이 효력을 발생하지 못할 것이라고 생각한다.

— 쇼펜하우어, 「학자에 대하여」에서

대학교수는 가난하고는 전혀 상관이 없고, 오직 할 일 없이 어린 아이들을 괴롭히는 의붓 아버지와도 같다.

그의 강의 노트는 2~30년 전과도 똑같고, 조교나 시간강사에게 밥 한 그릇을 사지 않는다.

자기 자신의 학문 연구의 주제도 없고, 집과 연구실만을 오가지도 않으며, 좀처럼 밤늦게까지 공부하는 것을 볼 수가 없다.

학회, 세미나, 조교와 시간강사의 임용, 교수채용, 외국여행, 골프, 학술답사, 그 어느 것도 학문연구와는 상관이 없으며, 불성실이 그의 주특기가 된다.

불성실을 성실로 위장하고, 그 가짜 명예로 살아간다.

학자의 경쟁력은 국가의 경쟁력이고, 국가의 경쟁력은 학자의 경쟁력이다. 대한민국의 학자들의 실력으로는 남북통일을 앞당길 수도 없고, 결코 문화선진국민이 될 수도 없다.

우리 학자들이 양성해낸 백만 두뇌는 언제, 어느 때나 저능아들의 집단유희만을 연출해내고, 단 한 번의 싸움도 해보지를 못하고 삼천리 금수강산을 이웃국가에게 송두리째 가져다가 바치게 된다.

대한민국은 더 이상 대한민국이 아니며, 일본과 미국의 손아귀를 거쳐서 중화인민공화국의 노예국가로 전락해가고 있다고 해도 과언이 아니다.

요컨대 학자의 세계도

요컨대 학자의 세계도 다른 세계와 마찬가지로 묵묵히 자기의 길을 걸어가며 다른 사람들보다 더 현명해지려고 원하지 않는 평범한 인간이 더 사랑을 받는다. 그러나 위험을 초래할 특출한 두뇌의 소유자에 대해서는 많은 사람들이 일치 단결하여 공격한다. 아, 이 얼마나 많은 지독한 사람들인가!

학자의 세계에서도 대체로 멕시코 공화국같은 일이 일어난다. 멕시코에서는 각자가 자신의 이해관계만을 생각하고, 자신을 위해 명예와 권력만을 찾고 전체에 대해서는 조금도 돌보지 않는다. 이 때문에 전체는 파멸한다. 학자의 세계도 각자가 명예를 얻기 위해 자기만을 내세우려고 한다. 학자 선생들이 빠짐없이 찬성하는 유일한 점은 만약, 정말로 훌륭한 인물이 나타나면 그 사람이 성공하지 못하도록 공작하는 것이다. 그런 인물은 모두들 동시에 위험 상태에 빠뜨리기 때문이다. 이렇게 되면 학문 전체가 어떻게 될 것인지는 쉽게 상상할 수 있을 것이다.

— 쇼펜하우어, 「학자에 대하여」에서

이 글은 쇼펜하우어의 글 중에서 내가 가장 좋아하는 명문장 중의 하나이다. 쇼펜하우어의 탁월한 안목과 그 비판의 칼날은 "멕시코 공화국"같은 우리 한국인들을 인정사정없이 베어버린다.

우리 학자들과 우리 한국인들은 최고급의 인식의 전쟁에서 이미 패배한 자들이고, 따라서 이미 그 비참한 최후를 마친 산송장들에 지나지 않는다.

삼성그룹, 현대그룹, SK그룹, 한화그룹, LG그룹, 롯데그룹 등, 우리 대한민국의 재벌들이 '부의 대물림'이 거의 불가능한 상속법을 비웃기라도 하듯이 온갖 탈법과 편법을 자행하고 있는 것처럼, 우리 학자들이 개인의 이익을 희생시키고 전체의 이익을 생각한다는 것은 하늘나라에서 금은보화가 쏟아지기를 기다리는 것처럼 거의 불가능한 일이다.

도덕적 선으로 무장한 내부고발자가 존재할 수가 없듯이, 이 학문적으로 거세되어 있고, 인간적으로 조폭처럼 사악한 우리 학자들은 진정한 학자가 나타날까봐, 손바닥으로 이중, 삼중의 차단막을 펼쳐놓고 있는 것이다.

하늘은 없다.

푸른 하늘은 그 어디에도 없다.

대학교수와 혼자서 걸어가는 학자 사이에는

　　대학교수와 혼자서 걸어가는 학자 사이에는 옛날부터 일종의 적대 관계가 있다. 이 불화는 어쩌면 늑대와 개의 관계라고 설명할 수 있다.

　　대학교수들은 교수라는 지위 덕분으로 동시대 사람들에게 이름이 알려지는 큰 이점이 있다. 후세에 이름을 남기려면 이외에도 또 많은 여러 가지 어려운 조건이 있긴 하지만, 어느 정도의 여가와 독립이 필요하다.

　　인류가 어떤 인간이 하는 말에 주의할 것인가를 알아차리기까지는 긴 시간이 걸린다. 그러므로 양자는 나란히 서서 활약할 수 있다.

　　대체로 대학교수라는 반추 동물에게는 가축 우리에 넣어 사료를 주는 것이 가장 잘 어울린다. 이와는 반대로 자연의 손에서 자기의 수확물을 얻는 사람은 들판에 내놓아 기르는 것이 훨씬 낫다.

　　— 쇼펜하우어, 「학자에 대하여」에서

　　나는 우리 학자들을 아우슈비츠로 보내서 처형을 하고, 그 기름으로 어두운 골목길을 밝히는 가로등을 켜놓고 싶다.

　　우리 학자들은 인면수심人面獸心으로 디룩디룩 살찐 돼지와도 같고, 그 어떠한 쓸모도 없는 식충食蟲의 괴물들과도 같다.

도서관

무릇 인간의 지식이란 그 종류 여하를 불문하고 대부분은 오직 종이 위에 있을 뿐이다. 즉 종이 위에 만들어진 인류의 기억이라고 할 수 있는 책 속에만 존재한다. 어느 때 어떤 사람의 머릿속에 존재한다. 어느 때 어떤 사람의 머릿속에 정말로 살아 있는 것은 이런 지식의 아주 작은 일부분에 지나지 않는다. 왜 그렇게 되는 것일까? 그것은 인간의 생명이 짧고 덧없기 때문이다. 여기에다 또 인간이란 향락을 좋아하고 게으르기 때문이다. 빨리 지나가 버리는 그때 그때 세대의 인간들은 인간의 지식 가운데서 자기가 사용할 수 있는 것만 손에 넣으면 곧 죽어 간다. 그리고 대부분의 학자는 너무 피상적이다. 새로운 희망에 찬 세대가 계속하여 등장하지만, 그들은 아무 것도 모르는 채 모든 것을 처음부터 배워야 한다. 이 세대도 자기가 파악할 수 있는 것, 또는 그 짧은 여정에서 사용할 수 있는 것만을 받고는 역시 마찬가지로 사라져 간다. 그러므로 책이나 인쇄물이 없다면 인류의 지식은 얼마나 비참할 것인가. 인류의 기억 속에 확실하게 영속하는 것이라고는 도서관뿐이다. 개인의 기억은 모두 한정되고 불완전한 것이다. 그러므로 학자는 누구나 자기의 지식을 조사받는 것을 좋아하지 않는다. 상인들이 그들의 장부를 점검받는 것을 싫어하는 것과 같다.

인류의 역사에 있어서 가장 위대한 발명품이 문자(언어)인 것처럼 우리 인간들은 문자가 없었다면 만물의 영장은커녕, 이렇다 할 특징이 없는 원숭이와도 같은 동물이 되었을 것이다. 이 문자 다음으로 가장 중요한 것은 종이였으며, 이 종이의 발명이 있었기 때문에, 오늘날의 대부분의 지식들을 손쉽게 전달—보존할 수가 있었던 것이며, 모든 인간들이 문맹이란 그 어둡고 캄캄한 터널을 빠져나오게 되었던 것이다.

수렵 채취 시대에는 자연의 풍부함만을 믿는 시대였고, 인간의 수명은 기껏해야 40세 전후에 지나지 않았다. 하지만, 그러나 농경민의 시대는 좀 더 적극적으로 식량을 확보하고 주거의 안정을 꾀할 수가 있었던 시대이며, 그 결과, 인간의 평균 수명이 폭발적으로 늘어나게 되었던 것이다. 종이가 없었던 시대는 수렵 채취의 시대와도 비견되고, 종이 이후의 시대는 농경민의 시대와도 같다. 언어는 씨앗이고, 종이는 언어의 밭이며, 우리 인간들의 모든 지식은 이 언어의 밭에서 수확을 하게 된다.

종이 이전의 시대는 문맹의 시대이며, 종이 이후의 시대는 문명의 시대이다. 책이나 인쇄물이 없었다면 도서관과 학교 교육도 소용이 없게 될 것이고, 우리 인간들의 역사와 전통마저도 제대로 보존할 수가 없었을 것이다.

인간의 생명은 유한하지만, 인간이라는 종種의 역사는 영원하다.

인간의 지식은 한계가 있지만, 종이 위의 지식은 한계가 없다.

책만이 위대하고, 또 위대하다.

책은 푸른 하늘의 태양이며, 달이며, 그 모든 별들이기도 하다.

제1급의 정신의 소유자

일반적으로 전문 분야에만 처박혀 있는 학자는 공장 노동자와 별 큰 차이가 없다. 즉 어떤 특정한 기구 또는 기계에서 사용하는 나사나 갈고랑이, 그리고 핸들을 만드는 일에 일생을 보내고 이밖의 일은 아무 것도 하지 않는 것이다. 이 때문에 물론 자기가 하는 일에는 국외자가 상상할 수 없을 만큼 숙달을 보여주는 직공과 같다. 또한 전문 분야 학자는 집에만 있고 외출하지 않는 사람과 비교할 수 있다. 집안에서는 어떤 계단, 대들보, 구석까지 속속들이 정확하게 알고 있는 것은 빅토르 위고가 그린 곱추종지기인 카지모도가 노트르담 사원을 통달하고 있는 것과 마찬가지다. 그러나 한 발자국 밖으로 나가면 모든 것이 생소하고 알 수 없다.

이와는 반대로 인문주의적인 참된 교양에는 역시 다면성과 개관이 필요하다. 즉 한층 높은 의미의 학자에게는 물론 어느 정도의 박식이 필요하다. 하물며 철학자가 되려는 사람은 머릿속에 동서고금의 인간의 지식을 포괄하지 않으면 안 된다. 왜냐하면 철학자의 두뇌를 제외하고는 세계 방방곡곡의 지식이 집합되어 있는 곳은 없기 때문이다. 제1급의 정신의 소유자는 절대로 전문 분야의 학자는 아니다. 그들에게는 제1급인 이상 생존 전체가 문제이며 그들은 각각 이 문제에 대해 어떤 형태나 방법으로 인류에게 새로운 생명을 준다. 왜냐하면 천재의 이름에 해당되는 것은 대국적으로 사물의 전체를 본질적이고 보편적인 면을 연구의 주제로 취급하는 사람이지, 사물 상호의 특수 관계를 정리하는 데에만 일생을 보내는 그런 인간은 아니기 때문이다.

　— 쇼펜하우어, 「학자에 대하여」에서

날이면 날마다 수많은 이론들이 쏟아져 나오고, 그 이론들의 최전선을 지킨다는 것은 거의 불가능에 가깝다고 할 수가 있다.

하지만, 그러나 산업기술과 과학이론의 흐름에 따라서 인간의 삶의 양식도 바뀌고 그 기술과 이론들의 수명이 너무나도 짧아지고 있다고 하지 않을 수가 없다. 그 결과, 부분을 통해서 전체를 보고, 전체를 통해서 부분들을 고찰할 수 있는 종합적인 시선을 소유한 사상가가 전혀 나오지 않고 있는 것이다.

하루바삐 데카르트, 칸트, 헤겔, 마르크스, 니체, 쇼펜하우어와도 같은 세계적인 대사상가들이 나타나서 현대 자본주의를 전면적으로 해체하고 새로운 시대를 열어주었으면 한다.

대사상가는 전문분야의 학자는 아니며, 동서고금의 모든 지식을 섭렵한 문화적 영웅들이라고 할 수가 있다.

자본주의 사회는 돈이 인간을 지배하는 사회이며, 더 이상의 구원의 손길이 미치지 않는 사회이다.

학자의 공통어인 라틴어를 폐지하고

　학자의 공통어인 라틴어를 폐지하고 그 대신 국민문학의 소시민성이 도입된 것은 유럽의 학문에는 정말로 불행한 일이었다. 왜냐하면 우선 라틴어를 중개로 해서만 유럽의 학자들에게 공통된 하나의 세계가 존재할 수 있었으며 출판되는 어떠한 책도 직접 전체에 호소할 수 있었다. 그런데 판단력을 갖추고 정말로 사색하는 사람은 유럽 전체를 통틀어도 원래 적은 수인데, 더욱이 언어의 경계선까지 설정하여 공통의 광장을 잘라버리면 그 효과적인 활동은 한없이 약화되어 버린다. 그리고 출판사가 멋대로 택하여 문단의 직업인들의 손을 빌려 만들어 내는 번역물들은 학자의 공통어에 대한 졸렬한 대용품이다.

　　— 쇼펜하우어, 「학자에 대하여」에서

　모든 지식인은 자본가와도 같다. 왜냐하면 그는 그가 그토록 어렵고 힘들게 터득한 지식—지적 자본—에 대한 권리를 결코 포기하는 법이 없기 때문이다.

　오늘날 희랍어와 라틴어가 학자들의 공통의 언어였다면, 그 언어들을 터득한 학자들만이 최고급의 지식인이 되고, 그 나머지의 대부분의 인간들은 사회적 천민들에 지나지 않게 되었을 것이다.

하지만, 그러나 오늘날 희랍어와 라틴어의 소중함을 강조하는 사람들은 거의 없다고 해도 과언이 아니다.

모든 사상은 번역이 가능하며, 자기 자신의 모국어를 통해서 얼마든지 새로운 사유의 진전이 가능하다.

가짜 학문의 도깨비불이

그러니 칸트 철학도 한동안 광채를 번득이더니 급기야는 독일 비평계의 구덩이에 빠져 있는 동안, 그 구덩이 위에 피히테, 셸링, 그리고 마침내는 헤겔이라는 가짜 학문의 도깨비불이 의기양양하게 타오르게 되었다. 그래서 괴테의 색채론을 정당하게 인정하는 사람은 한 사람도 없게 되었다. 그 결과 나는 오늘도 무시당하고 있다.

— 쇼펜하우어, 「학자에 대하여」에서

쇼펜하우어(1788~1860)는 그와는 단 한 번의 옷깃을 스친 적도 없는 칸트(1724~1804)를 스승으로 삼았고, 이에 반하여, 그의 진짜 스승들인 피히테, 셸링, 헤겔 등을 그토록 무자비하게 정면으로 공격한 바가 있었다.

칸트는 비판철학의 완성자였지만, 피히테, 셸링, 헤겔은 그 어떠한 철학도 완성하지 못한 삼류 철학자에 불과했다.

하지만, 그러나, 그렇다고 해서 절대정신(정신현상학)을 정립한 헤겔이 무너지지도 않았고, 염세주의를 정립한 쇼펜하우어가 무너지지도 않았다. 헤겔과 쇼펜하우어는 원수와도 같았던 스승과 제자 사이였던 것이며, 쇼펜하우어는 '아버지 살해'의 참된 진면목을 보여주기도 했던 것이다.

쇼펜하우어는 그의 스승인 헤겔의 힘 앞에서 베를린대학교의 강사직도 그만 두어야 했으며, 그와 괴테가 공동으로 연구했던 색채론도 전혀 빛을 볼 수가 없었던 것이다.

쇼펜하우어는 헤겔의 철학과 그 어느 것도 짓밟아버리거나 꺾을 수가 없었던 것이다. 맨손으로 사자를 사로잡고 계란으로 바위를 치는 싸움이었지만, 그러나 그는 그 패배의 산물로서 그의 염세주의를 정립할 수가 있었던 것이다.

쇼펜하우어의 염세주의는 패배주의의 결정체이며, '아버지 살해'의 아름다운 완성품이라고 해도 지나친 말이 아니다.

스승은 헤겔다워야 하고, 제자는 쇼펜하우어다워야 한다.

이 사제지간의 아름다운 진면목이 '사상가의 민족', 즉, 오늘날의 독일민족을 탄생시켰던 것이다.

이제 유대인의 시대는 가고, 독일인의 시대가 다가오고 있는 것이다.

학문의 세계에서 애국심을 떠들어 대는 자는

　여기서 한 마디 덧붙이고 싶은 것은 학문의 세계에서 애국심을 떠들어 대는 자는 추잡한 자다. 그런 사람은 사정없이 내쫓아 버려야 한다. 왜냐하면 이 세계는 보편적인 순수한 인간성의 무대이며 진리와 명석, 그리고 아름다움만이 지배하는 장소여야 하는데, 자기가 속하는 국가를 두둔하고 애국심을 저울대에 올려 놓으려고 하고 이번에는 그런 배려에서 진리에 폭력을 가한다든지 자기 나라의 보잘 것 없는 사람을 쳐들기 위해 다른 나라의 위대한 사상가를 부당하게 취급한다든지 하는 것은 수치의 극치라고 하겠다.

　— 쇼펜하우어, 「학자에 대하여」에서

　학문의 세계는 공적이고 보편적인 세계이며, 따라서 사적인 감정이나 애국심이 끼어들 여지가 없다. 학문의 세계에서 가장 중요한 것은 진리이며, 이 진리에 의해서 이 세계의 원리와 모든 사물들, 그리고 우주의 신비같은 것이 밝혀지게 된다. 학문은 인간의 성장과 행복에 기여하지 않으면 안 되고, 궁극적으로는 인간의 행복과 이 세계의 평화(조화)에 기여하지 않으면 안 된다.

　학문에는 사리사욕이 끼어들 여지가 없지만, 눈앞의 이익 앞에서는 사리사욕이 끼어들게 된다. 모든 학술상, 문학상, 또는 어떠한 프로젝트 앞에서는 온갖 이전투구를 벌이게 되고, 너무나도 뻔뻔스럽고 파렴치 하게 손바닥으로 하늘을 가리는 일이 다반사로 일어나게 된다. 노벨상의 수상자가 미국이나 유럽인의 중심으로 결정되는 것도 바로 이것을 증명해주게 된다.

대스승 앞에서 신인은 설 자리가 없고, 문화선진국의 명성 앞에서 후진국가의 학자는 그 설 자리가 없다. 학연, 혈연, 지연 등, 모든 패거리주의의 기원에는 '애국심'이라는 반학문적인 추문도 살고 있는 것이다.

오늘날 대학생의 수는

오늘날 대학생의 수는 너무 많아졌다. 이 때문에 양量을 희생하여 질質을 향상시키려면 법률로 다음과 같이 정해야 한다.

첫째, 20세 미만은 대학 입학을 인정하지 않는다. 대학의 입학 등록은 그리스어, 라틴어의 엄격한 시험에 합격한 뒤에 이것을 허가한다. 그러나 한 번 등록이 되면 병역은 면제된다. 이렇게 되면, 등록이 학자의 이마를 장식하는 최초의 영예가 될 것이다. 대학생은 많은 것을 공부해야 하기 때문에 그들의 본분과는 완전히 이질적인 무기를 다루는 일로 1년 또는 그 이상의 시간을 보내서는 안 된다. (……)

학자 계급에 병역을 면제하는 것은 당연한 것이며, 그렇다고 해서 군대가 소멸해 버리지는 않는다.

둘째, 법률로 정해 두어야 할 일은 대학입학자는 누구나 1학년에서는 오로지 교양 과목만의 강의를 들을 것이고, 2학년이 되기 전에는 세 개의 상급 과목 강의를 들어서는 안 된다. 그 뒤에 상급 학과에서 신학생은 2년, 법학생은 3년, 의과 대학생은 4년간 전공 공부를 해야 한다. 한편 고등학교의 수업은 종전대로 고전어, 역사, 수학, 그리고 독일어 등에 제한시키고 특히 고전어는 더 철저하게 할 필요가 있다. 그러나 수학에 대한 소질은 독특한 것이어서 다른 능력과는 병행하지 않고 오히려

Arthur Schopenhauer

아무런 공통점도 없는 것이기 때문에, 학생들의 수학 수업을 위해 특별 학급을 편성하는 것이 좋겠다.

— 쇼펜하우어, 「학자에 대하여」에서

"오늘날 대학생의 수는 너무 많아졌다. 이 때문에 양量을 희생하여 질質을 향상시키려면 법률로 다음과 같이 정해야 한다."

우리 대한민국의 대학진학률은 80%가 넘고, 일본은 55% 정도이며, 문화선진국인 유럽에서는 35% 정도에 지나지 않는다.

모든 국민들을 대학졸업자로 만든다는 것은 전형적인 판단력의 어릿광대들의 소산이며, 그 결과 대한민국은 취업난과 인력난을 동시에 겪고 있는 것이다. 공무원과 대기업의 일자리는 턱없이 부족하고, 중소기업들은 극심한 인력난 때문에 외국인 노동자를 쓰지 않으면 안 된다.

학문에 적성이 없는 자는 실업계 고등학교로, 그 다음으로 학문에 적성이 없는 자는 전문대학과 일반 대학교로, 그리고 진정으로 학문에 뜻을 두고 있는 자는 대학교수와 연구원의 길로 걸어 갈 수 있게끔 해주지 않으면 안 된다.

쇼펜하우어가 말하는 대학은 오늘날의 파리고등사범학교, 즉 '꼴레쥬 드 프랑스'같은 대학을 말하며, 이 학자 계급은 소수 지배자의 원칙에 따라서 전체 0.001%의 천재 계급의 학생들을 말하게 된다. 즉 50만 명의 대학진학생이 있다면 그 중에서 500명 정도면 족한 것이며, 해마다 이 500명을 제일급의 학자로 양성하기 위하여 모든 특혜를 다 주지 않으면 안 된다. 무료숙식과 장학금, 병역면제와 해외유학, 대학교수직과 연구직 보장 등, 이 천재들에게 모든 특전과 특혜를 다 베풀어 주게 되면, 바로 그들이 우리 대한민국을 다 먹여 살리게 될 것이다.

마르크스, 프로이트, 니체, 쇼펜하우어, 막스 플랑크, 스티븐 호킹, 아인시타인, 뉴턴, 괴테, 셰익스피어, 톨스토이, 보들레르, 랭보, 베토벤, 모차르트 등과도 같은 세계적인 학자들과 예술가들을 배출해낸다면, 이 세계의 중심은 곧바로 대한민국이 될 것이다.

과연, 우리 한국인들이 나의 이와도 같은 말을 언제, 어느 때 알아 듣고 실천할 수가 있는 것일까?

Arthur Schopenhauer

두 종류의 저술가

대개 세상에는 두 종류의 저술가가 있다. 일 그 자체를 위해서 쓰는 사람과 쓰기 위해서 쓰는 사람이 있다. 전자는 사상을 소유하고 경험을 쌓고 있어 그것을 전달할 가치가 있다고 보고 있다. 후자는 돈을 필요로 하며, 요컨대 돈을 위해 쓴다. 그들은 쓰기 위해서 생각한다.

— 쇼펜하우어, 「저술에 대하여」에서

나의 『행복의 깊이』 1, 2, 3, 4권과 『비판, 비판, 그리고 또 비판』 1, 2권은 지난 20여 년 동안의 나의 피와 땀과 눈물의 소산이며, 나는 내가 쓰고 싶은 글을 위해서 나의 그 모든 것을 다 걸었던 것이다.

나는 어렵고 힘들 때마다 나의 『행복의 깊이』 1, 2, 3, 4권을 읽으며, 낙천주의 사상가로서의 내가 너무나도 자랑스럽고 대견스러웠다.

대한민국은 국호國號를 내리고 멸망할 수도 있겠지만, 나의 낙천주의 사상은 영원불멸의 삶을 살아가게 될 것이다.

명예와 돈은 같은 무대에 들어가지 못한다

이 경우에는 스페인의 다음과 같은 격언이 보증을 받게 된다.

"명예와 돈은 같은 무대에 들어가지 못한다."

독일이나 그밖의 나라에서도 현재 문학이 비참한 상태에 놓여 있는데, 그 화근은 저작에 의한 금전 획득에 있다. 돈이 필요한 사람은 누구나 책상에 앉아 책을 쓴다. 민중은 어리석게도 그것을 산다. 이와 같은 현상에 수반하여 언어가 타락한다.

졸렬한 대부분의 저작가는 신간 서적 이외는 읽으려 하지 않는 민중의 어리석음에만 의존하여 살고 있다. 즉 그들의 이름은 저널리스트이다. 얼마나 적절한 이름인가. 이것을 독일어로 옮기면 날품팔이라는 뜻이 된다.

— 쇼펜하우어, 「저술에 대하여」에서

"명예와 돈은 같은 무대에 들어가지 못한다."

이 말은 반쯤은 맞는 말이고, 나머지 반쯤은 틀린 말이다.

그 옛날에는 한 권의 훌륭한 책을 후세에게 남겨주기 위하여 문학상이 주어졌지만, 오늘날에는 더 많은 책을 팔아먹기 위하여 모든 문학상들이 주어진다. 상금 액수가 크면 좋은 상이고, 상금 액수

Arthur Schopenhauer

가 작으면 좋은 상이 아니다.

돈이 명예를 포장하고, 명예는 그토록 자존심과 수치심도 잃어버린 채 충성을 맹세하게 된다.

대한민국은 문화적 후진국이며, 표절이 출세의 보증수표가 된다. 이 불량국가의 한가운데에서 고은과 김윤식 같은 인간들의 저서는 120여 권이 넘으며, 그들은 그 범행의 증거물들 때문에, 날이면 날마다 식은 땀을 흘리고 있는 것인지도 모른다.

아니, 고은과 김윤식은 자존심도 없고, 수치심도 없다. 돈과 명예와 권력이라는 뜬구름을 잡기 위하여 그토록 어렵고 힘든 날품팔이(저널리스트)의 삶을 살아 왔기 때문에, 자존심과 수치심은 물론, 그들의 영혼마저도 악마들에게 팔아버린 지가 오래되었던 것이다.

아니, 그들은 저널리스트도 아니고, 너무나도 완벽한 대사기꾼들이었던 것이다.

최고의 목표―최고의 저서와 대작품을 쓰는 것―를 정하고, 그 목표를 위해서 그 어떤 타협도 하지 않는 사람만이 『일리어드』와 『오딧세우스』같은 작품을 쓸 수가 있다.

오직 정진하고 또 정진하며, 그의 피와 땀과 눈물로 글을 쓸 때만이 사상과 이론, 또는 새로운 세계를 창출해내고, 하나님도 감동할 최고급의 명문장들로 만인들의 심금을 사로잡을 수가 있는 것이다.

괴테나 셰익스피어, 호머나 단테 같은 작가들을 배출해내면 그 국가는 문화선진국이 될 수 있지만, 고은과 김윤식, 신경숙과 이문열 같은 표절작가들을 배출해내면 그 국가는 영원히 노예국가의 운명을 벗어날 수가 없다.

세 종류의 저자

다시 세상에는 세 종류의 저자가 있다고 주장할 수 있다.

첫 번째 타입에 속하는 사람은 생각하지 않고 쓴다. 즉 기억과 추억을 바탕으로 하여 혹은 직접 타인의 저서를 이용해서라도 글을 쓴다. 이런 부류의 사람이 가장 많다.

두 번째 타입의 사람은 쓰면서 생각한다. 그들은 쓰기 위해서 생각한다. 그 수는 아주 많다.

세 번째 타입의 사람은 집필하기 전에 사색을 마치고 있다. 그들이 쓰는 것은 다만 이미 생각해낸 것에 불과하다. 그 수는 매우 적다.

— 쇼펜하우어, 「저술에 대하여」에서

나는 1990년대 초 『행복의 깊이』 제1권을 쓸 계획을 세웠고, 제1장 『행복의 깊이』, 제2장 「상승주의의 미학」, 제3장 「하강의 깊이」, 제4장 「넓어지는 지평선」, 제5장 「포효하는 삶」, 제6장 「신생의 넋」을 한 권의 책으로 묶어내게 되었다.

하지만, 그러나 나는 사상과 이론을 정립하겠다는 목표만이 있었지, 그 목표를 추구할 수 있는 실력이 없었다. 글을 쓰면서 그것을 어느 누구보다도 절실하게 깨달았지만, 그러나 그 실패도 의미있는 실패, 즉, 새로운 성공의 디딤돌로 만들기 위하여 최선의 노력을 다 했다.

『행복의 깊이』 제2권—제1장 「영원불멸의 삶에 대하여—낙천주의 란 무엇인가」, 제2장 「앎에의 의지」, 제3장 「무지에의 의지」, 제4장, 「진실에의 의지」, 제5장 「거짓에의 의지」—을 쓸 때도 이미 어느 정도 상당한 실력을 갖추고 있었지만, 마찬가지의 문제와 싸우지 않을 수가 없었다.

『행복의 깊이』 제2권을 쓰고, 『행복의 깊이』 제3권—제1장 「독서에 대하여」, 제2장 「산책에 대하여」, 제3장 「일에 대하여」, 제4장 「술에 대하여」, 제5장 「연애에 대하여」, 제6장 「우정에 대하여」—쓸 때쯤은 어느덧 나 자신만의 문체로, 나 자신만의 사상과 이론을 정립할 수가 있었다. 제1장 「독서에 대하여」, 제2장 「산책에 대하여」, 제3장 「일에 대하여」, 제4장 「술에 대하여」, 제5장 「연애에 대하여」, 제6장 「우정에 대하여」라는 글들은 그만큼 독창적이며, 그만큼 자신감이 넘치는 목소리로 낙천주의 사상을 영원히 살아 움직이게 하고 있었던 것이다.

『행복의 깊이』 제3권을 쓰고 난 다음, 제1권은 그 주제와 각 장의 소주제들만을 그대로 남겨둔 채 거의 새로 쓰다시피 개작을 했으며, 제2권은 상당히 많은 부분을 새롭게 쓰고, 그 문장들을 다시 고치지 않을 수가 없었다. 『행복의 깊이』 1, 2, 3권을 쓰는데 적어도 12-3년은 걸렸던 것이며, 『행복의 깊이』 제4권은 내 스스로 '사색인의 십계명'을 명명하고, 그 계명의 실천방법을 제시해 보았던 것이다.

참으로 20년 가까운 오랜 인고의 세월이었으며, 『행복의 깊이』는 각 권마다 3년 이상씩의 준비와 글쓰기, 그리고 수정보완작업으로 이루어질 수밖에 없었던 것이다.

고진감래苦盡甘來. 인내는 쓰지만 그 열매는 달다.

최고의 대작가가 되기 위해서는 어떠한 글을 쓸 것인가라는 목표를 정하고, 글쓰기의 주제와 그 주제에서 파생된 다양한 소주제들과 소재들, 그리고 그가 소속된 글쓰기의 분야와 그 분야와 관련된 인접학문의 책들을 읽고 또 읽지 않으면 안 된다.

첫째도 메모이고, 둘째도 메모이며, 이 메모를 하지 않으면 그는 그 어떤 글도 쓸 수가 없다.

책 한 권을 쓰는데 최소한도 삼년은 그 관련자료를 모으며 공부를 하지 않으면 안 되고, 5~6개의 장을 쓰는데, 최소한도 5~6개월의 시간을 투자하지 않으면 안 된다.

친구도 만나기가 싫고, 여행도 가기 싫어진다. 오직 모든 것을 회의하고 비판하며, 자기 자신만의 독창적인 언어와 사유로 글을 쓰지 않으면 그는 새로운 사상과 이론의 창시자가 될 수가 없다.

인내의 천재, 집중력의 천재, 비판의 천재, 도덕의 천재, 종합능력의 천재, 명석한 두뇌의 천재―. 모든 사상가는 이러한 천재성의 화신化身이라고 할 수가 있다.

쓰기 위해서 쓰는 자, 생각하지 않고 쓰는 자는 고은과 김윤식, 신경숙과 이문열 같은 삼류들이며, 그들은 하루살이도 아닌 타인들의 생명을 좀 먹는 기생충들에 지나지 않는다.

테마의 소재를

테마의 소재를 자기의 두뇌에서 끌어내는 자의 저술만이 읽을 만한 가치가 있다.

— 쇼펜하우어, 「저술에 대하여」에서

제일급의 사상가의 첫 번째 조건은 다양한 책들, 즉, 고전들을 많이 읽어야 하고, 반드시 그것에 대한 독후감을 써보지 않으면 안 된다.

막연히 머릿속으로 생각해 보는 것과 글을 쓰는 것은 고산영봉을 올라가 보는 것과 산밑에서 그 영봉들을 바라보는 것만큼이나 차이가 있다.

수많은 대작가들의 명문장은 반드시 필사筆寫를 하거나 암기를 해보는 습관을 기르고, 그리고 그 대작가들의 장, 단점들을 파악해 놓지 않으면 안 된다.

제1급의 사상가의 길은 만인들과는 전혀 다른 길이며, 이 독창적인 사상가의 길은 자기 자신의 단 하나뿐인 목숨을 건 모험가의 길이기도 한 것이다.

어느 정도 지식의 수준이 축적되고 사상가의 길이 보이게 되면,

그때에는 모든 것을 다 부정하는 비판의 힘을 기르지 않으면 안 된다.

비판만이 위대하고, 또, 위대하다.

비판은 당신의 존재증명이다. 당신은, 누구를, 무엇을 비판할 수 있는가?

비판은 모든 사상가의 일도필살—刀必殺의 진검이기도 한 것이다.

무지無知는 부富와 결합되었을 때

무지無知는 부富와 결합되었을 때 비로소 인간의 품위를 떨어뜨린다. 빈곤과 곤궁은 가난한 사람을 속박하고 노동이 지식을 대신하여 그의 마음을 차지한다. 이에 반해서 무지한 부자는 다만 쾌락만을 쫓아서 살고, 가축에 가까운 생활을 한다.

— 쇼펜하우어, 「독서와 서적에 대하여」에서

무지는 부와 결합되었을 때 인간적 품위를 떨어뜨리지만, 무지와 신앙이 결합되면 부모형제와 자기 자식, 그리고 제 조상의 목숨마저도 서슴없이 비틀어 버린다.

예수의 이름으로 단군의 목을 비틀어 버리고, 건국기념일인 개천절을 없애버리고 성탄절을 건국기념일로 바꾸어 놓게 된다.

대한민국은 기독교의 국가이며, 대한민국의 조상은 예수이다.

요셉의 아내 마리아는 혼외정사로 예수를 낳았고, 그 거룩한 ×× 덕에 창녀가 아닌 성모가 될 수 있었다.

고위 공직자 60%, 국회의원 70%, 대학총장 80%가 기독교인인 대한민국, 하지만, 그러나 대한민국은 왜 그렇게 전세계인들이 부러워하는 부정부패의 공화국이 되었던 것일까?

이처럼 제 조상의 목을 비틀고, 자기 자신이 태어난 조국을 욕되게 하는 자들이 잘 되는 것을 본 일이 있었단 말인가?

모든 신화와 종교는 그 민족의 찬가이며, 이 찬가의 힘으로 이 세계를 정복하고 영원한 제국을 건설하게 되었던 것이다.

예수, 예수를 천 번, 만 번 외쳐보라!

너희들의 세상, 너희들의 천국은 영원히 오지 않을 것이다.

이 후안무치한 대한민국의 기독교인들아!

너무나도 어리석고, 또 너무나도 어리석은 노예민족의 기독교인들아!

타인의 사상 운동장

그러나 우리들의 머리는 독서를 하고 있는 한 사실은 타인의 사상 운동장에 불과하다. 그러므로 때로는 멍하니 시간을 보내는 일이 있다 할지라도 다독多讀으로 거의 하루종일을 보내는 사람보다는 낫다. 왜냐하면 스스로 생각하는 능력을 기르기 때문이다.

— 쇼펜하우어, 「독서와 서적에 대하여」에서

배우면서 생각하지 않으면 타인의 말과 사유 앞에서 노예적인 복종태도를 지니게 되고, 수많은 생각을 하되 배우지 않으면 너무나도 편협하고 옹졸한 인간이 될 수밖에 없다.

진정한 학자는 배우면서 생각하는 인간이며, 그는 또한 생각하면서 배우는 인간이다. 독서의 궁극적인 목적은 자기 자신만의 사상과 이론을 정립하는 것이기 때문에, 그 저자의 사상과 이론을 배우되, 그 사상과 이론을 뛰어넘으려고 노력하지 않으면 안 된다.

타인의 사상의 운동장에서 노는 것보다는 자기 자신의 사상의 운동장에서 노는 것이 중요하다.

산책, 산책의 시간이 독서의 시간 못지 않게 중요하다.

저술가의 여러 가지 특질

저술가에게는 여러 가지 특질이 있는데, 예를 들면 다음과 같은 것을 들 수 있으리라. 설득력, 화려한 문체, 비교의 재능, 표현의 분방, 신랄, 간결, 우아, 경쾌, 그리고 기지, 대조의 수완, 소박과 순진 등. 그런데 이러한 재능을 갖춘 저술가의 책을 읽는다 해도 우리는 그것을 획득할 수는 없다.

— 쇼펜하우어, 「독서와 서적에 대하여」에서

언어는 생명의 언어이며, 언제, 어느 때나 살아서 움직이는 언어이다. 모든 인간들이 저마다의 개성과 독창성을 지니고 있듯이, 단어 하나, 토씨 하나에도 그 글쓴이의 영혼이 살아 있지 않으면 안 된다.

"설득력, 화려한 문체, 비교의 재능, 표현의 분방, 신랄, 간결, 우아, 경쾌, 그리고 기지, 대조의 수완, 소박과 순진 등", 이러한 재능을 다 갖춘 저술가의 책을 읽는다고 하더라도 자기 자신의 언어를 발견하지 못하면 그는 최고의 저술가가 될 수 없다.

붉디 붉은 피로 써라!

자기 자신의 사상과 이론을 정립한 자는 가장 역동적이며, 가장 아름답고 화려한 문체의 소유자가 될 수 있다.

두꺼운 도서목록을 보면서

헤로도투스에 의하면 페르시아의 대왕 크세르크세스는 헤아릴 수 없이 많은 그의 대군을 바라보며 100년 후에는 이들 중의 한 사람도 살아남지 못하리라 생각하고 눈물을 흘렸다고 하지만 두꺼운 도서목록을 보면서 이 모든 책 가운데 10년 뒤까지 읽히는 것은 단 한 권도 없으리라고 생각하면 누군들 울음을 터뜨리지 않을 수 있을까.

— 쇼펜하우어, 「독서와 서적에 대하여」에서

종이는 나무로 만든 것이며, 도서관은 나무들의 시체의 저장소이다. 양피지, 뼈(갑골), 종이는 우리 인간들의 문명과 문화의 발전을 위한 디딤돌에 지나지 않았으며, 우리 인간들의 문명과 문화는 수많은 살육의 토대 위에서 세워진 것에 불과하다.

수많은 책들을 바라볼 때마다 생태환경의 파괴와 자원의 낭비가 너무 심하다는 생각을 하지 않을 수가 없다. 저 쓸모없는 수많은 책들을 위해서 자기 자신의 생명을 살해당한 나무들이 과연 우리 인간들을 어떻게 생각하고 있을까?

사치와 허영, 사기와 출세를 위한 수단이 된 책들, 대부분의 책들은 출간과 동시에 폐지의 운명을 피할 수가 없을 것이다.

페르시아 대왕 크세르크세스는 그의 부하들의 운명을 생각하고 울었다고 하지만, 이 세상에서 자기 자신의 저서의 운명을 생각하고 울어버릴 학자는 거의 없을 것이다.

더, 더군다나 학문의 중요성을 전혀 깨닫지 못하고 있는 우리 대한민국에서는—.

악서

그런데 이러한 악서는 돈과 지위를 얻으려는 의도에서 쓰여진 것임에도 불구하고 거기서 그치지 않고 좋은 책과 그 귀한 목적에 쓰어야 할 독자의 시간과 돈과 주의력을 빼앗아 가는 것이다. 따라서 악서는 무용할 뿐만 아니라 모든 면에서 해를 끼친다. 현재 우리 나라의 저술 가운데 태반은 독자의 포킷에서 돈을 빼내는 일 외에는 다른 목적이 없다. 이 목적을 위해 저자와 출판자, 그리고 비평가는 굳게 뭉쳐져 있다.

　　— 쇼펜하우어, 「독서와 서적에 대하여」에서

좋은 책과 나쁜 책을 구별하기는 매우 어려울 수도 있다.

수백 년, 또는 수천 년의 시간의 풍화작용 속에서도 살아남은 책은 고전이며, 고전이란 만인들의 심금을 울린 책을 말한다.

좋은 책은 영원불멸의 삶을 살고 있고, 언제, 어느 때나 젊음을 잃지 않고 있다.

고전을 읽어야 한다.

고전을 읽다가 보면, 그 어떤 책이 고전의 반열에 오를 것인가도 알게 된다.

양서를 읽기 위한 조건

우리들의 독서법에서 본다면 읽지 않는 기술이 매우 중요하다. 그 기술이란 많은 독자가 그때그때 닥치는 대로 조급하게 사보지 않는 일이다. 예를 들면, 독서계에 물의를 일으키고 출판되자마자 판을 거듭하는 정치적 팜플렛, 종교 선전용 팜플렛, 소설, 시 따위를 사보지 않는 일이다.

이런 출판물의 수명은 1년을 넘지 못한다. 오히려 우리는 어리석은 사람을 위해 글을 쓰는 작가가 언제나 많은 독자를 가진다는 것을 생각해야 한다. 반면에 항상 독서를 위해 할애한 약간 정해진 시간에 아주 뛰어난 정신의 소유자, 즉 모든 시대, 모든 민족이 낳은 천재의 작품만을 숙독해야 한다. 그들 작품의 특징은 새삼스레 논할 필요가 없다. 양서라면 누구에게나 통하는 작품이다. 이런 작품만이 진정 우리를 자라게 하고 우리를 개발한다.

악서는 읽지 않아도 되지만, 양서는 가끔 읽으려 해도 좀처럼 뜻대로 읽혀지지 않는다. 악서는 정신의 독약이요, 정신의 파멸을 가져온다. 양서를 읽기 위한 조건은 악서를 읽지 않는 것이다. 인생은 짧고 시간과 힘에는 한도가 있기 때문이다.

— 쇼펜하우어, 「독서와 서적에 대하여」에서

"악서는 정신의 독약이요, 정신의 파멸을 가져온다. 양서를 읽기 위한 조건은 악서를 읽지 않는 것이다."

저자, 출판업자, 비평가는 이 말을 명심하지 않으면 안 된다.

옛날의 위대한 천재적인 작가를 논한 책이 꼬리를 물고 나오고 있다. 그러면 일반 독자는 이러한 잡서를 읽는다. 그러나 직접 그 작가의 저술 자체는 읽으려고 하지 않는다. 왜냐하면 그들은 새로 나온 책을 읽으려고 하기 때문이다. 또 유유상종이라는 속담처럼 위대한 천재가 낳은 사상보다는 현대의 천박한 인종이 지껄이는 피상적이고도 진부한 말이 독자의 구미에 맞기 때문이다. 그러나 다행히 나는 일찍이 젊었을 때 A. W. 슐레겔의 아름다운 경구에 접하고, 그때부터 그것을 나의 좌우명으로 삼고 있다.

고전을 열심히 읽으라

고전을 열심히 읽으라.
참으로 고전다운 고전을 읽으라.
현대인의 고전론은 대단한 것이 못된다.
— 쇼펜하우어, 「독서와 서적에 대하여」에서

알콜이나 마약 중독자는 자기 스스로 제 발로 끊임없는 몰락과 쇠퇴의 길을 걸어가고 있는 사람들이라고 할 수가 있다. 순간적인 도취와 그 희열의 기쁨은 이루 말할 수가 없지만, 그러나 그는 곧 모든 삶의 의지의 상실과 함께 이 세상을 영원히 떠나가지 않으면 안된다.

제일급의 철학자의 책을 읽는다는 것은 알콜이나 마약의 도움없이 그 어떠한 고통도 참으며, 묵묵히 묵묵히 사막을 횡단하는 자와도 같고, 제일급의 철학자의 책보다는 그 해설서에 의존한다는 것은 사막을 횡단하기가 두려워서 알콜이나 마약에 의존하는 것과도 같다. 원전의 길은 쓰디 쓰지만 그 열매가 달콤하고, 해설서의 길은 부드럽고 달콤하지만 그 뒷맛이 몹시 쓰다. 더럽고 추한 인간은 더럽고 추한 인간들과 어울리게 되고, 고귀하고 위대한 인간은 고귀하고 위대한 인간들과 어울리게 된다.

우리 한국인들은 더럽고 추한 인간들이며, 알콜과 마약중독(표절중독)에서 벗어나지 못한 인간쓰레기들에 지나지 않는다.

우리 한국인들이 A. W. 슐레겔이 "고전을 열심히 읽으라/ 참으로 고전다운 고전을 읽으라"고 역설했던 말의 참뜻을 과연 이해할 수가 있겠는가?

참으로 어림 반푼어치도 없는 소리다.

자기 스스로, 알콜과 마약중독자(표절중독자)와 좀도둑의 길을 걸어가고 있는 우리 한국인들—.

참된 문학과 가짜 문학

어느 시대에나 문학에는 두 가지 형태가 있다. 하나는 참된 문학이고
다른 하나는 가짜 문학이다.
　─ 쇼펜하우어, 「독서와 서적에 대하여」에서

참된 문학의 길은 그의 신념과 삶이 일치하는 길이고, 가짜 문학
의 길은 그의 신념이 그의 삶에 매몰된 길을 말한다. 참된 문학의 길
은 현실에 두 발을 내딛고서, 마치, 호머처럼 '오딧세우스의 길'로 우
리 인간들을 인도하는 길이 될 것이고, 가짜 문학의 길은 수많은 인
간들의 고통받는 현실을 외면하고 명예와 명성 앞에서 자기 자신의
양심과 그 육체마저도 팔아버리는 악마의 길이 될 것이다.

문학은 개인을 위해 있지 않고, 인간을 위해 존재한다. 문학은 개
인을 구원하지 않고 인간을 구원한다. 진정한 문학인은 하늘기둥을
떠받치고 있는 살신성인의 문화적 영웅이 되지 않으면 안 되고, 그
문화적 영웅의 이름으로 영원불멸의 삶을 살아가지 않으면 안 된다.

고통에 고통을 가중시키면서도 그의 조국인 이타카만을 사랑했
던 오딧세우스, 요정 칼립소가 제안했던 영생불사의 길도 마다하고
인간의 삶을 선택했던 오딧세우스─.

가짜 문학인의 길은 인간의 삶을 희생시켜서 자기 자신의 행복만을 꾀하는 악마의 그것과도 같은 길에 지나지 않는다.

정신적으로 산다

사람은 먹은 것에 의해서 육체적으로 살고, 읽은 것에 의해서 정신적으로 산다.
— 쇼펜하우어, 「독서와 서적에 대하여」에서

칸트, 헤겔, 마르크스, 쇼펜하우어, 니체 등, 이 철학자들 중, 어느 한 사람을 제대로 공부하고자 한다면 적어도 한 10년은 걸리게 될 것이다. 니체가 그 뿌리를 두고 있는 고대 그리스 철학과 문학, 그리고 그가 그토록 열심히 공부했던 단테, 셰익스피어, 괴테, 데카르트, 라이프니츠, 스피노자, 칸트, 헤겔, 마르크스, 쇼펜하우어 등 —.

너무나도 까마득한 고산영봉들이며, 가도 가도 끝이 없는 망망대해들이라고 하지 않을 수가 없다. 따지고 보면 니체를 공부한다는 것만도 10년, 아니 20년은 더 걸리게 될 것이다.

사상이나 이론의 최전선을 따라잡는 것도 쉬운 일은 아니지만, 그 사상과 이론의 창시자가 된다는 것은 그야말로 밤하늘에서의 별따기보다도 더 어렵다. 아침에 일어나 하루 세 끼 밥을 먹고 자듯이, 글을 쓰고 공부를 하는 것도 그와도 똑같은 일이다. 글을 쓰고 공부를 한다는 것도 밥을 먹는 것이며, 밥을 먹는다는 것은 자기 자신의 육체(정신)를 보존한다는 것이다.

밥을 먹지 않으면 굶어죽게 되고, 책을 읽지 않으면 산송장이 된다. 우리 한국인들은 책을 읽지 않는 산송장들이며, 그 결과, 스마트폰과 인터넷에 중독된 산송장들에 지나지 않게 되었던 것이다.

정신을 위한 청량제

정신을 위한 청량제로서는 그리스 로마의 고전을 읽는 것보다 좋은 것은 없다. 불과 반 시간이라 할지라도 고전 작가의 것이라면 누구의 것이든 상관없다. 고전 작가들이 쓴 책 중의 하나를 반 시간 남짓 읽고 있으면 곧 정신이 신선해지고 기분도 가벼워진다. 마음은 맑아지고 고양된다. 이것은 마치 나그네가 바위 틈에서 솟아나오는 맑은 물을 마시고 원기를 회복하는 것과 같다.

— 쇼펜하우어, 「독서와 서적에 대하여」에서

고대 그리스는 이 세계의 중심지였으며, 모든 문명의 기원이라고 할 수가 있다. 최초의 서사시인이자 최후의 서사시인인 호머, 삼대 비극작가인 아이스킬로스, 소포클레스, 에우리피데스, 그리스 최고의 희극작가인 아리스토파네스, 철학의 아버지인 소크라테스와 플라톤과 아리스토텔레스, 그리고 탈레스와 헤라클레이토스와 에피쿠로스와 제논 등—.

나는 그리스 신화와 함께 그 이름만 들어도 가슴이 뛰는 수많은 스승들을 그 고전 속에서 찾아낼 수가 있다. 고전이란 이름만 들어도 가슴이 뛰고, 고전이란 그 이름만 들어도 저절로 군침이 돈다. 고전은 영원한 삶의 터전이며, 우리 인간들의 행복이 샘솟아 나오는 지상낙원이라고 하지 않을 수가 없다.

모든 인간들의 마음이 맑아지고, 정신은 빛난다. 몸은 튼튼해지고, 모든 산해진미의 음식들이 우리들의 식욕을 자극시킨다.

철학자는 세계를 지배한다

　세상에는 두 가지 역사가 있다. 즉, 정치사와 문학 및 예술의 역사다. 전자는 의지의 역사요, 후자는 지성의 역사다. 따라서 정치사는 우리에게 불안을 줄 뿐만 아니라 공포심마저도 불러일으킨다. 정치사는 대량의 음모, 불안, 곤궁, 사기, 잔인한 살인으로 차 있다. 이에 반해서 문예사는 고독한 지자智者처럼 즐거운 공기, 청량한 공기로 차 있다. 가령 미로를 그리고 있는 경우에도 그 공기에는 변함이 없다. 문예사의 중요 부분은 철학사다. 철학사는 본래 문예사의 기본 음이며, 다른 부분에까지 울려 퍼진다. 즉 다른 문예 부분의 주의 주장을 근본적으로 지도한다. 그뿐만이 아니다. 철학자는 세계를 지배한다. 따라서 진정한 의미의 철학은 가장 강력한 현세적인 권력이기도 하다.

　— 쇼펜하우어, 「독서와 서적에 대하여」에서

　정치사는 의지의 역사이고, 문학과 예술의 역사는 지성의 역사이다. 이 이분법적인 흑백의 논리는 반쯤은 맞는 말이고, 반쯤은 틀린 말이다. 왜냐하면 정치사도 지성의 역사이며, 문학과 예술의 역사도 의지의 역사이기 때문이다. 의지와 지성은 둘이 아닌 하나이며, 이 의지와 지성에 의해서 우리 인간들의 삶의 찬양과 그 역사가 가능해진다.

쇼펜하우어는 의지와 지성, 즉, 정치와 문학과 예술을 혼동하는 오류를 범하고 있는 것은 물론, 또 거기다가 인간의 의지를 혐오하고 헐뜯는 염세주의자의 궤변을 덧붙여 놓고 있는 것이다. 문예사도 "대량의 음모, 불안, 곤궁, 사기, 잔인한 살인으로" 가득차 있을 수도 있고, 정치사도 "즐거운 공기, 청량한 공기로" 가득차 있을 수도 있다.

쇼펜하우어는 인간의 의지를 부정하는 염세주의자이면서도, 곧바로 철학의 우월성을 강조하는 사악한 이기주의자의 모습마저도 너무나도 뻔뻔스럽게 드러내놓고 있는 것이다. 가히 사악한 이기주의자의 시선이며, 자기 자신의 염세주의마저도 부정하는 시선이라고 하지 않을 수가 없다. "문예사의 중요 부분은 철학사"라는 말에는 철학사도 문예사에 종속되어 있는 것이지만, "철학사는 본래 문예사의 기본 음이며, 다른 부분에까지 울려 퍼진다. 즉 다른 문예 부분의 주의 주장을 근본적으로 지도한다. 그뿐만이 아니다. 철학자는 세계를 지배한다. 따라서 진정한 의미의 철학은 가장 강력한 현세적인 권력이기도 하다"라는 말은 오히려, 거꾸로 문예사가 철학사의 일부분에 지나지 않는다는 것을 역설하고 있는 있는 말에 지나지 않는 것이다.

철학은 학문 중의 학문이다. 철학자는 인간 중의 인간이며, 철학자가 이 세계를 지배한다.

오오, 철학이여, 철학이여!

후세에 명성을 떨치는 많은 사람들은

후세에 명성을 떨치는 많은 사람들은 동시대인으로부터 환영받지 못하고, 반대로 오늘날 환영받고 있는 많은 사람들은 후세에 무시된다는 것도 이제까지 말한 사정에서 보면 명백해진다.
— 쇼펜하우어, 「독서와 서적에 대하여」에서

천재란 머나먼 미래에서 현재로 날아오는 사람이며, 그의 한 마디, 한 마디의 말 자체는 진리가 된다. 천재는 마구간에서 태어나거나 나일강가에 버려진 사람에 지나지 않지만, 그러나 그 비천한 출신성분 때문에 만인들의 조롱과 경멸의 대상이 된다.

하지만, 그러나 그 비천한 출신성분 자체가 예수나 모세처럼 천재성의 징표가 되고, 따라서 그들은 개같은 학대를 받고 있는 민중이나 그들의 민족을 구원하게 된다. 예수는 민중의 시대를 열었고, 모세는 이스라엘 민족의 시대를 열었다. 이제까지 수많은 제사장과 민족의 지도자들이 있었지만, 예수와 모세의 업적에 비하면 새발의 피에 지나지 않았다.

스피노자, 라이프니츠, 마르크스, 니체, 쇼펜하우어 등, 이 불멸의 철학자들은 그들의 일생내내 가난과 무명 속에서 신음을 하지

Arthur Schopenhauer

않으면 안 되었다. 가난하고 또 가난하다는 사실도 잊으며, 무시당하고 또 무시당한다는 사실까지도 잊지 않으면 안 되었다. 레버린스를 지키는 미노타우르스와의 싸움, 저승의 입구를 지키는 케르베로스와의 싸움─. 동시대의 인습적 허구와 문화적 장벽들은 다시 말하자면 무시무시한 괴물들에 지나지 않았던 것이고, 진정한 천재들이 마침내, 드디어 그 괴물들을 퇴치하기에 이르렀던 것이다.

태양의 기원은 천재에게 있고, 이 천재의 힘에 의하여 이 세상은 더욱더 아름답고 풍요로워지고 있는 것이다.

학문, 문학, 예술의 시대 정신이……

학문, 문학, 예술의 시대 정신이 약 30년마다 파산선고를 받는 것도 이상과 같은 사정과 관계가 깊다. 즉, 30년이 지나면 그 기간을 지배해온 사설邪說은 벌써 극단으로 치달으며 마침내 그 불합리에 견디지 못해 붕괴한다. 동시에 반대세력도 이 사설邪說에 반대함으로써 점점 강화된다. 이리하여 형세는 일변한다.

— 쇼펜하우어, 「독서와 서적에 대하여」에서

고전주의, 낭만주의, 현실주의, 초현실주의, 구조주의, 탈구조주의 등, 그 어떤 사상과 이론도 30년 이상을 버티지 못하는 것은 인간의 삶의 양식이 그만큼 빠르게 변하기 때문이다. 자전거를 타고 다니던 사람과 자동차를 타고 다니던 사람의 문화가 다르고, 자동차를 타고 다니던 사람과 비행기를 타고 다니던 사람의 문화가 다르다. 문자를 터득하지 못한 사람과 문자를 터득한 사람과의 문화가 다르고, 종이책에 의존하는 사람과 컴퓨터에 의존하는 사람과의 문화가 다르다. 요컨대 할아버지와 아버지가 다르듯이, 아버지와 아들의 삶의 양식도 다를 수밖에 없는 것이다.

인간의 인식의 전환에는 한계가 있지만, 세대(시대)의 변화에는 한계가 없다. 아들이 어느 정도 자라나면, 아버지의 모든 말과 그 가치관들은 전혀 터무니없고 황당무계한 요설에 지나지 않게 된다.

하지만, 그러나 아버지의 육체는 소멸되었어도 그 아버지의 업적은 살아 남아 있듯이, 모든 사상과 이론은 그것을 지탱해주던 진리의 힘으로 영원히 살아 남아서, 우리 인간들의 문화의 토대를 지탱해주게 된다.

철학자는 사람들을 설득하는 대신

철학자는 사람들을 설득하는 대신 그들이 외경의 염念을 갖도록 애썼다. 철저하고 명석한 사색을 버리고 미사여구, 과장된 표현을 구하였다. 그뿐만 아니라 진리추구의 길을 벗어나서 권모술수를 일삼았다. 이 때문에 그들은 철학을 조금도 진보시키지 못하였다.

— 쇼펜하우어, 「독서와 서적에 대하여」에서

돈과 명예와 권력에 민감한 인간일수록 언제, 어느 때나 목에 힘을 주고, 그 모든 사람들을 자기 자신의 충복忠僕으로 만들고자 한다.

존재, 즉 그의 자리가 그의 의식을 결정하지, 그의 의식(능력)이 그의 존재를 결정하지 않는다. 그는 만인 위에 군림하고자 했지만, 그러나 그는 돈과 명예와 권력의 충복에 지나지 않았던 것이다.

언제, 어느 때나 정중한 예의와 과장된 몸짓, 그리고 그것에 걸맞는 웅변과 미사여구, 그러나 그에게는 그의 사회적 지위를 지탱해줄 실력이 없었던 것이다.

그는 "사람들을 설득하는 대신 그들이 외경의 염念을 갖도록 애썼다."

Arthur Schopenhauer

참으로 바보같은 판단력의 어릿광대라고 하지 않을 수가 없다.
우리 학자들처럼—.

사이비 철학의 선구적인 역할

　피히테, 셸링의 철학은 철학사상 그 유례를 찾아볼 수 없는 이 비참한 사이비 철학의 선구적인 역할을 했다. 그런데 이 두 사람은 그 후계자 때문에 드디어 불신의 나락으로 끌려 들어가게 되었다. 이런 이유로 칸트 이후의 19세기 전반의 독일철학의 완전한 무능은 현재 공공연한 사실이 되어 있다. 그럼에도 불구하고 독일은 다른 나라에 대하여 독일 국민의 철학적 재능을 자랑하고 있다. 특히 어떤 영국의 작가가 우리들을 사상가로 형성된 민족이라고 부른 후로는 이 경향이 더 심해졌다. 그러나 실은 악의에 찬 비꼰 말이었던 것이다.

　— 쇼펜하우어, 「독서와 서적에 대하여」에서

　쇼펜하우어의 선민의식은 자기 자신만이 세계적인 사상가라는 생각을 갖게 하였고, 그 오만방자함 때문에, 그토록 어렵고 힘든 소수자의 길을 걸어가지 않으면 안 되었다. 독일은 사상가의 나라이며, 이 세계를 지배할 운명을 타고난 나라라고 해도 과언이 아니다.

　앞으로 이 세계를 지배할 나라는 중국도 아니고, 미국도 아니다. 동서독을 통일하고 유럽연합을 단숨에 평정한 독일이며, 이 독일의 힘은 독일철학의 힘에서 나온다고 하지 않을 수가 없다. 칸트, 헤겔,

마르크스, 쇼펜하우어, 니체, 하이데거 등—.

해마다 전국민이 참여하는 철학축제를 대대적으로 연출해내는 나라가 독일밖에는 또 어느 나라가 있단 말인가?

학문 중의 학문인 철학축제를, 그 모든 학문의 제왕인 철학축제를……

우리 한국인의 입장에서 나는 독일처럼 부러운 나라도 없다.

그들 천재의 생애는 비참했지만……

나는 이 편집광 치료의 영약靈藥으로서 리히텐베르크(1742~1799, 독일의 물리학자이자 풍자작가)의 저작 중에서 한 구절을 독자에게 전하고 싶다.

"그러나 나의 소망은 언젠가 누군가가 문학의 비극사를 써 주었으면 하는 것이다. 그 속에 쓰여져야 할 것은 각기 자기 국가가 배출한 대작가나 대예술가를 자랑으로 여기는 국민이 이들 대작가가 살아 있을 때, 그들을 어떻게 대했는가 하는 점이다. 즉 모든 시대와 모든 나라의 훌륭한 것, 참된 것이 그 시대를 지배하는 불합리와 악을 상대로 싸우지 않을 수 없었던 저 끝없는 싸움을 우리 눈앞에 떠올리게 해달라는 것이다. 인류에게 참된 빛을 던져 준 거의 모든 사람들, 또 모든 예술 분야에서 위대한 거장들이 거의 전부라고 해도 좋을 정도로 수난을 겪은 것이 묘사되어야 한다. 그들은 소수를 제외하고는 세상에서 인정을 받지 못하고 동정과 공명도 얻지 못하고, 또 제자도 없이 빈곤과 비참 속에서 고뇌의 일생을 마친 반면, 명성과 명예 그리고 부귀가 하찮은 자들에게 주어진 경위를 우리에게 보여주어야 한다. 즉, 에서가 아버지를 위해 사냥을 나가 짐승을 잡고 있는 사이에, 집에서는 그의 옷을 입고 변장한 동생 야곱이 에서가 받을 아버지의 축복을 훔쳤다는, 『구약성경』에 나오는 에서와 같은 꼴을 당하였다는 것을 기록해 주기를 바라는 것이다. 그러나 이 미래의 문학사의 최후의 장면을 다음과 같이 해주었으면 한다.

그들 천재의 생애는 비참했지만, 사랑의 신이 그 일을 위해 보호해 주어 마침내 이와 같은 위대한 고투가 끝났을 때 불멸의 월계관을 씌워 주었으며, 때를 알리는 종소리와 더불어 다음과 같은 축복의 노래를 부를 수 있도록.

무거운 갑옷도 이제는 날개 달린 옷으로 변하고 괴로움은 짧고 기쁨은 끝이 없다(쉴러의『오를레앙의 소녀』중, 잔 다르크의 최후의 말).

옴팔레 여왕의 열두 가지 노역마저도 마다하지 않았던 헤라클레스, 크레타의 왕과 미노타우르스로부터 아테네인들을 구원해내야만 했던 테세우스, 요정 사이렌의 유혹으로부터 자기 자신과 그의 부하들을 구원해내야만 했던 오딧세우스, 사랑하는 연인 에우리디케와 끝끝내 헤어지고 그 아픔을 참지 못하여 만인들의 심금을 사로잡는 노래를 불렀던 오르페우스, 요정 에코의 손길마저도 거부하고 끝끝내 자기 자신의 모습에 도취해서 물에 빠져죽은 나르시소스, 자기 자신이 창출해낸 그림 속의 여인 갈라테아만을 사랑했던 피그말리온―. 문학의 비극사는 이처럼 새롭고 그 어느 누구도 할 수 없는 것을 추구했던 작가들의 이야기이기 때문이며, 그들의 고귀하고 위대한 업적이 동시대인들로부터 제대로 평가를 받지 못했기 때문이었다고 하지 않을 수가 없다.

자그만 상점의 영업사원이었던 그레고리 잠자는 어느 날 한 마리의 애벌레로 변하고, 알베르 카뮈의 뫼로쏘는 어머니의 장례식이 끝나자마자 그의 애인과 여행을 떠난다. 꽃 중에는 '악의 꽃'이 가장 아름답고, 이 세상에서 가장 싸가지 없는 폴 고갱은 '우리는 어디서 왔는가? 우리는 누구인가? 우리는 어디로 갈 것인가?'라고 묻는다.

창조의 신은 잔인하고 끔찍하며, 그는 무엇보다도 붉디 붉은 피를 좋아한다.

이 세상에서 그 어느 누구도 가지 않은 길을 간다는 것, 자기 자신이 최초의 인간이자 모든 인간들의 아버지로 태어난다는 것은 수없이 되풀이 죽어가지 않으면 안 된다는 것을 뜻한다.

창조의 신은 그대의 붉디 붉은 피를 좋아하고, 그리고 그대의 숨통을 끊어놓는 것을 더욱더 좋아한다.

글을 쓴다는 것은 죄를 짓는다는 것이고, 죄를 짓는다는 것은 새로운 세계를 창출해낸다는 것이다.

낙천주의 사상의 창시자로서 나는 이렇게 역설한 적이 있었다.

'세계는 나의 범죄의 표상이다, 고로 행복하다'라고―.

반경환

반경환은 1954년 충북 청주에서 태어났으며, 1988년 『한국문학』 신인상과 1989년 《중앙일보》 신춘문예로 등단했다. 반경환의 저서로는 『시와 시인』, 『행복의 깊이』 1, 2, 3, 4권, 『비판, 비판, 그리고 또 비판』 1, 2권, 『반경환 명시감상』 1, 2, 3, 4권, 『이 세상에서 가장 아름다운 명문장들』 1, 2권, 『반경환 명구산책』 1, 2, 3권이 있고, 『반경환 명언집』 1, 2권, 『사상의 꽃들』 1, 2, 3, 4권, 『쇼펜하우어』 등이 있다.

이 책은 쇼펜하우어의 명언과 명문장을 뽑고, 그 명언과 명문장 속에 살며 쇼펜하우어와 '비판적 대화'를 나눈 성찰의 산물이라고 할 수가 있다. 쇼펜하우어의 학문에 대한 열정과 아름다운 명문장들은 인류 전체의 영광이자 영원불멸의 금자탑이라고 할 수가 있다. 쇼펜하우어의 글은 그토록 아름답고 깊이가 있지만, 어느 누구도 아주 쉽고 재미있게 읽을 수가 있다. 쇼펜하우어와 니체, 즉, 제일급의 사상가들의 글은 아주 쉽고 재미가 있으며, 전인류의 경전經典이자 애송시愛誦詩와도 같다.

우리 한국인들은 하루바삐 학문의 즐거움을 알고, 이 학문의 즐거움으로 전인류의 사상의 신전을 지었으면 하는 마음 뿐이다.

쇼펜하우어

발행일 2018년 11월 25일
지은이 반경환
편 집 김지호
디자인 SongRim
펴낸이 반송림
펴낸곳 도서출판 지혜 / 계간시전문지 애지
기획위원 반경환 이형권 황정산
주 소 34624 대전광역시 동구 선화로 203-1 2층 도서출판 지혜 (삼성동)
전 화 042-625-1140
팩 스 042-627-1140
전자우편 ejisarang@hanmail.net
애지카페 cafe.daum.net/ejiliterature

ISBN : 979-11-5728-307-1 03100

값 15,000원